Monika Hinterberger
Eine Spur von Glück

Monika Hinterberger

Eine Spur von Glück

Lesende Frauen in der Geschichte

WALLSTEIN VERLAG

Bibliografische Information der Deutschen Nationalbibliothek
Die Deutsche Nationalbibliothek verzeichnet diese
Publikation in der Deutschen Nationalbibliografie;
detaillierte bibliografische Daten sind im Internet über
http://dnb.d-nb.de abrufbar.

© Wallstein Verlag, Göttingen 2020
www.wallstein-verlag.de
Vom Verlag gesetzt aus der Bembo
Umschlaggestaltung: Marion Wiebel, Wallstein Verlag
Umschlagbild: Asta Norregaard, Lesende Frau, 1889,
Quelle: PR Archive / Alamy Stock Foto.
Druck und Verarbeitung: Pustet, Regensburg
978-3-8353-3799-2

Inhalt

Vorwort

Dieses Buch ist ein sehr persönliches. Es erzählt von meiner Begegnung mit Bildern lesender Frauen.

Kunstvollen Darstellungen, die von der Antike bis zur Gegenwart reichen und mich bewogen, den Spuren lesender Frauen in der Geschichte zu folgen, ihre Lebenswelten und insbesondere ihre Bildungswege zu ergründen. Wo lernten Frauen in der Antike zu lesen? Im Mittelalter, in der Frühen Neuzeit und den Jahrhunderten danach? Welche Bücher lasen sie? Mit welchem Interesse? Welchen Erwartungen? Wie kamen sie in den Besitz von Büchern? Und vor allem: Was bedeutete es für sie, lesen zu können?

Fragen dieser Art begleiteten meine Annäherungen an lesende Frauen. Ich suchte den Dialog mit ihnen, suchte historische Zeiträume zu erschließen und vorhandene Quellen zu befragen, suchte auf diese Weise ein Bild von ihnen zu gewinnen. Nicht selten überwogen Fragen mögliche Antworten, besonders wenn es um lesende Frauen weit zurückliegender Zeiten ging, wenn weibliche Lebenswelten und -bedingungen heutigen Vorstellungen sehr fernstehend erschienen. Wer hat vor Augen, dass etwa das Lesen jahrhundertelang an Tageslicht gebunden war? Dass Kerzen vor allem in Kirchen und Adelshäusern brannten, aber ansonsten unerschwinglich waren? Wer ermisst, dass zwischen den ersten Darstellungen des lesenden Menschen in der griechischen Antike und der Erfindung des Buchdrucks ein Zeitraum von zweitausend Jahren liegt? Zweitausend Jahre lang lasen Frauen ausschließlich Handschriftliches – geschrieben auf Papyrus, Pergament und Papier –, bis der Buchdruck in der Mitte des 15. Jahrhunderts eine neue Periode der Lesekultur einleitete. Und auch da sind sie als Lesende präsent.

Wie konnte angesichts der Fülle an Bildern lesender Frauen der Eindruck entstehen, dass Frauen, von Angehörigen des Adels und des gebildeten Bürgertums abgesehen, über lange Zeiten hinweg großenteils des Lesens unkundig, von Bildung ausgeschlossen waren? Ein Vorurteil, wie sich zeigte. Eine Auffassung, der ich mit diesem Buch ein Bild lesender Frauen entgegensetze, das ich von ihnen gewann – wohl wissend, dass sich schwerlich von *den* Frauen sprechen lässt.

Zehn Bilder wählte ich aus. Sie markieren meine Spurensuche. Begleiteten meine geschichtlichen Streifzüge. Weckten meine Imaginationen. Bewegten mich, mit lesenden Frauen ins Gespräch zu kommen, ihnen Raum zu geben, sie zu Wort kommen zu lassen. Ich begegnete mutigen Frauen, erkenntnis- und urteilsfähigen. Ich nahm ihre gesellschaftliche Präsenz in den Blick, ihre Stärke, ihr Sosein, auch ihre Nöte. Es zeigte sich: Lesen war Teil weiblichen Lebens. Lesen zu können, schuf Frauen Voraussetzungen, selbstbestimmt zu handeln. Es gab ihnen die Freiheit zu lernen, sich Bildung anzueignen, ihr Leben zu gestalten, Wege neu abzustecken. Sie liebten Bücher und liebten das Lesen. Es barg die Möglichkeit, über die eigene Wirklichkeit hinauszudenken, sich schöpferisch zu erleben, auf Neues zu treffen, Unerwartetes zu erkunden. Und im Lesen Glück zu erfahren. Eine Spur von Glück.

Eine Frau liest in einer Buchrolle.
Rotfigurige »Lekythos« aus Attika,
Höhe 22 cm, um 440-430 v. Chr..
Musée du Louvre, Paris.

1. Eine lesende Frau

Eine Athenerin

Eine Lesende. Dargestellt auf einer attischen Vase des 5. vorchristlichen Jahrhunderts. Das Haar zu einem Knoten hochgebunden. Bekleidet mit einem *Chiton* aus feiner Baumwolle oder feinem Leinen und einem darüber liegenden Tuchmantel, dem *Himation*. Ihre Haartracht und die Kleidung deuten auf eine vornehme Herkunft hin. Mit beiden Händen hält sie eine geöffnete Buchrolle vor sich. Sie ist in die Lektüre eines Textes vertieft. Vor ihr am Boden befindet sich eine Büchertruhe, der sie die Schriftrolle entnommen haben mag. Das Möbel und die *Tänie*, eine festliche Kopfbinde, lassen erkennen, dass sie sich im Innern eines Hauses aufhält. Allein. In einem Moment innerer Ruhe, so scheint es.

Sie ist kein junges Mädchen. Sonst trüge sie ihr Haar offen auf Schultern und Rücken herabfallend, vielleicht mit einer Binde geschmückt oder zu einem Zopf gebunden, und sie wäre eher mit einem für unverheiratete junge Frauen typischen gegürteten *Peplos* bekleidet.

Auch eine Muse ist sie nicht. Die der mythisch-imaginären Welt angehörenden Musen finden sich im Laufe des 5. Jahrhunderts v. Chr. mehrfach auf attischen Vasenbildern in der Gemeinschaft mit musizierenden jungen Frauen dargestellt. Als mythische Vorbilder sind sie den Musikerinnen zugesellt und heben gleichsam – ihrem Musensitz entstiegen – das scheinbar alltägliche Tun in eine göttliche Sphäre. Als Beschützerinnen der Dichtkunst und der Musik stellen sie so die Frauen unter ihre Gunst. Nichts in dieser Darstellung deutet jedoch auf eine solche Berührung der beiden Welten hin, der mythischen Sphäre der Musen und der menschlich-realen Welt sterblicher Frauen.

Da jegliche Hinweise fehlen, die auf einen kultischen Zusammenhang schließen ließen, kann mit der Lesenden auch keine Priesterin gemeint sein. Und nichts spricht dafür, in ihr eine gebildete Sklavin in einem athenischen Haushalt zu sehen.

Ihr gegenüber der Herrin des Hauses unfreier Status wäre etwa
durch ihr kurz geschnittenes Haar ins Bild gesetzt worden.

Wer aber ist sie dann?

Wen hatte der attische Künstler vor Augen, als er diese *Lekythos* bemalte? Gefäße dieser Art enthielten Parfums und duf-
tende Öle. Sie gehörten zur Toilette der Frauen oder waren für
den Gebrauch bei Begräbniszeremonien bestimmt. Heute kann
das kleine, mehr als zweitausend Jahre alte Salbgefäß mit der
Darstellung einer lesenden Frau in der Antikensammlung des
Pariser Louvre in Augenschein genommen werden. Es misst gerade einmal zweiundzwanzig Zentimeter Höhe. Für wen wurde
dieses Gefäß geschaffen? Wer hatte es in Gebrauch? Die auf die
Zeit um 440-430 v. Chr. datierte *Lekythos* wird dem sogenannten Klügmann-Maler zugeschrieben, von dem überliefert ist,
dass er mit Vorliebe Szenen aus dem Frauenleben malte und
dabei Frauen stets allein darstellte. Etliche Vasenbilder des 5. vorchristlichen Jahrhunderts zeigen lesende Frauen zumeist in der
Gesellschaft anderer Frauen. Hier jedoch ist die in ihre Lektüre
vertiefte Frau ohne Begleitung abgebildet. Eine des Lesens und
wohl auch des Schreibens kundige Frau? Eine gebildete Athenerin?

Mütter und Töchter

Schenkten wir in erster Linie der von männlichen Autoren domi-
nierten antiken Literatur Beachtung, müssten wir annehmen,
dass der griechischen Frau jedweder Zugang zur Bildung verwehrt wurde. Eingeschlossen, wie sie angeblich war, schien sie
ohne Teilhabe am öffentlichen Leben zu sein und ausschließlich
mit Dingen der Haushaltsführung befasst. Der Lebenswirklichkeit entsprach dies nicht. Weibliche Lebenswelten beinhalteten
mehr und anderes, waren vielfältiger, reicher. Dank archäologischer Zeugnisse, insbesondere der attischen Vasenbilder, und
neuerer, vor allem frauenhistorischer Forschungen gelingt heute
ein differenzierteres Bild der Frau in der Antike. Wertvolle An-
regungen für mein Nachsinnen über die Lesende auf der kleinen

Lekythos verdanke ich den Untersuchungen etlicher Wissenschaftlerinnen und Wissenschaftler zum Leben und zur Geschichte
der Erziehung und Bildung von Frauen im Athen der klassischen Zeit.

Eine lesende Frau – das war für die antike griechische Gesellschaft weniger ungewöhnlich, als die Geschichtsschreibung
vor allem seit dem 19. Jahrhundert lange Zeit glauben ließ. Als
im Verlauf der Demokratisierung der athenischen Gesellschaft
eine Lese- und Schreibfähigkeit, eine allgemeine Bildung überhaupt, an Bedeutung gewann, wurde auch der Erziehung der
Mädchen besondere Beachtung geschenkt. Und seit attische
Vasenmaler zu Anfang des 5. Jahrhunderts v. Chr. begannen, den
lesenden Menschen darzustellen, sind auch weibliche Lesende
auf den Bildern zu finden. Als frühestes Beispiel gilt eine weiß-
grundige *Lekythos* aus der Zeit um 460-450 v. Chr.: Eine auf
einem *Klismos* sitzende junge Frau liest einer vor ihr stehenden
Gefährtin aus einer offenen Schriftrolle vor.

Wo hatte sie zu lesen gelernt?

Wie mag ihre Erziehung ausgesehen haben? Vieles spricht
dafür, dass in klassischer Zeit eine elementare Bildung im häuslichen Umfeld erfolgte. Die Kinder, Mädchen wie Jungen, wuch-
sen in der Obhut ihrer Mütter und den zum Haushalt gehörenden und keineswegs ungebildeten Ammen oder Dienerinnen
auf, die ihre Schritte ins Leben begleiteten und ihre Entwicklung sorgsam förderten. In wohlhabenden Familien wurde zudem für die Jungen ein *Paidagogos* mit Erziehungsaufgaben betraut – ein Umstand, der nicht selten auch den Mädchen der
Familie zugutekam. Literarischer Überlieferung nach war für
die Mädchen, anders als für die Jungen, ein Unterricht außer
Hauses nicht vorgesehen, aber auch nicht ausgeschlossen. Einige
Vasenbilder wissen davon zu erzählen. Der Innenteil einer rotfigurigen Trinkschale aus der Mitte des 5. Jahrhunderts v. Chr.
etwa zeigt ein Mädchen, das ein Schreibtäfelchen und einen
Stylos mit sich trägt. Eine junge Frau an seiner Seite hält seine
Hand fest umschlossen. Wurde das Mädchen auf seinem Weg
zum Unterricht außerhalb des Hauses begleitet? Oder waren sie

beide Schülerinnen, vielleicht Schwestern, die zur Schule eilten? Trafen sie dort mit anderen Mädchen zusammen, um gemeinsam zu lernen? Gab es so etwas wie einen Zusammenschluss der Frauen, von Müttern, denen der Unterricht für ihre Töchter so sehr am Herzen lag, dass sie einen solchen nachbarschaftlich organisierten? Diese Überlegungen rühren von einer Darstellung auf der Außenseite dieser Schale her: Sechs etwa gleichaltrige Frauen, alle stehend abgebildet, diskutieren angeregt miteinander. Die Szene spielt in einem Frauengemach, einem Ort, an dem auf vielfältige Weise Begegnungen, Austausch und soziales Miteinander von Frauen stattfanden. Wurde hier eine alltägliche Szene auf einer Schale festgehalten? Ein Ausschnitt einer weiblichen Lebenswelt im klassischen Athen? Gaben Zusammenkünfte dieser Art den Töchtern Gelegenheit, sich zu treffen, einen wie auch immer gestalteten, außerhäuslichen Unterricht zu besuchen?

Doch nicht nur Lesen und Schreiben gehörten zum Unterricht für Mädchen. Die Musik war für den antiken Menschen im Alltag wie im Kultus von überragender Bedeutung, weshalb viel Sinnen und Trachten auf die musische Bildung der Mädchen gerichtet war. Das Spielen eines Instrumentes, das Singen wie das Tanzen waren selbstverständlich Teil der weiblichen Lebenswelt. Und nicht selten war die musische Erziehung der Mädchen unter den Schutz unsterblicher Musen gestellt, wobei der Tanz einen herausragenden Platz einnahm. Tanzschulszenen gehörten deshalb von Beginn des 5. vorchristlichen Jahrhunderts an zu den beliebten Themen der attischen Vasenmalerei. In schöne Gewänder gekleidete Tanzlehrerinnen bereiteten die jungen Mädchen mit Hingabe auf ihre Auftritte bei kultischen Feiern und Prozessionen, manchmal auch auf Wettbewerbe vor. Andere Vasenbilder lassen vermuten, dass der Musikunterricht in einem eigens für die Mädchen bestimmten Schulraum stattfand. Manche legen die Vorstellung nahe, dass Mädchen und Jungen gemeinsam unterrichtet wurden. Ein Vasenbild aus der Zeit um 460 v. Chr. jedenfalls zeigt eine Schülerin mit ihrer Doppelflöte inmitten von Knaben in den Räumen einer Musikschule.

Ich versuche, mir die lesende Frau auf der kleinen *Lekythos* in jungen Jahren vorzustellen: als ein Mädchen, das lesen und schreiben gelernt hatte, das das Instrumentenspiel beherrschte, das gerne sang und tanzte. Vielleicht hatte es als Reigentänzerin an den Kultfeiern zu Ehren der Stadtgöttin Athene am Vorabend der großen *Panathenäen* in Athen teilgenommen? Oder an den Feiern zu Ehren Artemis' oder Aphrodites, Heras oder Demeters? Diese festlichen Reigentänze der Mädchen zu Ehren der Göttinnen und Götter waren in verschiedenen Regionen Griechenlands weit verbreitet. Die Teilnahme der Mädchen an kultischen Festen diente ihrer Aufnahme in die Gesellschaft und gehörte wie eine musisch-literarische Erziehung zur Vorbereitung auf ihr Leben als erwachsene Frau – und das bedeutete in aller Regel ein Leben als Ehefrau und Mutter. Zahlreiche Hochzeitsdarstellungen auf attischen Vasen veranschaulichen den Wert, den die antike Gesellschaft der Ehe beimaß, nicht zuletzt auch für das Gelingen einer demokratischen Ordnung.

Und so erweist sich mir die Dargestellte auf der *Lekythos* schließlich als eine verheiratete Frau, als eine belesene, selbstbewusste Athenerin.

Lesen und Schreiben

Aufrecht steht sie da.

Die empfindliche Schriftrolle aus Papyrus mit beiden Händen haltend.

In der Zeit, als die *Lekythos* entstand, gehörten literarische wie wissenschaftliche Texte vielfach zum Alltag des griechischen Menschen, insbesondere zur Lebenswelt der Bürgerinnen und Bürger Athens, des kulturellen und politischen Zentrums der griechischen Welt. In Athen, aber auch in anderen Regionen, konnten die Menschen seit dem frühen 5. Jahrhundert v. Chr. mehrheitlich lesen und schreiben. Lesen zu können, wurde zunehmend bedeutungsvoll, für jeden Einzelnen wie für das Leben innerhalb einer demokratischen Gesellschaft. Denn für wen, wenn nicht die Bürgerschaft, wurden Gesetzestexte – in Stein

gehauen – auf der *Agora* oder vor Heiligtümern öffentlich gemacht? Die Volksbeschlüsse sollten möglichst von vielen Menschen gelesen und verstanden werden. Und seit Langem schon
waren Tonscherben in Gebrauch, die für kleine Mitteilungen,
Bescheinigungen oder auch Schulübungen verwendet wurden.

So rückte der lesende Mensch seit dem frühen 5. Jahrhundert
v. Chr. mehr und mehr ins Zentrum des Interesses und fand sich
auf attischen Vasen dargestellt. In Schulszenen etwa, im Umgang
mit Schriftrollen, mit Schreibtäfelchen und *Stylos*. Auch Frauen
und Mädchen, in Schriftrollen lesend, musizierend, mit Literatur
befasst. Denn sie waren von jeher Teil eines Kultur- und Geistes-
lebens, das sie mitgestalteten. Als Dichtung nicht mehr nur
mündlich tradiert wurde, als griechische Dichter wie Hesiod
(um 700 v. Chr.) begannen, ihre Werke selbst niederzuschreiben,
und eine schriftliche Überlieferungskultur begründet wurde, war
diese Entwicklung auch von Frauen getragen. Von Frauen wie
der Lyrikerin Sappho (um 600 v. Chr.), die nicht nur ihrer Dichtungen wegen, sondern auch als Erzieherin für Mädchen in
ihrer Schule auf der Insel Lesbos gerühmt und verehrt wurde.
Mädchen und Frauen blieb sie über ihre Zeit und die griechische Welt hinaus ein großes Vorbild. Ebenso Kleobouline aus
Lindos auf der Insel Rhodos. Viele Jahrhunderte wurde sie als
»Dichterin von Rätselversen in Hexametern«, wie der spätantike Diogenes Laertios (wohl 3. Jh. n. Chr.) sie nannte, erinnert. Weisheit und Seelengröße sowie politischer Sachverstand
wurden ihr zugeschrieben. Aristoteles (384–322 v. Chr.) kannte
ihre Verse. Und noch Plutarch (46–120 n. Chr.) erzählt, wie sie
an dem von ihm beschriebenen *Gastmahl der Sieben Weisen* teilgenommen habe.

Frauen wie Sappho oder Kleobouline waren keineswegs Aus-
nahmen.

Der Schule des Pythagoras aus Samos (um 570–510 v. Chr.)
haben zahlreiche Philosophinnen angehört, etwa die vielgerühmte
Theano aus Kroton oder auch Periktyone, deren philosophische
Abhandlungen fragmentarisch überliefert sind. In Briefform
blieben Schriften der Pythagoreerinnen erhalten, die zu einem

großen Teil an Frauen gerichtet waren. Und wiederum durch Diogenes Laertios ist die Nachricht überliefert, dass Pythagoras einen großen Teil seiner Arbeiten zur Ethik einer Frau, der Priesterin Themistokleia zu verdanken habe. So sind immerhin einige Namen gebildeter Frauen überliefert, die ihren Einfluss innerhalb der antiken Gesellschaft geltend machten und Anteil am kulturellen und politischen Geschehen ihrer Zeit hatten. Und als in klassischer Zeit die schriftliche Aufzeichnung literarischer sowie wissenschaftlicher Werke immer breiteren Raum einnahm, als wissenschaftliche Abhandlungen, epische Dichtungen und lyrische Werke auf Papyrus niedergeschrieben und schließlich, durch Abschriften vervielfältigt, einem lesenden Publikum zugänglich wurden, da gehörten selbstverständlich auch Frauen zum Adressatenkreis der entstehenden Literatur, Frauen wie die Lesende auf der kleinen *Lekythos*.

Eine Welt der Bücher

Wie kam sie in den Besitz der kostbaren Papyrusrolle?

Die Wertschätzung von Wissen und Bildung und der Wunsch selbst zu lesen, hatten eine steigende Nachfrage nach Büchern zur Folge. Das Buch, gemeint sind in dieser Zeit stets Rollen aus Papyrus, war bald aus dem Alltag nicht mehr wegzudenken. Und so entstand bereits im Athen des 5. Jahrhunderts v. Chr. ein reger Buchhandel. Die vervielfältigten Dramen, Tragödien und Komödien, lyrische Texte sowie philosophische und geschichtliche Werke konnten auf dem Markt erworben werden, wo sie wie andere Waren angeboten wurden. Und wer in der athenischen Bürgerschaft es sich leisten konnte, legte sich eine mehr oder weniger umfangreiche private Sammlung von Texten zu. Diese Entwicklung einer Lesekultur blieb nicht auf die Grenzen Athens beschränkt. Die Herstellung und das Lesen von Büchern verbreiteten sich über Athen hinaus bis in entfernte Gebiete der hellenistischen Welt.

Jede Buchrolle war ein handschriftliches Unikat, zeitaufwendig in der Herstellung, kostspielig in der Anschaffung und durchaus

eine Frage hohen sozialen Ansehens. Da es eine öffentliche Buch-
ausleihe noch nicht gab, war, wer auf Bildung Wert legte, wer
für seine wissenschaftliche Arbeit Bücher benötigte oder wer
zum Vergnügen lesen wollte, auf die Einrichtung einer privaten
Büchersammlung angewiesen. Der Kauf einer Schriftrolle stellte
dabei eine Möglichkeit dar. Eine andere war, selbst für Abschriften vorhandener Texte zu sorgen. Nicht immer war ein ge-
wünschtes Werk auf dem Buchmarkt vorhanden, manchmal war
es einfach unerschwinglich. So war das Anfertigen einer Abschrift in Eigenregie eine willkommene Alternative. Und da es
ein Urheberrecht in unserem Sinne nicht gab, waren der Vervielfältigung von Texten keine Grenzen gesetzt. Wer über genügend Papyrus und Schreibgeräte verfügte, lieh sich ein Buch
etwa im Freundeskreis aus und kopierte den Text eigenhändig.
Wer es wünschte und finanzieren konnte, mochte auch einen
Schreiber – vielleicht eine Schreiberin – oder ein Skriptorium
mit der Abschrift eines Werkes beauftragen. Diese Art der Vervielfältigung von Texten blieb bis zur Erfindung des Buchdruckes in der Mitte des 15. Jahrhunderts die einzige Möglichkeit zur Verbreitung von Literatur – zweitausend Jahre lang.

Ihren Platz fanden die empfindlichen Buchrollen in der Re-
gel in eigens dafür vorgesehenen Büchertruhen innerhalb des
Wohnraums der Familie. Ein schönes Beispiel einer solchen
Truhe steht zu Füßen der lesenden Athenerin auf der kleinen
Vase. Diese Vasenbilder des 5. vorchristlichen Jahrhunderts sind
früheste Zeugnisse für das Vorhandensein und den Umgang mit
Büchern im Alltag der Athenerinnen und Athener. Und es ist
nicht schwer, sich vorzustellen, dass antike Dichterinnen und
Dichter in großem Umfang Bücher sammelten. Von Euripides
(480–406 v. Chr.) oder Aristophanes (450–380 v. Chr.) beispielsweise wird dies berichtet. Ohne ihre eigenen Büchersammlungen hätten auch die Philosophen und Philosophinnen, etwa die
in Athen lehrende Philosophin und Verfasserin vieler Schriften
Arete von Kyrene (um 400–330 v. Chr.), ihre Arbeit schwerlich
bewältigen können. Platon (um 427–347 v. Chr.) nannte eine
große Bibliothek sein eigen, und die legendäre Bibliothek seines

Schülers Aristoteles galt später als eine der bedeutendsten ihrer Zeit. All dies hatte zu einer enormen Belebung des Buchmarktes beigetragen. Und Platons Akademie (gegr. 388 v. Chr.) sollte zum Vorbild für spätere Forschungsstätten mit angrenzender wissenschaftlicher Bibliothek werden. Seinem Schülerkreis (!) hatten auch Frauen angehört. Die Namen von zwei Teilnehmerinnen, Axiothea von Phleius und Lastheneia, finden sich in einem Bericht des Diogenes Laertios, ebenso der Hinweis, dass Axiothea als Mann gekleidet die Akademie besucht habe. Zwei zufällig überlieferte Namen? Namen jedenfalls, die der Frage Nahrung geben, wie groß die Zahl gelehrter Frauen, die Zahl der Teilnehmerinnen philosophischer Akademien tatsächlich gewesen sein mag.

Und die lesende Athenerin?

Hatte sie die Papyrusrolle auf dem Markt erworben? Hatte sie eigenhändig eine Abschrift angefertigt, vielleicht aber auch eine solche in Auftrag geben? Die geöffnete Büchertruhe vor ihr lässt darauf schließen, dass sie über eine eigene Sammlung von Texten verfügte. Der Besitz von Büchern war für athenische Frauen keineswegs ungewöhnlich. Literarische und bildliche Quellen bezeugen dies. Und da Papyrusrollen auf attischen Vasenbildern stets einen literarischen Text enthalten, sind die Büchertruhe wie die Schriftrolle in den Händen der Lesenden auch Ausdruck ihrer literarischen Bildung. Ruhig und konzentriert tritt sie in Erscheinung. Als eine an Literatur und Kultur ihrer Zeit interessierte, gebildete Frau im Athen der klassischen Zeit.

In Frauenräumen

Und was liest sie?

Einen lyrischen Text? Bereitet sie eine Rezitation möglicherweise im Kreise von Freundinnen vor? Unterschiedliche Frauengemachszenen, bei denen zwei oder mehrere Frauen miteinander musizieren und aus geöffneten Schriftrollen rezitieren, sind auf Vasen abgebildet: Frauen beim Spielen verschiedener Musikinstrumente, der *Lyra*, der *Kithara*, des *Barbitons* oder des *Aulos*. Sie singen oder verbinden gelegentlich die Musik mit dem Vortrag eines lyrischen Textes.

Gründe, sich zu treffen, gab es viele. Das *Barbiton*, ein mit der Liebeslyrik eng verbundenes Saiteninstrument – besonders wenn auf Darstellungen ein kleiner Eros mit im Spiel ist –, deutet auf ein Treffen von Freundinnen im heiratsfähigen Alter hin, die von der Liebe singen. Oder die anlässlich von Hochzeitsfeierlichkeiten Abschied nehmen von ihrer Gefährtin, die als junge Braut an der Schwelle zu ihrem Leben als Ehefrau, als *Gyne* steht. Trugen sie vielleicht bei dieser Gelegenheit sapphische Hochzeitslieder vor?

Aber nicht nur die Vorbereitung von Hochzeitsfeiern nahmen Frauen zum Anlass, gemeinsam Zeit zu verbringen. Vasenbilder zeigen Szenen, in denen das Musizieren in Frauenräumen und die Beschäftigung mit Literatur keine Seltenheit waren. Und es scheint, als seien diese Zusammenkünfte nicht allein den Mußestunden der Frauen vorbehalten gewesen, sondern konnten gelegentlich auch im Rahmen eines häuslichen Wettbewerbs unter Frauen stattfinden, bei dem neben der Musik auch Dichtung vorgetragen wurde.

War die Lesende auf der *Lekythos* eine Lehrerin?

War sie im Begriff, ihren Unterricht vorzubereiten? Auch ohne den Besuch einer öffentlichen Schule blieben Mädchen in klassischer Zeit nicht ohne geregelten Unterricht, der etwa im Frauengemach eines Hauses oder in einem besonderen Schulraum für Mädchen stattfinden konnte und von Lehrerinnen – wenn nicht gar von Müttern selbst – gegeben wurde. Suchte sie als Lehrerin jungen Mädchen Kenntnisse im Lesen, im Schreiben oder im Rechnen beizubringen? Machte sie sie mit der Literatur ihrer Zeit bekannt? Vermittelte sie ihnen die Freude am Lernen?

Vielleicht war die Lesende aber auch in das Studium einer philosophisch-wissenschaftlichen Abhandlung vertieft? Vielleicht hatte sie einfach für sich lesen wollen und ein Alleinsein der Gesellschaft mit anderen Frauen vorgezogen? Wissenschaftliche

Schriften waren seit dem 7. Jahrhundert v. Chr. entstanden und seit jeher – anders als literarische Texte – für die stille Lektüre, das vertiefende Selbststudium bestimmt. Und nichts spricht dagegen, dass Frauen zu den Leserinnen dieser Schriften gehörten. Es ist bekannt, dass auch sie in klassischer Zeit den Philosophenschulen angehörten, dass ihnen der Zutritt zu philosophischwissenschaftlichen Kreisen nicht grundsätzlich verwehrt war und dass sie selbst philosophische Schriften hinterließen. Die Philosophie war keineswegs eine männliche Domäne.

Oder war die Lesende mit einem Theaterstück befasst, das ihre ganze Aufmerksamkeit in Anspruch nahm? Hatte sie das Theater besucht und die Aufführung eines Dramas erlebt? Denkbar ist es, denn nirgends in der antiken Literatur wird den attischen Frauen der Besuch des Theaters ausdrücklich untersagt. Aufgrund der religiös-kultischen Bedeutung des Theaters zu Ehren des Dionysos werden auch Frauen die dramatischen Aufführungen besucht haben. Ob ein solcher Besuch eher den wohlhabenden Frauen vorbehalten war, ob Frauen wegen der politischen Bedeutung des Theaters vor allem mit Plätzen in den hinteren Sitzreihen vorliebnehmen mussten, ob gebildete, angesehene Frauen eher Tragödien als Komödien bevorzugten, ob sie nun allein, in Begleitung von Freundinnen oder einer Dienerin das Theater besuchten – alle diese Fragen bleiben noch ohne Antwort.

Außerhalb des Hauses

Stand die Lektüre der lesenden Athenerin vielleicht im Zusammenhang mit einem der zahlreichen, in archaische Zeiten zurückreichenden Frauenfeste, die das Wachsen und Gedeihen der Natur günstig beeinflussen sollten? Mit den bedeutenden *Thesmophorien* beispielsweise, die zur Zeit der Aussaat in der gesamten griechischen Welt zu Ehren der Demeter und der Kore von Frauen gemeinschaftlich gefeiert wurden? Oder den ebenfalls Demeter geweihten *Haloen*, die zur Zeit der Wintersonnenwende stattfanden? Diese von Frauen mehrmals jährlich veranstalteten und nur ihnen zugänglichen Feste spielten im Jahreslauf und für das soziale Miteinander der Frauen außerhalb des Hauses eine bedeutsame Rolle. Tanz, Musik, Rezitationen und feierliche Prozessionen begleiteten diese manchmal mehrere Tage dauernden kultisch-religiösen Festlichkeiten, bei denen einige Frauen mit besonderen rituellen Aufgaben betraut waren. Die das Jahr rhythmisierenden Feste nahmen im Leben der Frauen einen herausragenden Platz ein. Und in einer Gesellschaft, in der Religion und Politik nicht getrennt voneinander gedacht wurden, war die Ausübung dieser Kulte gleichsam für das Selbstverständnis und den politisch-sozialen Zusammenhalt der gesamten Polisgemeinschaft von großer, stabilisierender Wirkung.

Doch auch sonst, nicht nur bei den Frauenfesten, bei Hochzeiten, Geburtsfeiern oder Begräbnissen lebten Frauen in einem weit gefächerten Beziehungsnetz. Sie kannten sich. In der Nachbarschaft. Im *Demos*. Und aus diesem Kreis wählten sie ihre Leiterin für das Fest der *Thesmophoria*.

Als Nachbarinnen und Freundinnen, als Ratgeberinnen, als Vertraute tauschten sie nicht nur Neuigkeiten aus, sondern auch Dinge des täglichen Lebens. Sie halfen sich mit Haushaltsgegenständen aller Art aus, mit Salz, mit Kerzendochten, mit Opferkränzen. Und nicht nur das. Sie verliehen ihre Kleider, ihren Schmuck und selbst Geld, wenn es nötig war. Das setzte nicht nur gegenseitiges Vertrauen voraus, sondern auch die Möglichkeit, sich außerhalb des Hauses frei zu bewegen, soziale Kontakte wahrzunehmen und zu pflegen und freie Zeit mit Freundinnen zu verbringen. Es war keineswegs unüblich, dass Frauen zu verschiedenen Tages- und Nachtzeiten das Haus verließen, um zum Beispiel einer Nachbarin oder Freundin oder der eigenen Tochter im Kindbett beizustehen. Zwar gab es Hebammen und medizinisch gebildete Frauen, die Geburtshilfe leisteten, aber es war von alters her eine weibliche Tradition, dass Frauen gebärenden Frauen zur Seite standen.

Andere Momente der Begegnung ergaben sich schließlich beim Wasserholen am Brunnen – wenn auch eher für Frauen, die diese Arbeit nicht einer Dienerin übertragen konnten und

also selbst Wasser holten, ihre Wäsche selbst wuschen, als Klein-
händlerinnen auf der *Agora* arbeiteten, ihre Gartenprodukte an-
boten oder Feldarbeit verrichteten. Gleichgültig welcher sozialen Schicht die Frauen angehörten, auf die eine oder andere
Weise flochten sie alle ein soziales Beziehungsnetz, das eigenen
Gesetzmäßigkeiten und Traditionen folgte. Es wird ein Handeln
von Frauen sichtbar, das über persönliche Belange und den
Familienzusammenhalt hinaus auch auf das Wohlergehen der
Gesamtheit der Polis gerichtet war. Insofern war jedwede Arbeit
der Frauen, sei es im Haus, im Kultus, in sozialen wie medizinischen Belangen oder im Handel und Handwerk, immer auch
von politischer Bedeutung und für das soziale Zusammenleben
von Frauen und Männern innerhalb der athenischen Gesellschaft von unverzichtbarem Wert – diese Gesellschaft hätte ohne
die Arbeit von Frauen nicht gelingen können.

Weibliche Lebenswelten

So entfaltet sich vor meinen Augen auf einer kleinen attischen
Vase mit einer lesenden Frau ein Kosmos weiblicher Lebenswelten.

Malerinnen und Maler schufen Bilder weiblicher Lebensräume: arbeitende, rezitierende, musizierende und eben auch
lesende Frauen. Dass Frauen ein Handwerk ausübten, dass sie
beispielsweise Vasenbilder schufen, zeigt die Darstellung auf
einer rotfigurigen *Hydria* (um 460 v. Chr.) aus einem Frauen-
grab in Ruvo (Apulien): Eine mit einem *Chiton* und Mantel
bekleidete und durch ihre Haartracht als Freie gekennzeichnete
Frau ist dabei, die Volute eines Kraters zu bemalen. Und immerhin ist durch die Signatur auf zwei attischen Vasen der Name
einer Malerin namens Timagora überliefert. Timagora und
andere in Töpferwerkstätten arbeitende, namentlich nicht ge-
nannte Frauen lassen erahnen, dass »weibliche« und »männliche«
Arbeitswelten auf vielfältige Weise einander berührten. Wie
viele Arbeiten von Frauen möglicherweise mit der Signatur
des Vaters, des Bruders oder des Ehemannes versehen in die

Geschichte eingegangen sind, wird ein Geheimnis dieser Geschichte bleiben.

Diejenigen Menschen, die die kostbaren Gefäße schließlich in Gebrauch nahmen – *Amphoren* für das Aufbewahren von Ölen und Weinen, *Alabastren* und *Lekythen* als Behältnisse für Parfums, *Hydrien* für das Wasserholen am Brunnen, *Lutrophoren* für Hochzeits- und Begräbnisrituale –, hielten eine reiche Bilderwelt in ihren Händen. Sie werden ihre Freude daran gehabt und die Bilder und Botschaften als Teil ihres Lebensumfeldes wahrgenommen haben. Diese für den täglichen Gebrauch wie für den Ritus geschaffenen Gefäße mit ihren Bildschöpfungen waren so begehrt, dass sie sich über Athen und Griechenland hinaus im gesamten Mittelmeerraum verbreiteten.

Die Frage, inwiefern die Vasenbilder lesender oder musizierender Frauen der Lebenswirklichkeit attischer Frauen entsprachen oder eher Wunschbilder einer idealen Frauenwelt verkörperten, mag im Raum stehen bleiben. Ich lese die Vasenbilder indes als Wertschätzung weiblicher Lebenswelten. Ein Bild wie das der Lesenden auf der *Lekythos* spiegelt in meinen Augen eine große Bildungsoffenheit gegenüber Frauen und Mädchen und ihre Teilhabe am kulturellen Leben im Athen der klassischen Zeit. An diese weibliche Tradition mögen nachfolgende Generationen von Frauen angeknüpft haben. Das Bild einer in ihre Lektüre vertieften Frau auf einer attischen Vase mag die Helleninnen ermutigt und inspiriert haben, die erweiterten Bildungsmöglichkeiten durch staatliche Schulen und öffentliche Bibliotheken selbstbewusst zu nutzen und damit den Faden einer weiblichen Bildungsgeschichte weiterzuspinnen. Mich hat die Lesende inspiriert, den Anfang dieses Fadens zu suchen.

Literatur

Bérard, Claude/Vernant, Jean-Pierre u.a.: Die Bilderwelt der Griechen. Schlüssel zu einer »fremden« Kultur, übersetzt von Ursula Sturzenegger, Mainz 1985 (Kulturgeschichte der Antiken Welt, Band 31).

Blanck, Horst: Das Buch in der Antike, München 1992.

Bruit Zaidmann, Louise: Die Töchter der Pandora. Die Frauen in den Kulten der Polis, in: Schmitt Pantel, Pauline (Hrsg.), Geschichte der Frauen, Band 1: Antike, Berlin 2012 (Sonderausgabe), S. 375-415.

Engels, David: Zwischen Philosophie und Religion. Weibliche Intellektuelle in Spätantike und Islam, in: Groß, Dominik (Hrsg.), Gender schafft Wissen – Wissenschaft Gender? Geschlechtsspezifische Unterscheidungen und Rollenzuschreibungen im Wandel der Zeit, Kassel 2009 (Studien des Aachener Kompetenzzentrums für Wissenschaftsgeschichte, Band 4) S. 97-124.

Fabricius, Johanna: Kleobulines Schwestern. Bilder lesender und schreibender Frauen im Hellenismus, in: Signori, Gabriela (Hrsg.), Die lesende Frau, Wiesbaden 2009 (Wolfenbütteler Forschungen, Band 121), S. 17-46.

Harich-Schwarzbauer, Henriette: Philosophinnen, in: Späth, Thomas/Wagner-Hasel, Beate (Hrsg.), Frauenwelten in der Antike. Geschlechterordnung und weibliche Lebenspraxis, Stuttgart 2000/2006 (Sonderausgabe), S. 162-174

Hartmann, Elke: Frauen in der Antike. Weibliche Lebenswelten von Sappho bis Theodora, München 2007.

Hoepfner, Wolfram (Hrsg.): Antike Bibliotheken, Mainz 2002 (Zaberns Bildbände zur Archäologie).

Immerwahr, Henry R.: Book Rolls on Attic Vases, in: Henderson jr., Charles (Ed.), Classical Mediaeval and Renaissance Studies in Honor of Berthold Louis Ullman, Roma 1964 (Volume I), S. 17-48.

Kamińska, Sylwia: Buchrolle, Schrift und Schreiben, in: Hoepfner, Wolfram (Hrsg.), Antike Bibliotheken, Mainz 2002 (Zaberns Bildbände zur Archäologie), S. 9-11.

Karakasi, Katerina: Archaische Koren, München 2001.

Lacey, Walter K.: Die Familie im antiken Griechenland, Mainz 1983.

Lissarrague, François: Vases Grecs. Les Athéniens et leurs images, Paris 1999.

Lissarrague, François: Frauenbilder, in: Schmitt Pantel, Pauline (Hrsg.), Geschichte der Frauen, Band 1: Antike, Berlin 2012 (Sonderausgabe), S. 177-255.

Reeder, Ellen D.: Pandora. Frauen im klassischen Griechenland, Ausstellungskatalog, Antikenmuseum Basel und Sammlung Ludwig Köln, Basel 1996.

Rullmann, Marit: Philosophinnen, Erster Band, Von der Antike bis zur Aufklärung, Zürich-Dortmund 1993.

Schnurr-Redford, Christine: Frauen im klassischen Athen. Sozialer Raum und reale Bewegungsfreiheit, Berlin 1996 (Antike in der Moderne).

Schön, Erich: Geschichte des Lesens – ein knapper Überblick, in: ders., Der Verlust der Sinnlichkeit oder Die Verwandlungen des Lesers. Mentalitätswandel um 1800, Stuttgart 1987 (Sprache und Geschichte, Band 12), S. 31-61.

Schön, Erich: Geschichte des Lesens, in: Franzmann, Bodo/Hasemann, Klaus/Löffler, Dietrich/Schön, Erich (Hrsg.), Handbuch Lesen. Im Auftrag der Stiftung Lesen und der Deutschen Literaturkonferenz, München 1999, S. 1-85.

Snyder, Jane McIntosh: The Woman and the Lyre. Women Writers in Classical Greece and Rome, Bristol 1989.

Specht, Edith: Schön zu sein und gut zu sein. Mädchenbildung und Frauensozialisation im antiken Griechenland, Wien 1989 (Reihe Frauenforschung, Band 9).

Stein, Peter: Schriftkultur. Eine Geschichte des Schreibens und Lesens, Darmstadt 2006.

Vazaki, Anna: Mousike Gyne. Die musisch-literarische Erziehung und Bildung von Frauen im Athen der klassischen Zeit, Möhnesee 2003.

Vourvouri, Theodora: Archive aus Stein, in: Hoepfner, Wolfram (Hrsg.), Antike Bibliotheken, Mainz 2002 (Zaberns Bildbände zur Archäologie), S. 30.

Wagner-Hasel, Beate: Arbeit und Kommunikation, in: Späth, Thomas/Wagner-Hasel, Beate (Hrsg.), Frauenwelten in der Antike. Geschlechterordnung und weibliche Lebenspraxis, Stuttgart 2000/2006 (Sonderausgabe), S. 311-335.

Wagner-Hasel, Beate: Nachwort, in: Schmitt Pantel, Pauline (Hrsg.), Geschichte der Frauen, Band 1: Antike, Berlin 2012 (Sonderausgabe), S. 535-543.

Waldner, Katharina: Kulträume von Frauen in Athen: Das Beispiel der Artemis Brauronia, in: Späth, Thomas/Wagner-Hasel, Beate (Hrsg.), Frauenwelten in der Antike. Geschlechterordnung und weibliche Lebenspraxis, Stuttgart 2000/2006 (Sonderausgabe), S. 53-81.

Wilker, Julia: Frühe Büchersammlungen der Griechen, in: Hoepfner, Wolfram (Hrsg.), Antike Bibliotheken, Mainz 2002 (Zaberns Bildbände zur Archäologie), S. 19-23.

Zwei Frauen im Gespräch über ihre Lektüre.
Fresko aus Pompeji, 1. Jahrhundert n. Chr. (vor 79).
Museo Archeologico Nazionale, Neapel.

2. *Zwei Frauen im Gespräch über ihre Lektüre*

Colloquio di donne

Zwei Frauen im Gespräch über ihre Lektüre.

Diese Bildunterschrift wird einem Fresko des 1. nachchristlichen Jahrhunderts zugeschrieben, das Angaben des Bildarchivs Preußischer Kulturbesitz zufolge aus Pompeji stammt und dort den Raum einer Villa schmückte. Welche der pompejanischen Villen gemeint ist, bleibt offen. War es tatsächlich Pompeji, wo diese Wandmalerei entstand? Entstammt das Fresko möglicherweise einer Villa im nahe gelegenen Herculaneum? Oder einem römischen Wohnhaus in einer der anderen süditalienischen Städte? Allen Nachforschungen zum Trotz lassen sich diese Fragen gegenwärtig nicht beantworten, auch nicht die, wo das Fresko aufbewahrt wird und ob es überhaupt noch existiert.

Das Berliner Bildarchiv gibt als Standort das Archäologische Nationalmuseum in Neapel an. Da das Fresko nach Auskunft des Museums dort weder im Literaturverzeichnis noch in graphischen Reproduktionen des 19. Jahrhunderts erscheint, wird angenommen, dass es Anfang des 20. Jahrhunderts in das Museum gelangte, ohne dass es inventarisiert worden wäre.

Wie gerne wüsste ich etwas über seine Herkunft und den heutigen Standort. Würde das Fresko selbst in Augenschein nehmen wollen. Seiner Wirkung nachspüren. Wer gab vor beinahe zweitausend Jahren den Impuls zu dieser Malerei? Für wen war sie gedacht? Wer erfreute sich daran? Ich nähere mich dem Bild mit Staunen, mit Bewunderung, mit vielen Fragen.

Zwei Frauen im Gespräch. Ruhig und gelassen.

Eine der beiden hält eine geöffnete Papyrusrolle in ihren Händen. Sie steht vor ihrer Gefährtin, ihren rechten Fuß auf ein niedriges Podest gestützt. Sie scheint auf ihre Lektüre konzentriert. Trägt sie der vor ihr sitzenden Frau eine Textpassage vor? Diese ist in ihrer Haltung ganz der Gesprächspartnerin zugewandt. Mit dem linken Arm stützt sie sich auf ihren Sitz, die rechte Hand liegt entspannt in ihrem Schoß. Hinter ihr lehnt eine *Lyra* oder *Kithara* an einem Steinsockel. Der Sockel und die Andeutung einer Säule im Hintergrund legen die Vermutung nahe, dass die Frauen sich im hinteren Teil des Hauses, dem zu einem *Peristyl* gestalteten Gartenbereich aufhalten. Sie könnten Freundinnen sein.

Beide tragen die während der römischen Kaiserzeit traditionelle Frauenkleidung: ein langes, gegürtetes Untergewand, die *Tunica*, darüber eine für verheiratete Römerinnen standesgemäße und bis zu den Knöcheln reichende farbige *Stola*. Wohlhabende Frauen bevorzugten als Stoff eine leichte Baumwolle oder gar Seide. Und sie verzichteten ungern auf ihren reichhaltigen Schmuck: Spangen, Ohrringe, Armbänder und Ketten, Diademe oder mit Gold sowie Edelsteinen besetzte Bänder für ihr Haar. Auch das im Nacken zu einem kunstvollen Knoten gebundene Haar, das manchmal durch ein mit Goldfäden durchwirktes Haarnetz zusammengehalten wurde, gehörte zum typischen Erscheinungsbild einer verheirateten Frau. Nur die jungen, noch unverheirateten Mädchen trugen ihr Haar lang und ungebunden und konnten sich in der Öffentlichkeit auch ohne Kopfbedeckung frei bewegen.

Ein *Colloquio di donne* also.

So lautet die Auskunft des Archäologischen Nationalmuseums in Neapel. Dass tatsächlich zwei Frauen dargestellt sind, zeige ein Vergleich mit anderen ähnlichen Bildern gleicher Dimension und gleichen Stils.

Die Szene lässt mich an die Zeit griechischer Klassik denken, als das Lesen weitgehend ein Gemeinschaftserlebnis war, als literarische Texte aus Buchrollen vorgetragen wurden, sei es in einer größeren Öffentlichkeit, in kleinerer Gesellschaft oder auch zu zweit wie hier am Beispiel der beiden Frauen. Das Lesen für sich allein nahm im Leben des antiken Menschen erst allmählich größeren Raum ein, wobei das individuelle Lesen noch lange Zeit ein mehr oder weniger lautes Sichvorlesen bedeutete, zumindest literarischer Texte. Das Alleinsein mit der Lektüre, das stille Sichvertiefen in einen Text, wie wir es heute kennen, begann in hellenistischer Zeit gebräuchlicher zu werden, gleichwohl wurde das gemeinsame Hören und Lesen von Literatur noch über Jahrhunderte hinweg beibehalten.

Von einem solchen Moment erzählt das Wandbild aus Pompeji, von einem Moment der Begegnung zweier Frauen, im Gespräch über ihre Lektüre. Ich geselle mich zu ihnen, versuche ihnen zuzuhören, ihre Zusammenkunft zu ergründen, mich ihrer Lebenssituation im ersten nachchristlichen Jahrhundert zu nähern.

Geschichtliche Streifzüge

Zwischen den beiden Frauen aus Pompeji und der lesenden Athenerin auf der kleinen attischen Vase des 5. vorchristlichen Jahrhunderts liegt ein Zeitraum von fünfhundert Jahren. Eine Zeit, die der antiken Welt ein vollkommen neues Gesicht gab

Griechische Kunst und Kultur, griechisches Denken, griechische Lebensweise und die griechische Sprache waren durch einen beispiellosen, mit dem großen Alexanderzug beginnenden Eroberungswillen bis in weit entfernte Gebiete getragen worden, im Osten bis nach Indien, im Süden bis nach Ägypten. Neue Herrschaftsgebiete entstanden. Städte wurden nach dem Vorbild griechischer Poleis gegründet. Sie gerieten zu Brennpunkten der Hellenisierung der Welt, in der griechische Kunst und Kultur im Aufeinandertreffen mit fremden Welten auch zu neuer Blüte und zu neuen Formen fand. Regionale und kulturelle Vielfalt kennzeichnen das Bild der hellenistischen Welt, in der das Griechische stets tonangebend blieb.

Als die Römer seit der Mitte des 2. Jahrhunderts v. Chr. in diese Welt vordrangen und auch den östlichen Mittelmeerraum zu dominieren begannen, verloren die hellenistischen Städte und Königreiche ihre politische Macht, nicht aber ihre kulturelle Ausstrahlung. Von Anfang an prägte die hellenistische Kultur den Gang der römischen Geschichte und durchdrang die Lebenswelt einer römischen Aristokratie und wohlhabenden Bürgerschaft, von Männern wie von Frauen. Sie adaptierten und transformierten griechisch-hellenistische Kunst und Architektur, griechische Lebensart, griechische Ideen, orientierten das

Erscheinungsbild ihrer Städte sowie ihren Lebensstil an grie-
chisch-hellenistischen Vorbildern. Von den Griechen übernahmen sie die Wertschätzung von Bildung und Wissen, übersetzten
ihre Werke ins Lateinische, füllten ihre Bibliotheken und privaten Büchersammlungen mit lateinischer wie griechischer, zumeist gewaltsam erbeuteter Literatur. In der römischen Gesellschaft galt es bald als vorbildlich, in beiden Sprachen bewandert
zu sein, Griechisch wie Lateinisch sprechen und schreiben zu
können. Bildung im Sinne der griechischen *paideia* beförderte
das soziale Ansehen römischer Familien und trug nicht un-
wesentlich dazu bei, ihnen politischen Einfluss und Geltung in
der Welt zu verschaffen.

So überrascht es nicht, dass Bildung und Gelehrsamkeit auch
in der römischen Welt zum Bildthema wurden, beispielsweise
auf Wandbildern der zunehmend prachtvoller ausgestatteten
römischen Stadthäuser und Villen auf dem Lande. Buchrollen
und Behältnisse zu ihrer Aufbewahrung sowie diverse Schreib-
utensilien symbolisierten eine zum Lebensalltag gehörende Bildungsoffenheit. Auch wenn darin ein Repräsentationsbedürfnis
bildungsbeflissener Familien zum Ausdruck kommt, spiegeln die
Sammlung von Büchern und die sorgfältige Gestaltung der Bibliotheken und Leseräume innerhalb des Hauses zugleich die
Bedeutung wider, die der Bildung und der Beschäftigung mit
Literatur beigemessen wurde. Während der späten Republik
und vor allem in der römischen Kaiserzeit war das Lesen und
Schreiben in weiten Teilen der Bevölkerung, auch unter der
einfachen Landbevölkerung sowie der großen Gruppe der Skla-
ven und Freigelassenen, verbreitet und eine für das tägliche
Leben auch notwendige Fähigkeit, nicht zuletzt in den städtischen Zentren des römischen Reiches.

Lesen jedenfalls öffnete das Tor zu griechischer Kunst und
Kultur, und das Bedürfnis nach Literatur war entsprechend groß.
Römische Verlage, ein florierender Buchhandel und Schreib-
stuben zur Vervielfältigung der Werke trugen denn auch zu einer
raschen Verbreitung von Literatur im gesamten Imperium bei.
Und zu den Lesenden gehörten selbstverständlich auch Frauen.

Frauen aus Pompeji

Das veranschaulicht das Wandbild aus Pompeji auf schöne Weise.

Pompeji, anfangs eine kleine stadtähnliche Siedlung in Kampanien, zu Füßen des Vesuvs gelegen, war mit einem milden Klima, mit fruchtbaren Böden und aufgrund seiner Lage am Fluß Sarno mit günstigen Handelsbedingungen für seinen Wein, für Öl und Gemüse gesegnet. Durch eine Jahrhunderte andauernde wechselvolle Siedlungsgeschichte geprägt, erhielt Pompeji nach langen Perioden der Hellenisierung schließlich in der letzten Phase seiner Existenz als römische Veteranensiedlung seit 80 v. Chr. das Erscheinungsbild einer typisch römischen Stadt mit öffentlichen Bauten, einem Amphitheater, mit Thermen und Tempeln, Villen und Wohnhäusern für die Bevölkerung. Diese Stadt, die aufgrund des verheerenden Ausbruchs des Vesuvs im Jahre 79 n. Chr. von einer meterhohen Schicht vulkanischer Asche von Bims- und Lavagestein gänzlich zugeschüttet wurde und gerade dadurch der Nachwelt in weiten Teilen erhalten blieb, haben wir heute – dank archäologischer Forschungen wieder ans Tageslicht gehoben – vor Augen, wenn wir den Namen Pompeji hören. Hier waren die beiden Frauen zu Hause.

Es sind vor allem die farbenprächtigen Wandmalereien, mit denen die Wohnhäuser nach hellenistisch-römischem Vorbild in unglaublicher Vielfalt ausgestattet wurden und die unsere Vorstellungen von der Lebenswelt in Pompeji und seinen benachbarten kampanischen Städten beflügeln. Szenen aus der griechischen Mythologie und der Alltagswelt sowie illusionistische Architekturelemente schmückten die Wände. Landschaften und Naturdarstellungen wurden ins Innere des pompejanischen Hauses geholt und machten es zu einem Zeugnis eines neuen gehobenen Lebensstils, der sich an der Welt einer römischen Aristokratie orientierte. Der Phantasie waren praktisch keine Grenzen gesetzt. Dabei werden individuelle Interessen und Vorlieben der Bewohnerinnen und Bewohner die Wahl der Bildmotive für die Gestaltung der Wände bestimmt haben.

Das Fresko mit den beiden lesenden Frauen trug zweifellos zur Verschönerung des Hauses bei, für das es einstmals geschaffen wurde. Es mag ein Bedürfnis nach Selbstdarstellung gestillt haben, wie es für die römische Bildkunst noch bis in die Spätantike hinein charakteristisch war. Und es mag auf seine Weise geeignet gewesen sein, eine besondere Bildungsoffenheit zur Geltung zu bringen, umso mehr, als hier zwei Frauen zur Darstellung kamen. Ein erstaunliches Motiv? Oder eine alltägliche Szene? Ein Blick auf die Lebenswelt pompejanischer Frauen? Auf ihre Gelehrsamkeit? Ihre Teilhabe am kulturellen Geschehen, ihre Auseinandersetzung mit Kunst und Literatur? Wurde hier für alle sichtbar ins Bild gesetzt, was zum Selbstverständnis der Frauen gehörte?

Stille und Besonnenheit kommen mir entgegen, wenn ich die beiden Frauen betrachte. Konzentriert und mit großem Ernst scheinen sie ihren Studien nachzugehen. Trafen sie regelmäßig zusammen, um gemeinsam zu lesen, sich auszutauschen und sich gegenseitig zu fördern? Oder einfach ihre Liebe zur Literatur miteinander zu teilen? Woher kannten sie sich? Wie kann ich mir von ihrer Lebenswelt ein Bild machen? Auch von ihrem Leben als heranwachsende junge Frauen?

Der Erziehung der Mädchen wurde in der römischen Welt nicht weniger Aufmerksamkeit zuteil als in der griechischhellenistischen Antike. Sie lag im Ermessen der Eltern, die über Art und Umfang der Bildung ihrer Töchter entschieden und damit die Weichen für deren Lebensgestaltung stellten. In wohlhabenden Familien erhielten Mädchen und Jungen vom sechsten oder siebten Lebensjahr an gemeinsam einen häuslichen Elementarunterricht, der, wenn nicht von privaten Lehrern oder Lehrerinnen gegeben, oftmals von den Müttern der Kinder selbst erteilt wurde. In Rom besuchten die Mädchen, auch die aus weniger begüterten Elternhäusern, gemeinsam mit den Jungen Elementarschulen. Ein solcher Schulbesuch war für die Mädchen lebensbestimmend, denn lesen und schreiben zu können war für viele Berufe von Frauen unerlässlich: für die Erzieherinnen und Vorleserinnen, für Schreiberinnen, für Buchhalterinnen wie Händlerinnen und besonders für Ärztinnen, Apothekerinnen und Hebammen. Anders als für die Jungen war es für Mädchen im Alter von vierzehn Jahren nicht üblich, auf weiterführende Schulen zu wechseln. Ihre Bildung, etwa die Vertiefung ihrer Kenntnisse in griechischer oder lateinischer Literatur, erfolgte unter günstigen Gegebenheiten durch privaten Unterricht. Viele Mädchen suchten davon Gebrauch zu machen, suchten nach Möglichkeiten, selbstbewusst ihr Leben zu gestalten, als Ehefrau, als Vorsteherin eines Haushaltes, als Erzieherin ihrer Kinder und durch die Ausübung eines Berufes. Für welchen Lebensweg mochten sich die beiden Frauen auf dem pompejanischen Fresko entschieden haben?

»Kennen sollst du auch Sappho …«
(Ovid)

Und was waren sie im Begriff zu lesen?

Welcher Text hatte ihr Interesse entfacht? Ein Epos? Ein Lehrgedicht? Ein Drama? Sprachen sie über einen lyrischen Text? Setzten sie sich mit einer philosophischen Abhandlung auseinander? Was sie lasen, wird von ihren Interessen, ihrer Vorbildung, ihrem sozialen Umfeld und schließlich auch von ihrem Lebensalter bestimmt worden sein.

Den jungen Leserinnen beispielsweise empfahl der Dichter Ovid (43 v.-17 n. Chr.) im dritten, eigens an Frauen gerichteten Buch seiner *Ars Amatoria*, eines kurz vor der Zeitenwende erschienenen Lehrgedichtes über die Liebe, eine bestimmte Auswahl griechischer wie lateinischer Werke, unter denen seine eigenen nicht fehlten – aber auch nicht die der griechischen Dichterin Sappho (um 600 v. Chr.). Ihre Lyrik hatte seit Jahrhunderten nichts von ihrer Anrührung verloren. »Nota sit et Sappho« – »Kennen sollst du auch Sappho«, hatte Ovid geschrieben. Seine Literaturempfehlung galt insbesondere der elegischen Dichtung, in der persönliche Belange, allen voran die das gesamte Lebensgefühl beherrschende Liebe, in erotisch gefärbte Verse gegossen waren. Dass die Elegiker ihre nonkonformen Dichtungen vorzugsweise an ein weibliches Publikum, an eine von ihnen imaginierte gebildete junge Frau, die *puella docta*, als

Leserin richteten, wird ältere Frauen nicht vom Lesen der Liebeslyrik abgehalten haben. Und umgekehrt: Galten philosophische Schriften, Reden oder Werke der Geschichtsschreibung eher den verheirateten oder verwitweten gebildeten Frauen, den *matronae doctae*, als zuträglich, bedeutete dies keineswegs, dass nicht auch jüngere Frauen sich ernsthaft damit auseinandersetzten.

Ambitionierte Frauen wie die beiden auf dem pompejanischen Fresko, daran zweifle ich nicht, werden selbstbestimmt über Art und Umfang ihrer Lektüre entschieden haben, sei es aus beruflichen Gründen, aus wissenschaftlichem Interesse, sei es zur eigenen Erbauung oder der Geselligkeit wegen, vorausgesetzt, Bücher standen ihnen in dem gewünschten Umfang zur Verfügung. Weder in Pompeji noch in den anderen vom Vesuv verschütteten Städten Kampaniens sind für die späte Republik oder die frühe Kaiserzeit größere öffentliche Bibliotheken – ähnlich denen in Rom – nachgewiesen worden. Archäologische Ausgrabungen förderten jedoch private Büchersammlungen zutage: Räume innerhalb des pompejanischen Hauses, in denen Bücher und Bücherschränke vorhanden gewesen waren oder die aufgrund von Inschriften, Wandmalereien mit Lesenden oder aufgestellten kleinen Büsten antiker Schriftsteller als Bibliotheksräume angesehen werden. In unmittelbarer Nachbarschaft zu den Bibliotheksräumen, die wohl vorwiegend zur Aufbewahrung der Bücher dienten, gab es in der Regel kleinere Räumlichkeiten, *cubicula*, in denen ungestört gelesen oder auch rezitiert und diskutiert werden konnte. Die Bibliotheks- und angrenzenden Leseräume befanden sich sorgsam platziert im hinteren Bereich des Hauses, an *Peristylen* gelegen, dort, wo die ersehnte Ruhe und Konzentration auf die Lektüre am ehesten gegeben waren. Es scheint, als haben sich auch die beiden ins Gespräch vertieften Frauen dorthin zurückgezogen. Um unter sich zu sein, durch keinerlei Ablenkung gestört.

Das Vorhandensein einer privaten Bibliothek erleichterte natürlich den Zugang zur Literatur. Die familiäre Situation, das Interesse an Literatur und das Leseverhalten innerhalb der Familie, spielten für die Bildung der Mädchen und Frauen eine entscheidende Rolle. Und das gilt auch für die Frage, ob Frauen über eigene Bücher verfügten oder nicht. Vielleicht konnten die beiden Frauen auf eine gut ausgestattete häusliche Büchersammlung zurückgreifen, die auch Geschichtswerke, Reden, philosophische Schriften und Biographien enthielt und die ihnen für ihre Studien jederzeit zur Verfügung stand. Weshalb sollten sie diese nicht gelesen haben?

Weibliche Vorbilder

Erlebten sich die beiden Frauen auf dem Fresko in einer weiblichen Tradition stehend?

Mit welchen Frauen pflegten sie Umgang? Wer waren ihre Freundinnen? Gab es Nachbarinnen, mit denen sie sich austauschten? Wie nahmen sie Frauen in der eigenen Familie wahr? Ihre Mütter? Großmütter? Schwestern? Töchter? Was wussten sie von Frauen der Vergangenheit?

Wenngleich die Namen von Frauen und Kenntnisse über deren Leben der geschichtlichen Erinnerung vielfach verloren gingen, sind einige Namen literarisch gebildeter Frauen überliefert – sie waren vor allem Angehörige einer römischen Führungsschicht oder der kaiserlichen Familien. Calpurnia etwa (77 v. Chr.-unbek.), die letzte Gattin Julius Caesars (100-44 v. Chr.), gehört dazu, die wie ihr Vater der epikureischen Schule nahegestanden hatte. Oder Octavia (70-11 v. Chr.), eine Schwester des Kaisers Augustus (63 v.-14 n. Chr.). Die unter Augustus und der umsichtigen Kaiserin Livia (58 v.-29 n. Chr.) errichtete *Porticus Octaviae*, zu der neben bedeutenden Kunstwerken auch eine öffentliche Bibliothek gehörte, trägt sicher nicht zufällig den Namen Octavias. Sie selbst nahm die Einweihung der Bibliothek im Gedenken an ihren verstorbenen Sohn Marcellus mit den in Rom üblichen beiden Abteilungen vor, einer *bibliotheca graeca* und einer *bibliotheca latina*. Als Stifterin einer Bibliothek sind später auch Matidia (64-119 n. Chr.), eine Verwandte des Kaisers Trajan (53-117 n. Chr.), oder Flavia Melitine überliefert, die eine Bibliothek im *Asklepieion* von Pergamon stiftete.

Klugheit besaßen sie als Ehefrauen, Bildung und Kenntnisreichtum zeigten sie als Brief- und Gesprächspartnerinnen, Weitsicht und Entschiedenheit bewiesen sie als Mütter und Erzieherinnen ihrer Kinder. Sie waren Vorbild für andere Frauen. So hat sich etwa die Römerin Cornelia (190-100 v. Chr.), genannt die Mutter der Gracchen, als überaus gebildete Frau in das historische Gedächtnis eingeschrieben. Oder auch Marcia (25 v.-41 n. Chr.), die Seneca zufolge das Lebenswerk ihres verfemten Vaters, des Historikers Cremutius Cordus, tradierte und damit vor dem Vergessen bewahrte. Manche Frauen wurden ihrer Redegewandtheit wegen gerühmt. Die Römerin Hortensia beispielsweise hielt 42 v. Chr. eine kraftvolle Rede auf dem Forum in Rom und protestierte öffentlich – und erfolgreich – gegen die Erhebung von Sonderabgaben für vermögende Frauen. Wohlhabende Frauen waren seit der späten Republik keine Seltenheit. Im letzten vorchristlichen Jahrhundert hatte sich die *manus*-freie Ehe durchzusetzen begonnen. Das Mädchen wurde nun nicht mehr aus der Hand des Vaters in die des Ehemannes gegeben, sondern die beiden Heiratswilligen verblieben unter der Vormundschaft, der *potestas* der jeweiligen Väter. Zudem wurde eine klare Gütertrennung vereinbart, so konnten Ehefrauen nach dem Tode ihres Vaters über ihr oftmals aus Erbschaften stammendes oder auch zur Mitgift gehörendes Vermögen *sui iuris*, eigenen Rechts also, verfügen, Geschäfte tätigen, ihren Besitz veräußern, vererben oder auch zum Wohle der Allgemeinheit und der eigenen Familie stiften. Als reiche Land- und Gutsbesitzerinnen und ebenso als Stifterinnen sind sie im gesamten römischen Reich anzutreffen. Und als solche waren sie nicht ohne politischen Einfluss.

Das gilt zum Beispiel für Eumachia aus Pompeji, Tochter eines Händlers und Besitzers einer Keramik- und Ziegelmanufaktur und Ehefrau eines hohen städtischen Beamten, dessen Handelsunternehmen für Wolle sie nach seinem Tod selbstständig weiterführte. Sie war Patronin der Gilde der Tuchwalker und zudem hohe städtische Priesterin. Der Tuchhändlergilde ließ sie im eigenen und im Namen ihres Sohnes im Jahre 22 n. Chr.

ein großes, reich geschmücktes Gebäude am Forum in Pompeji errichten. Die Gilde ihrerseits ehrte Eumachia durch eine Statue in der idealtypischen Gestalt einer jugendlich schönen Frau.

Bildungs- und verantwortungsbewusst trugen Frauen in vielen Bereichen zum gesellschaftlichen Gelingen bei. Und sie griffen selbst zur Feder. Einige Namen schreibender Frauen und Titel ihrer Werke fanden verstreut Erwähnung, doch kaum eine ihrer Schriften hat sich erhalten. Wenigstens förderte der Zufall einiges zutage, beispielsweise die Elegien der römischen Dichterin Sulpicia. Ihre Lebensdaten sind nicht bekannt. Ihre in den Jahren 25-20 v. Chr. entstandenen Gedichte wurden zusammen mit dem Schriftencorpus des Dichters Tibull (55-19 v. Chr.) überliefert und lange, bis in die Neuzeit hinein, für seine Werke gehalten. Vielleicht haben sie deshalb überleben können? Sulpicia, die Tochter einer römischen Senatorenfamilie, hinterließ mit ihren Liebeselegien ein Zeugnis weiblichen Selbstverständnisses, in dem sie gesellschaftliche Normvorstellungen ihrer Zeit und insbesondere die Rollenerwartungen an eine Frau zurückweist und den Wunsch nach freier Selbstgestaltung ihres Lebens – und ihrer Liebe – formulierte. Ob und auf welche Weise diese Gedichte auch von anderen Frauen wahrgenommen wurden, ob sie für kontroversen Gesprächsstoff sorgten, ob sie Ermutigung bedeuteten oder auch als gegen die herrschenden Sitten verstoßend verworfen wurden, wer mag dies beantworten? Sulpicia jedenfalls gehörte einem literarischen Zirkel in Rom an, in dem auch die Dichter Ovid und Tibull aus- und eingingen. Hier wird sie, den Gepflogenheiten gemäß, ihre Gedichte einem Kreis von Freundinnen und Freunden vorgetragen haben.

Mir gefällt die Vorstellung, dass die beiden disputierenden Frauen auf dem Fresko aus Pompeji sich vielleicht mit den Gedichten Sulpicias befassten. Oder mit Texten der Dichterin Cornificia (85-40 v. Chr.)? Der Chronik des Kirchenlehrers Hieronymus (347-420) aus dem 4. Jahrhundert jedenfalls ist zu entnehmen, dass ihre viel gepriesenen Epigramme noch mehrere Hundert Jahre später gelesen wurden. Aber auch diese Werke sind heute allesamt verschollen.

Bildungsbewusst und ambitioniert

Die Quellenlage mag dürftig sein. Erkennbar wird dennoch, dass sich Frauen innerhalb der römischen Gesellschaft selbstbewusst eigene Handlungsräume erschlossen, die ihnen eine mehr oder weniger frei gewählte Lebensgestaltung ermöglichten.

So imaginiere ich abschließend ein Bild der beiden ins Gespräch vertieften Frauen auf dem Fresko: offen, bildungsbewusst, ambitioniert Gedanken und Erfahrungen austauschend und weit davon entfernt, sich mit aufkeimenden männlichen Vorbehalten gegen eine vermeintlich unangemessene weibliche Gelehrsamkeit und Selbstbestimmung auseinanderzusetzen. Sie glaubten nicht, dass die Beschäftigung mit Literatur und philosophisch-wissenschaftlichen Schriften über das für den weiblichen Lebensalltag als hilfreich angesehene und eben deshalb geduldete Maß hinaus die Tugenden einer ehrbaren *matrona* gefährden könne. Sie glaubten nicht, dass allzu viel und vor allem dem jugendlichen Alter vermeintlich abträgliche Lektüre den Charakter eines noch jungfräulichen Mädchens verdürbe. Sie ignorierten satirische und tendenziell frauenfeindliche Schriften als von Männern verfasste und hauptsächlich an Männer adressierte Texte und entlarvten sie als Gegenbilder zur weiblichen Lebenswirklichkeit, zu der Selbstbestimmung und Eigenverantwortung der Frauen gehörten und in der Frauen mit eigener Stimme sprachen.

Ein ermutigendes Bild. Das *Colloquio di donne*.

Meine Fragen an die beiden Frauen auf dem pompejanischen Fresko lenkten meine geschichtlichen Streifzüge. Sie sind mir Zeuginnen einer antiken Lesekultur, an die die Frauen des frühen Christentums anknüpfen und eine weibliche Bildungstradition fortsetzen konnten. Als sich eine christliche Glaubensbewegung ihren Weg in die römische Welt zu bahnen begann, waren es Frauen, die sich rasch der neuen Botschaft öffneten, die Bewegung in besonderer Weise prägten und nicht wenig Einfluss auf die Ausbreitung der christlichen Glaubenslehre nahmen. Nicht zufällig wurde die lesende Frau zu einem Bildthema auch in der Kunst des Mittelalters. Und als das Buch sinnbildlich zum Träger der christlichen Botschaft, zum Symbol für den christlichen Glauben wurde, finden wir es nicht zufällig in den Händen von Frauen abgebildet. Dieser Gedanke führt in eine neue Zeit und zu einem neuen Thema.

Literatur

Albentiis, Emidio de: Die Kunst während der ersten Phase der Romanisierung (4.-2. Jh. v. Chr.), in: Coarelli, Filippo (Hrsg.): Römisches Süditalien und Sizilien. Kunst und Kultur von Pompeji bis Syrakus, Petersberg 2007, S. 148-193.

Albrecht, Michael von: Geschichte der römischen Literatur von Andronicus bis Boëthius. Mit Berücksichtigung ihrer Bedeutung für die Neuzeit, Band 1 und 2, München 1994.

Balensiefen, Lilian: Die Macht der Literatur. Über die Büchersammlungen des Augustus auf dem Palatin, in: Hoepfner, Wolfram (Hrsg.), Antike Bibliotheken, Mainz 2002 (Zaberns Bildbände zur Archäologie), S. 97-116.

Blanck, Horst: Das Buch in der Antike, München 1992.

Coarelli, Filippo (Hrsg.): Pompeji, München 2002.

Coarelli, Filippo (Hrsg.): Römisches Süditalien und Sizilien. Kunst und Kultur von Pompeji bis Syrakus, Petersberg 2007.

Dierichs, Angelika: Das Idealbild der römischen Kaiserin: Livia Augusta, in: Späth, Thomas / Wagner-Hasel, Beate (Hrsg.), Frauenwelten in der Antike. Geschlechterordnung und weibliche Lebenspraxis, Stuttgart 2000/2006 (Sonderausgabe), S. 241-262.

Griep, Hans Joachim: Geschichte des Lesens. Von den Anfängen bis Gutenberg, Darmstadt 2005.

Günther, Rosmarie: Matrona, *vilica* und *ornatrix*. Frauenarbeit in Rom zwischen Topos und Alltagswirklichkeit, in: Späth, Thomas / Wagner-Hasel, Beate (Hrsg.), Frauenwelten in der Antike. Geschlechterordnung und weibliche Lebenspraxis, Stuttgart 2000/2006 (Sonderausgabe), S. 350-376.

Hartmann, Elke: Frauen in der Antike. Weibliche Lebenswelten von Sappho bis Theodora, München 2007.

Hemelrijk, Emily A.: Matrona Docta. Educated women in the Roman élite from Cornelia to Julia Domna, London / New York 1999.

Hoepfner, Wolfram: Bibliotheken in Wohnhäusern und Palästen, in: Hoepfner, Wolfram (Hrsg.), Antike Bibliotheken, Mainz 2002 (Zaberns Bildbände zur Archäologie), S. 86-96.

Knüvener, Peter: Private Bibliotheken in Pompeji und Herculaneum, in: Hoepfner, Wolfram (Hrsg.), Antike Bibliotheken, Mainz 2002 (Zaberns Bildbände zur Archäologie), S. 81-85.

Kunst, Christiane: Lesende Frau. Zur kulturellen Semantik des Lesens im antiken Rom, in: Signori, Gabriela (Hrsg.), Die lesende Frau, Wiesbaden 2009 (Wolfenbütteler Forschungen, Band 121), S. 47-64.

Lemaître, Alain J., Griechenland, Stuttgart-Berlin-Köln-Mainz 1988.

Mazzoleni, Donatello/Pappalardo, Umberto: Pompejanische Wandmalerei. Architektur und illusionistische Dekoration, mit Aufnahmen von Luciano Romano, München 2005.

Meyer-Zwiffelhoffer, Eckhard: Imperium Romanum. Geschichte der römischen Provinzen, München 2009.

Mielsch, Harald: Römische Wandmalereien, Darmstadt 2001.

Pappalardo, Umberto: Im Schatten des Vesuv. Versunkene Städte der Antike, aus dem Italienischen übersetzt von Karin Schuler u. Enrico Heinemann, Stuttgart 2006.

Reddig, Wolfgang F.: Bader, Medicus und Weise Frau. Wege und Erfolge der mittelalterlichen Heilkunst, München 2000.

Rist, Josef: Im Auftrag des Herrn, in: Damals. Das Magazin für Geschichte, 8/2013, Mit Wort und Schwert. Europa wird christlich, S. 16-21.

Römische Frauen. Ausgewählte Texte, Lateinisch/Deutsch, hrsg. und übersetzt von Ursula Blank-Sangmeister, Stuttgart 2001.

Rohweder, Christine: Eine römische Dichterin: Sulpicia, in: Späth, Thomas/ Wagner-Hasel, Beate (Hrsg.), Frauenwelten in der Antike. Geschlechterordnung und weibliche Lebenspraxis, Stuttgart 2000/2006 (Sonderausgabe), S. 147-161.

Rottloff, Andrea: Lebensbilder römischer Frauen, Mainz 2006 (Kulturgeschichte der antiken Welt, Bd. 104).

Schefold, Karl: Pompejanische Malerei. Sinn und Ideengeschichte, Basel 1952.

Schneider, Wolfgang Christian: Das Ende der antiken Leiblichkeit. Begehren und Enthaltsamkeit bei Ambrosius, Augustin und Maximian, in: Späth, Thomas/Wagner-Hasel, Beate (Hrsg.), Frauenwelten in der Antike. Geschlechterordnung und weibliche Lebenspraxis, Stuttgart 2000/2006 (Sonderausgabe), S. 412-425.

Schön, Erich: Geschichte des Lesens, in: Franzmann, Bodo/Hasemann, Klaus/ Löffler, Dietrich/Schön, Erich (Hrsg.), Handbuch Lesen. Im Auftrag der Stiftung Lesen und der Deutschen Literaturkonferenz, München 1999, S. 1-85.

Snyder, Jane McIntosh: The Woman and the Lyre. Women Writers in Classical Greece and Rome, Bristol 1989.

Sonnabend, Holger: In Flammen und trauriger Asche versunken, in: Damals. Das Magazin für Geschichte und Kultur, 11/2004: Gefährdete Idylle. Der Untergang von Pompeji und Herculaneum, S. 14-21.

Sonnabend, Holger: Reichtum statt Republik, in: Damals. Das Magazin für Geschichte, 7/2013: Römischer Luxus. Prunk, Prestige und Politik, S. 16-23.

Stein, Peter: Schriftkultur. Eine Geschichte des Schreibens und Lesens, Darm-stadt 2006.

Vazaki, Anna: Mousike Gyne. Die musisch-literarische Erziehung und Bil-dung von Frauen im Athen der klassischen Zeit, Möhnesee 2003.

Wagner-Hasel, Beate: Wertschätzung für Jahre und Erfahrung, in: Damals. Das Magazin für Geschichte, 2/2013: Für Freiheit und Brot. Die Anfänge der Arbeiterbewegung, S. 72-77.

Wiemer, Hans-Ulrich: Von Europa nach Asien. Der Alexanderzug als Epochen-wende, in: Hellenismus. Eine Welt im Umbruch, hrsg. Damals. Das Maga-zin für Geschichte. Sonderband in Zusammenarbeit mit der Wissenschaft-lichen Buchgesellschaft, Darmstadt 2012, S. 11-24.

Zanker, Paul: Pompeji. Stadtbild und Wohngeschmack, Mainz 1995.

Disputierende Frauen mit Büchern.
Steinfries aus der Benediktinerabtei Werden (Ausschnitt), 2. Hälfte 11. Jahrhundert,
Baumberger Kalkstein, Höhe 32,5 cm, Breite 45 cm, Tiefe 8 cm.
Schatzkammer St. Ludgerus, Essen-Werden.

3. Disputierende Frauen mit Büchern

Religiosität und Gelehrsamkeit

Still, in äußerer Ruhe verharrend, aber innerlich bewegt.

Verhalten, aber konzentriert auf ihr Gegenüber, im Austausch über Gelesenes begriffen.

Vor Augen habe ich einen Steinfries mit drei Frauen. Drei von insgesamt zwölf als Ensemble gestaltete weise Frauen auf vier steinernen Fragmenten, aufgefunden in der Liudgeriden-Krypta der Benediktinerabtei Werden an der Ruhr, datiert auf die zweite Hälfte des 11. Jahrhunderts.

Zwölf Frauen, jede für sich unter einer Blendarkade sitzend, mit einer Hand ein geschlossenes Buch haltend. Jede in einem ihr eigenen Kosmos und doch in enger Gemeinschaft mit den anderen Frauen – ein in Stein gehauener geheimnisvoller Zusammenklang.

Jeweils zwei Frauen sind einander zugewandt. Die Neigung ihres Kopfes und die leichte Drehung der Oberkörper zueinander vertiefen den Eindruck inniger Zwiesprache. Die erhobenen Hände begleiten über die Wandpfeiler hinweg leise ihre Rede. Sorgsam in Falten gelegte Gewänder umhüllen in ruhigem Gleichmaß ihre Körper. Ähnlich fließend bedecken Schleier ihren Kopf und die Schulter. Die Frauen sitzen auf Bänken, ihre Füße auf kleine Schemel gestützt. Die Pilaster zwischen ihnen sind mit Blattwerk, die breiten Kapitelle und die Flächen oberhalb der Rundbögen mit reich ornamentierten Akanthus-Blättern verziert, die bereits in der Baukunst der griechischen Antike Verwendung fanden und dort die Hoffnung auf Leben, auf Unsterblichkeit versinnbildlichten.

Auf den ersten Blick ein Bild großer Einheitlichkeit. Bei näherem Hinsehen offenbart sich mir jedoch eine subtile Vielfalt, die jeder einzelnen Figur wie der Frauengemeinschaft insgesamt Bewegtheit und Lebendigkeit verleiht: im Sprachgestus der Hände, im Faltenwurf der Gewänder wie der Kopfbedeckung und nicht zuletzt in der Art, sich einander zuzuwenden.

Wer hatte dieses steinerne Ensemble, von dem auch ein Fries
mit zwei sitzenden männlichen Personen erhalten blieb, einst in
Auftrag gegeben? Und aus welchem Grund? Wem zu Ehren?
Wem zum Gedächtnis? War es Teil einer Chorschranke in einem
Kirchenraum gewesen? Oder Teil eines Tumbengrabes für den
Werdener Klostergründer Liudger (um 747-809)? Auch wenn
diese Fragen in der kunst- und frauengeschichtlichen Forschung
vorerst unbeantwortet bleiben, so besteht kein Zweifel daran,
hier das Bild einer Gemeinschaft religiös lebender Frauen vor
Augen zu haben. Frauen, die als Zeichen ihrer Gelehrsamkeit
ein Buch mit sich führen. Ein Attribut, das in der christlichen
Kunst des Mittelalters stets auch eine religiöse Lebensweise ver-
sinnbildlichte.

Ein solches Buch wurde im 11. Jahrhundert immer noch von
Hand geschrieben. Die Erfindung des Buchdrucks mit beweglichen Lettern und die damit einhergehende rasante Entwicklung des Buchwesens lagen noch in weiter Ferne. Geschrieben
wurde allerdings nicht mehr auf den in Ägypten seit dem
4. Jahrtausend v. Chr. bekannten und zu Textrollen zusammen-
gefügten Papyrusblättern, sondern auf Pergament. Aus Tier-
häuten hergestellt, begann es seit dem 2. Jahrhundert n. Chr. den
bis dahin gebräuchlichen Papyrus in einem lange währenden
Prozess abzulösen. Pergamentblätter konnten nicht nur dichter
und beidseitig beschrieben, sondern vor allem zu einem Buch,
dem Codex, zusammengebunden werden. Diese Buchform erwies sich als haltbarer und war für die Sammlung umfangreicher
Texte geeigneter als Papyrusrollen. Das Christentum bevorzugte
für die Aufzeichnung seiner Schriften das Pergament und nahezu ausschließlich den Codex als neue Buchform. Aus diesem
Grund stand der Codex von Anfang an in enger Verbindung
mit den neuen christlichen Werken, während die Papyrusrolle
mit der heidnischen Kultur und der antiken Literatur assoziiert
blieb.

Und so halten die disputierenden Frauen auf dem Steinfries
aus der Werdener Abteikirche nicht mehr wie die Lesende auf
der attischen Vase oder auf dem Fresko aus Pompeji eine antike

Schriftrolle aus Papyrus in Händen, sondern ein Buch. Dies macht den Wandel von der Antike zum christlichen Mittelalter augenscheinlich, einen historischen Prozess, dem Frauen von Beginn an durch ihr Wirken Bedeutung und Richtung verliehen.

Historische Spurensuche

Das Christentum ist ohne das geschriebene Wort nicht denkbar. Es bedurfte stets des lesenden wie des den neuen Glauben in die Welt tragenden Menschen.

Das Christentum ist aber auch ohne die Überzeugungskraft, ohne die Tatkraft und die Liebe der Frauen nicht denkbar. Sie prägten die von Palästina ausgehende frühe christliche Bewegung auf bemerkenswerte Weise. Eine Bewegung, die sich an alle Menschen wandte, an Arme wie Reiche, an Frauen wie Männer. In einer Zeit großer Sinnsuche, in der die Menschen angesichts des inneren Zerfalls der römischen Gesellschaft und der Bedrohung der äußeren Grenzen des Reiches neuen Halt und Orientierung ersehnten.

Meine Spurensuche führt mich zu den Frauen der römischen Aristokratie. Sie öffneten ihre Häuser und gründeten Gemeinschaften, in denen sie die Bibel und Schriften der Kirchenväter lasen. In denen sie von Frauen der biblischen Geschichte sowie den ersten Anhängerinnen Jesu und den Verkünderinnen des neuen Glaubens hörten, von Maria Magdalena, der ersten Apostelin, von der Purpurhändlerin Lydia, von Junia oder der Diakonin Phoebe. Gemeinschaften, in denen sie die neuen Glaubensinhalte mit Gleichgesinnten erörtern und festigen konnten. Sie führten einen regen Briefwechsel mit einflussreichen Kirchenlehrern, brachten theologische Fragen bis hin zu solchen einer asketisch-religiösen Lebensweise zur Sprache. Ihre Briefe wurden, anders als die der Kirchenväter, nicht aufgehoben, gleichwohl blieben Spuren ihres Lebens, ihr Denken und ihre Haltungen der Nachwelt erhalten: durch die Antwortschreiben ihrer Briefpartner. Frauen ließen der entstehenden Kirche jedwede

Unterstützung zukommen, ideell wie materiell. Viele stifteten ihr Vermögen für Kirchen- und Klosterbauten und beschenkten Arme und Bedürftige. Die früh verwitwete, vornehme Römerin Marcella (325-410), die gleichaltrige Römerin Proba (325 bis um 370), die als erste Dichterin christlicher Verse bekannt wurde, oder die ebenfalls dem römischen Senatorenadel angehörende Paula (347-404) und ihre Tochter Eustochium (367-419) werden häufig als Beispiele angeführt, wenn es gilt, auf die Bedeutung von Frauen für die Verkündigung der christlichen Botschaft hinzuweisen.

Die wegen ihrer Belesenheit gerühmte Marcella verfügte über einen großen Bestand an Abschriften christlicher Werke, die sie an Interessierte weiterreichte. Sie unterrichtete junge Frauen in ihrem Haus auf dem Aventin, sie stand lange im Briefwechsel mit Hieronymus (347-420) in Jerusalem und setzte sich bis ins hohe Alter wach und kritisch mit Glaubensfragen auseinander.

Paula aus Rom machte sich als Pilgerin im Jahre 385 mit Eustochium und einer Gemeinschaft von Frauen auf den Weg nach Palästina. Sie war Hieronymus gefolgt, dem sie zeitlebens Förderin und treue Gefährtin gewesen war. Seine Übersetzung der Bibel aus dem Hebräischen ins Lateinische ist wesentlich auch ihr Werk, verdankt sich ihrer Bildung, insbesondere ihren griechischen und hebräischen Sprachkenntnissen. Von Jerusalem aus unternahm Paula mit der Schar ihrer Anhängerinnen und der Gruppe um Hieronymus eine Pilgerreise nach Ägypten zu den dort in der Abgeschiedenheit der Wüste lebenden frommen Männern und Frauen. In Bethlehem gründete sie schließlich neben der Geburtskirche eine Klosteranlage (386-389), zu der eine Frauengemeinschaft, ein durch Hieronymus geführtes Mönchskloster sowie eine Pilgerherberge für Arme und Schutzsuchende gehörten. Paula lebte den ihr anvertrauten Frauen, unter denen sich auch ehemalige Sklavinnen befanden, als Äbtissin ihres Konventes ein Leben in asketischer Bescheidenheit vor, ein Leben, das neben dem täglichen Lesen und Hören der heiligen Schriften, der Andacht und dem Singen der Psalmen auch das Studium der griechischen und lateinischen Literatur, vorchristlicher Werke also, beinhaltete. Sie verband Antikes mit dem Funken einer neuen christlichen Botschaft. Asketisch fromm, aber nicht weltabgewandt, hinterließ Paula, die stets ihre familiären Verbindungen nach Rom gepflegt hatte, bedeutende geschichtliche Spuren bis in den Osten des römischen Reiches, Spuren weiblicher Entschiedenheit und politischer Einflussnahme als Klostergründerin, als Äbtissin, als Lehrerin und nicht zuletzt als Wohltäterin.

Und Paula war nicht die Einzige, die sich ganz einem Leben in der Christusnachfolge verschrieben hatte. Die Christin Maria, eine Schwester des Gründers der ersten Mönchsgemeinschaft in der Nähe von Theben Pachomius (um 292-348), leitete in Ägypten zwei Frauenkonvente. Perpetua, eine Schwester des Kirchenlehrers Augustinus (354-430), stand in der Nähe von Hippo in Nordafrika als Witwe einer Frauenkommunität vor. Makrina die Jüngere (um 327-379/80) gründete, früh verwitwet, gemeinsam mit ihrer Mutter und ehemaligen Sklavinnen eine religiöse Frauengemeinschaft auf ihrem Besitz in Annesis in Kappadokien. Sie war eine Schwester des Kirchenvaters Basilius (329-379) und des Bischofs Gregor von Nyssa (um 335-394) und mit der griechischen Philosophie und den Naturwissenschaften ebenso vertraut wie mit den heiligen Schriften. Sie sei zeitlebens seine Lehrmeisterin gewesen, hatte ihr Bruder Gregor in einer Lebensgeschichte über sie offen bekundet.

Einige Namen stehen hier stellvertretend für viele anonym gebliebene Christinnen. Sie erhellen jedoch die große Arbeit der Frauen im frühen Christentum. In einer noch wenig hierarchisierten Kirche. In einer Zeit, in der für religiös lebende Frauen dieselben Regeln galten wie für Mönchsbrüder und in der Frauen in den frühchristlichen Gemeinden als Diakoninnen tätig waren. Von Priesterämtern oder anderen geistlichen Aufgaben sollten sie jedoch in einer sich ihnen gegenüber mehr und mehr verschließenden Kirche fortan ausgeschlossen bleiben. Von der Botschaft des Urchristentums, eine Kirche der Gleichen, eine Kirche aller Gläubigen zu sein, hatte sich die Kirche unter

dem Einfluss von Theologen zu entfernen begonnen. In deren
Auslegung der Schöpfungsgeschichte und gestützt auf Darstellungen der zweiten Genesis-Erzählung (Gen 2,21), wonach die
Erschaffung Evas auf die Adams erfolgte, betonten sie nicht
allein eine Verschiedenheit von Frau und Mann, sondern leiteten daraus eine Wertigkeit ab. Eine weitgehend patriarchalisch
organisierte, von Klerikern dominierte Kirche, eine wachsende
Symbiose von kirchlicher und weltlicher Macht und die Festi-
gung des christlichen Glaubens als einzig wahre und für alle
verbindliche Religion machten es den Frauen zunehmend schwer,
in dieser Kirche Fuß zu fassen.

Dennoch kam sie ohne die Stimmen der Frauen nicht aus.
Die Geschichte des Christentums ist auch eine Geschichte der
Frauen. Der Zeuginnen des Glaubens, der Heiligen und der
Märtyrerinnen, der Religiosen und der weltlich lebenden Frauen
in den Städten wie auf dem Lande, der Mütter und Töchter, der
Schwestern, der Herrscherinnen. Sie suchten auf ihre Weise
Antworten auf die Herausforderungen ihrer Zeit.

Vita religiosa

Eine davon war, ein religiöses Leben führen zu wollen. Der Gedanke einer gottgeweihten Lebensweise breitete sich über die
Räume der spätantiken Welt nach Westen hin aus. Immer mehr
Frauen, geweihte Jungfrauen, Ehefrauen und Witwen, legten
ihre weltlichen Kleider ab. Als Sanktimoniale, wie sie seit der
Spätantike genannt werden, trachteten sie nach einem heiligmäßigen Leben, anfangs zurückgezogen im Schutz ihrer Familien,
späterhin in den entstehenden religiösen Frauengemeinschaften.
Asketisch, einfach, gottnah, aber keineswegs gänzlich welt-
abgeschieden. Als die erste bekannte Frauengemeinschaft im lateinischen Westen gilt ein Kloster in Marseille, dessen Gründung
um das Jahr 410 dem vom ägyptischen Mönchstum geprägten
Abt Johannes Cassianus (um 360-435) zugeschrieben wird.

Etwa ein Jahrhundert später gründeten Caesaria und ihr
Bruder, der Bischof Caesarius von Arles (um 470, amt. 503-542),

die Frauengemeinschaft Saint-Jean in Arles, deren erste Äbtissin
Caesaria wurde und für die beide zwischen 512 und 534 erstmals eine Regel eigens für eine Frauenkommunität schufen.
Diese *Regula sanctarum virginum* suchte das Zusammenleben der
Sanktimonialen zu ordnen: Sie setzte eine Äbtissin als Vorsteherin ein, der Gehorsam geschuldet war, gliederte den gemein-
schaftlichen Alltag in einen Wechsel von Gebet, Arbeit und dem
Lesen heiliger Schriften, bestimmte den Eintritt in einen Konvent als für ein ganzes Leben bindend und gebot den Frauen
persönliche Armut und zur Bewahrung ihrer Keuschheit die
vollkommene Loslösung von der Welt. Dieser Anspruch stand
sowohl den Erfordernissen frühmittelalterlicher Frauengemeinschaften als auch der Lebenswirklichkeit vieler Sanktimonialen
entgegen, und die sich gründenden Frauengemeinschaften be-
gegneten ihm auf sehr freie Weise. So verantwortete die mero-
wingische Königin Radegunde (um 518-587) nach der Tren-
nung von König Clothar I. (511-561) und ihrem Rückzug in
ihren Konvent Sainte Croix in Poitiers auch als Religiose Belange ihrer königlichen Familie und unterhielt unvermindert
enge Beziehungen zu Menschen außerhalb der Frauengemeinschaft. Radegunde ist ein Beispiel für die Wirkungsmacht adliger
religiöser Frauen im frühen Mittelalter und zugleich dafür, dass
für Frauen ein gottnahes, dem Gebet und der Fürbitte für das
Seelenheil ihrer Mitmenschen geweihtes Leben durchaus nicht
im Widerspruch stand zu einem Verbundensein mit der »Welt«.
    Selbstbestimmt und ambitioniert trugen Frauen durch ihr
spirituelles Leben zur Verkündigung der christlichen Botschaft
bei. Im Frankenreich entstanden zwischen dem 6. und 8. Jahrhundert, auch durch Berührungen mit dem irischen Mönchstum, mehr als einhundert religiöse, in ihrer Gestaltung und
Lebensdauer sehr unterschiedliche Frauengemeinschaften – nicht
mehr nur im Umfeld gallorömischer Städte, sondern auch in
der Abgeschiedenheit ländlicher Regionen. Etliche Namen ein-
flussreicher Stifterinnen und Äbtissinnen aus dem merowingischen Adel wie Burgundofara (595-657), Gertrud (626-659)
oder Balthild († 680) sind überliefert, die die Geschicke ihrer

Frauenkommunitäten lenkten – auch in ihrer politischen Wirksamkeit nach außen –, die bedeutende Bibliotheken anlegten
und für die Ausbildung junger Mädchen Sorge trugen. Nicht
wenige der fränkischen Gründungen wie die in Faremoutiersen-Brie, in Nivelles und Chelles, in Jouarre, Laon oder Remiremont bestanden als Doppelkonvente, in denen Sanktimoniale
und Mönche gemeinschaftlich ein gottgeweihtes Leben führten.

Im angelsächsischen England wurden von der Mitte des 7. Jahrhunderts an fünfundsechzig Frauenkonvente gegründet, viele davon als Doppelgemeinschaft, der in aller Regel eine Äbtissin
vorstand. In Hartlepool etwa, in Barking oder Whitby. Die dem
Adel angehörende Äbtissin Hilda (um 614–680) prägte die von
ihr 657 in Whitby gegründete Doppelabtei auf unverwechselbare Weise. Sie schuf ein umfassendes Bildungswesen als Herzstück ihres Konvents und begründete nicht zuletzt aufgrund einer
im Jahre 664 in Whitby durchgeführten Reichssynode seine kulturelle Ausstrahlung.

Die christliche Glaubensbewegung trägt unverkennbar die
Handschrift gelehrter, frommer Frauen. Äbtissinnen und Sanktimoniale standen in engem Briefaustausch mit angelsächsischen
Missionaren wie Willibrord (um 657–739) oder Bonifatius
(um 672–754), dem späteren Erzbischof von Mainz. Sie besorgten umsichtig die erbetenen Abschriften wichtiger Bücher aus
ihren Konventen. Viele zogen der Glaubensbotschaft wegen
selbst ins Frankenreich. Die in Angelsachsen ausgebildete Lioba
(um 700–um 782) und ihre Verwandte Thekla († um 790) gründeten im 8. Jahrhundert die ersten rechtsrheinischen Frauenkonvente: in Tauberbischofsheim, in Kitzingen und dem nahe
gelegenen Ochsenfurt. Als Äbtissin von Tauberbischofsheim
richtete Lioba ihr besonderes Augenmerk auch auf eine sorgfältige Ausbildung junger Frauen und Mädchen, sie waren die
zukünftigen Glaubensbotinnen. All dies, ihr gesamtes Leben,
eingedenk ihrer politischen Einflussnahme und der Pflege ihrer
weiträumigen Verbindungen zu bedeutenden Adelsfamilien, betrachtete sie als einen Dienst an Gott. Liobas Wirken und das
anderer Äbtissinnen offenbart letztlich eine der Zeit innewoh

nende wechselseitige Durchdringung von Kirche und Welt, von geistlicher und weltlicher Macht.

In dieser Hinsicht erlangten schließlich auch zahlreiche religiöse Frauengemeinschaften im östlichen Frankenreich große Strahlkraft, wo nach der gewaltsamen Christianisierung Sachsens durch Karl den Großen (747-814) vom 9. Jahrhundert an bis zur Mitte des 11. Jahrhunderts im Raum zwischen Niederrhein und Elbe mehr als sechzig Frauenkommunitäten entstanden. Vielfach Stiftungen des sächsischen Adels, dienten sie diesem neben der Sicherung des Seelenheils der Stifterfamilie durch das Gebetsgedenken der Sanktimonialen durchaus auch dazu, gesellschaftlichen und politischen Einfluss innerhalb der fränkischen Aristokratie geltend zu machen, etwa durch die Bestimmung der Äbtissin aus einer Familie. Zweifellos sicherten Reichtum und Ansehen adliger und königlicher Familien, auch adliger Sanktimonialen, auf segensreiche Weise die materielle Existenz der Konvente. Dennoch wäre eine solche Gemeinschaft nicht denkbar gewesen ohne die Frauen und ihre ausdrückliche Entscheidung, ein heiligmäßiges Leben führen zu wollen. Dies bildete den innersten Zusammenhalt der Gemeinschaft, darin lag die Sinnstiftung einer jeden Frauenkommunität im frühen und hohen Mittelalter.

Viele, und vor allem sehr unterschiedliche Frauenkonvente waren entstanden.

Diese in den Augen der Kirchenoberen unübersichtliche Vielfalt hatte bereits seit der zweiten Hälfte des 8. Jahrhunderts zu Unruhe und zu Diskussionen innerhalb der Kirche und im Frankenreich geführt. Als im Verlauf der karolingischen Reformen und der Neubestimmung von Kirche und Gesellschaft reichseinheitlich für alle klösterlichen Gemeinschaften die Benediktregel als verbindlich formuliert wurde, als die Aachener Synode des Jahres 816 unter Ludwig dem Frommen (778-840) mit der *Institutio canonicorum* die klerikalen Gemeinschaften vereinheitlichte und mit der *Institutio sanctimonialium* schließlich auch die Frauenkommunitäten zu reglementieren suchte, war dies zunächst für die Lebenswirklichkeit der weiblichen Religiosen nicht unmittelbar von Belang. Die Frauenkonvente bewahrten über das 9. und 10. Jahrhundert hinaus ihre individuellen, an den sozialen und regionalen Gegebenheiten ihrer Gemeinschaft orientierten Lebensformen. Unterschiedlichste, frei gewählte Formen und Regeln des Zusammenlebens blieben nebeneinander bestehen, obgleich die *Institutio sanctimonialium* von 816 dies einzugrenzen versucht hatte. Mehr als äußere Lebensordnungen blieb die *Vita religiosa*, die Verwirklichung eines gottgeweihten Lebens durch das gemeinsame Gebet, durch Arbeit und das Lesen heiliger Schriften der Identität stiftende Wesenskern der Kommunitäten.

Studium und Gebet

Nicht wenige der seit der Mitte des 9. Jahrhunderts gegründeten Frauenkonvente entwickelten sich zu Orten mit großer kultureller Ausstrahlung. Zu Orten der Bildung und der Kunst. Weiträumig wirksam und von langer Lebensdauer. Mit bedeutenden Bibliotheken, Skriptorien, Werkstätten für die Kunst- und Textilproduktion. Die seit etwa 852 bestehenden Konvente in Gandersheim und Essen oder die 936 gegründete Frauengemeinschaft in Quedlinburg – allesamt ausgezeichnet durch ihre enge Verbindung mit der ottonischen Königsfamilie – zählen zu den herausragenden und in ihrer Lebensordnung selbstbestimmten Frauengemeinschaften Sachsens.

Ich halte einen Moment inne.

Suche erneut den Dialog mit den disputierenden Frauen auf dem Steinfries der Abteikirche in Werden. Gibt es einen Zusammenhang zwischen ihnen und dem seit Mitte des 9. Jahrhunderts bestehenden Frauenkonvent in Essen? Ist die dargestellte Szene auf dem Fries eine Reminiszenz an die benachbarte Frauengemeinschaft?

Ich lasse meinen Gedanken freien Lauf.

Sind mit den Frauen auf dem Steinfries Essener Sanktimoniale gemeint? Hatte der Bildhauer oder die Bildhauerin eine Versammlung Essener Konventualinnen vor Augen, als dieses Kunst-

werk Gestalt annahm? Beide Gemeinschaften, der Essener Frauenkonvent und die seit dem Jahre 799 bestehende Benediktinerabtei
Werden (bis 1803), der Fundort des Steinfrieses, blicken auf eine
Jahrhunderte währende Geschichte zurück. Beide standen in
vielfältigen Beziehungen zueinander. Werdener Mönchen oblag
die Feier der heiligen Messe sowie die Seelsorge der Sanktimonialen, bis stiftseigene Kanoniker der Essener Frauengemeinschaft
die liturgischen Dienste übernahmen; sie predigten und hörten
die Beichte, waren also mit Aufgaben betraut, die die kirchliche
Ordnung den Frauen verwehrte.

Die dem altsächsischen Adel angehörende Gerswid († 870)
war die erste in einer langen Reihe von Äbtissinnen, die umsichtig und selbstbewusst über Jahrhunderte hinweg das Leben
der Frauengemeinschaft Essen bestimmten (um 850-1803). Ur-
sprünglich eine Gründung des sächsischen Adels wohl um das
Jahr 850, seit dem 12. Jahrhundert als Kanonissenstift belegt,
durch Schenkungen und Privilegien begünstigt, im Besitz großer Ländereien, grundherrschaftlich organisiert und wirtschaftlich unabhängig, gehörte das Frauenstift Essen seit dem 13. Jahrhundert zu den großen Reichsabteien. Ihre Äbtissinnen besaßen
als Reichsfürstinnen landesherrliche Rechte, vergaben Lehen,
verfügten über die weltliche Gerichtsbarkeit, lenkten die Geschicke ihrer Grundherrschaften und der das Land bewirtschaf-
tenden Menschen und hatten für alle Belange eines geistlichen
Lebens innerhalb ihres Konvents Sorge zu tragen.

War der im benachbarten Benediktinerkloster Werden auf-
gefundene Steinfries von einer der Essener Äbtissinnen in Auftrag gegeben worden?

Entstand das auf die zweite Hälfte des 11. Jahrhunderts
datierte Relief während der Amtszeit der Äbtissin Theophanu
(amt. 1039-1058)? Als Enkelin der gleichnamigen Kaiserin Theophanu (um 960-991) und des Kaisers Otto II. (amt. 973-983)
war sie einflussreiche Vorsteherin ihres Konventes, für den sie
von Kaiser Heinrich III. (amt. 1039-1056) ein Marktrecht er-
wirkte (1041). Sie war kunstsinnige Bauherrin an der Essener
Stiftskirche, dem heutigen Dom, und wohl auch an der der

heiligen Gertrud von Nivelles (626-659) geweihten Gertrudis-
kirche, der heutigen Marktkirche in Essen. Durch den Bau einer
im Jahre 1051 eingeweihten Krypta in der Essener Kirche und
die Stiftung bedeutender Kunstwerke, etwa des nach ihr be-
nannten und allem Anschein nach in der Frauengemeinschaft
Essen entstandenen kostbaren Theophanu-Evangeliars, hatte sie
bereits zu Lebzeiten Vorsorge für ihre Memoria und ihr Seelenheil getroffen.

Stiftete sie auch den in Werden aufgefundenen Steinfries,
eine Darstellung disputierender Frauen, die ein Buch in Händen halten? Ein Sinnbild weiblicher Gelehrsamkeit innerhalb
eines mittelalterlichen Frauenkonventes und gleichermaßen Sinnbild religiöser Lebensführung? Ein Vorbild rechter Lebensweise
durch das Studium heiliger Schriften und durch das Gebet?
Denkbar ist es. Christlichem Verständnis nach kam das Lesen
frommer Werke einer religiösen Andacht gleich, war Zwiesprache mit Gott, war Gebet. Und diesem Gebet von Frauen, dem
Gebet der Sanktimonialen und ihren Fürbitten für das Seelenheil der Menschen wurde seit jeher eine besondere Wirksamkeit
und spirituelle Kraft zugeschrieben. Lesen und Beten kennzeichneten das Leben religiöser Frauengemeinschaften, bestimmten
ihren liturgischen Alltag durch die Feier des Stundengebetes, das
Sprechen und Singen von Psalmen, das Studium der Bibel wie
die private Andacht.

Bücher zum Lobe Gottes

All das setzte Bildung voraus. Lesen- und Schreibenkönnen und
Kenntnisse des Lateinischen gehörten zur Lebenswelt religiöser
Frauen, waren unverzichtbar für die Liturgie wie für das
Zusammenleben innerhalb eines Konventes. Das Erlernen der
lateinischen Sprache, eine sorgfältige theologische Ausbildung
der Sanktimonialen, die Erziehung auch der von außerhalb
kommenden Mädchen und jungen Frauen – nicht nur aus adeligen Familien – gehörte zu den Obliegenheiten vieler Frauengemeinschaften. Auch in Essen. Bücher für den Unterricht aus

den Beständen der Essener Bibliothek, etwa ein Anfang des 9. Jahrhunderts entstandener Codex mit Bibeltexten, mit Heiligenlegenden und Hymnen oder eine um dieselbe Zeit angefertigte Abschrift einer Grammatik zum Erlernen der lateinischen Sprache sind Ausdruck eines Bildungsimpulses frühmittelalterlicher Konventschulen.

Ebenso wie die Ausbildung junger Mädchen lag auch die Verwaltung der Buchbestände, das Herstellen von Büchern oder deren Beschaffung aus anderen Bibliotheken in der Verantwortung vieler Konvente. Eine Aufgabe, die nach dem großen Brand im Jahre 946 und der Vernichtung ihrer Bibliothek für die Essener Frauengemeinschaft besonders dringlich geworden war. Etliche Handschriften stammen aus der Feder Essener Sanktimonialen, im konventeigenen Skriptorium sorgfältig geschrieben und kunstvoll ausgemalt.

Bücher waren unverzichtbar.

Bücher für den Gottesdienst. Für die Psalmenrezitation. Bücher mit den Viten der Heiligen, Predigtsammlungen und theologische Abhandlungen. Memorialbücher für das Gebetsgedenken der Sanktimonialen. Für die Lesungen biblischer Texte während der gemeinsamen Mahlzeiten und während des Arbeitens. Evangeliare, Sakramentare, Antiphonare, Psalter begleiteten die Religiosen durch ihren Tag und ihre Nacht, sie spendeten geistige Nahrung.

Und sie genossen große Wertschätzung. Kostbar ausgestattete Handschriften, mit Goldlettern und Edelsteinen versehene Prachtexemplare zeugen davon. Ein Buch wie das Theophanu-Evangeliar aus dem Essener Konvent mit seinem Einband aus vergoldeten Kupfermedaillons, Edelsteinen, Goldreliefs und einer Elfenbeinschnitzerei hätte kunstvoller nicht gestaltet sein können. Ein auf dem Kirchenaltar aufgestelltes Messbuch oder ein bei liturgischen Prozessionen mitgeführtes Evangeliar ließen das Göttliche wie anwesend erscheinen.

Mein Blick fällt auf die Bücher in den Händen der Sanktimonialen auf dem Steinfries der Werdener Abtei. Klein, handlich, für die Lektüre jederzeit griffbereit. Welche Texte mochten

sie enthalten haben? Welcher Art Lektüre hatten sich die Frauen
zugewandt? Waren sie beim Studium der Bibel, beim liturgischen Gebet oder der Lesung einer Heiligenvita? Oder gar mit
weltlicher Literatur befasst?

Die Lesekultur in religiösen Frauengemeinschaften des Mittel-
alters war vielschichtig. Der Bestimmung nach umfasste sie das
Lesen vor allem christlicher Werke, biblischer und liturgischer
Bücher, die Lebensgeschichten vorbildlicher heiliger Frauen und
Männer, Schriften der Kirchenväter und Bibelkommentare,
wissenschaftliche Abhandlungen sowie Geschichtswerke. Doch
auch Werke der klassischen Antike, lateinische Schriften für den
Unterricht der Frauen und Mädchen etwa, zählten zum Lese-
kanon – trotz erheblicher Vorbehalte, die die Kirche antiken
Bildungsinhalten, einer »heidnischen« Literatur also, entgegen-
brachte. Wurden auch Werke antiker Autorinnen gelesen? Oder
waren diese mit vielen anderen Texten verloren gegangen, als in
der Spätantike begonnen wurde, die Literaturbestände der
Bibliotheken und privaten Sammlungen von Papyrusrollen auf
Pergament zu übertragen und dabei eine folgenreiche, nach
kirchlicher Maßgabe getroffene Auswahl stattfand?

Schreibende Frauen

So ungewiss das Schicksal der Werke antiker Autorinnen ist, so
ungewiss bleibt auch das Schicksal vieler Schriften von Frauen
des Mittelalters. Manches sei abhandengekommen, manches sei
anonym überliefert worden, habe aber vielleicht eine weibliche
Handschrift getragen, heißt es. Einige Namen schreibender
Frauen des frühen Mittelalters – und Schreiben bedeutete zu
dieser Zeit immer das Schreiben in lateinischer Sprache – über-
dauerten. Namen gebildeter Frauen, klug, weitsichtig. Und manchmal weit gereist wie die dem frühen Christentum angehörende
Egeria. Sie hatte gegen Ende des 4. Jahrhunderts eine ausgedehnte Pilgerreise durch das Heilige Land bis nach Ägypten
unternommen und in Briefform anschaulich über Landschaften
und Ereignisse während ihrer mehrjährigen Reise berichtet.

Immerhin blieben Teile davon in zwei Abschriften des frühen und hohen Mittelalters erhalten. Diese im 19. Jahrhundert aufgefundenen Teile der lateinisch verfassten Reiseerzählungen Egerias wurden mehrfach übersetzt und sind Leserinnen und Lesern heute in schön gestalteten Ausgaben zugänglich.

Eine bekannte Autorin des frühen Mittelalters war Baudonivia, eine Mitschwester und enge Vertraute der merowingischen Königin Radegunde im Konvent Sainte Croix in Poitiers. Auf Bitten der Frauengemeinschaft schrieb sie um 600 eine Lebensgeschichte Radegundes, *De vita sanctae Radegundis*: Hier kam – anders als in der zuvor vom Bischof von Poitiers, Venantius Fortunatus (um 540-600), verfassten Darstellung – nicht nur das heiligmäßige Leben Radegundes zur Sprache. Vielmehr wurde Wert darauf gelegt, auch Radegundes Wohltätigkeit, ihr politisches Wirken nach außen und ihre dem Konvent zugutekommende Einflussnahme ausreichend zu würdigen und der Nachwelt, allen voran den Konventualinnen in Sainte Croix, als vorbildlich vor Augen zu führen. Baudonivia selbst erfuhr in einer Pergamenthandschrift aus Poitiers vom Ende des 11. Jahrhunderts als Autorin eine Würdigung auf einer Miniatur, die sie mit einer Wachstafel und Griffel in der Hand bei ihrer Schreibarbeit zeigt.

Zu den christlichen Autorinnen gehört auch die in Angelsachsen aufgewachsene Hugeburc. Sie kam in der zweiten Hälfte des 8. Jahrhunderts in den Doppelkonvent Heidenheim (Diözese Eichstätt), der von angelsächsischen Missionaren, den mit ihr verwandten Brüdern Wynnebald († 761) und Willibald (um 700-787) gegründet worden war und von deren Schwester, der heiligen Walburga (um 710-779/80), geleitet wurde. In Heidenheim hatte Hugeburc die Lebens- und Reisebeschreibungen der beiden Brüder verfasst, ihre Identität als Autorin jedoch durch eine kodierte Botschaft verschleiert. Ihr Name wurde erst Anfang des 20. Jahrhunderts entschlüsselt. Wie viele schreibende Frauen des frühen Mittelalters mögen als Autorinnen ihrer Werke unentdeckt geblieben sein, weil sie ihren Namen nicht nannten oder ihn wie Hugeburc verschlüsselten?

Aus dem Kreis der schreibenden religiösen Frauen ragt Hrotsvit von Gandersheim (um 935-975) als besonders bedeutend hervor. Ihre umfassende Bildung hatte sie im Konvent in Gandersheim erhalten, wo zwei Frauen, die Äbtissin Gerberga (amt. 940-1001), eine Nichte des Kaisers Otto I., und Rikkardis ihre verehrten Lehrerinnen gewesen waren und wo sie für ihre literarischen Arbeiten und Geschichtswerke auf eine reich ausgestattete Bibliothek als Wissens- und Inspirationsquelle hatte zurückgreifen können. Selbst zur Schulmeisterin geworden, schrieb sie in Gandersheim im 10. Jahrhundert Legenden in Hexametern, Epen und Dramen. Sie widmete sich in ihrer *Gesta Ottonis* der Geschichte Ottos I. und verfasste ein Werk zur frühen Geschichte von Gandersheim, ihre *Primordia Coenobii Gandeshemensis*.

Sich ihrer selbst als Frau und ihrer geistlichen Lebensbestimmung als Sanktimoniale bewusst, war ihr Schreiben vom Bild eines an christlichen Werten orientierten Frauenideals geleitet. In der Vorrede zu ihren Dramen beispielsweise wandte sie sich ausdrücklich gegen den viel gelesenen antiken Komödiendichter Terenz und hielt seinen in ihren Augen verwerflichen Frauenfiguren ein von Bildung und christlicher Gesinnung bestimmtes Frauenbild entgegen. Antike Vorlagen umdeutend, schuf sie Bilder weiblicher Selbstbestimmung in einer christlich geprägten mittelalterlichen Welt. Bilder, die ihren Gefährtinnen und anderen Frauen Orientierung geben und Vorbild sein mochten. Sie hinterließ ein Werk, das vom Selbstverständnis, dem Bildungs- und auch historischen Bewusstsein kulturell weithin ausstrahlender religiöser Frauengemeinschaften dieser Zeit zeugt. Sie war eine bedeutende weibliche Stimme, die noch fünfhundert Jahre später bis zu Caritas Pirckheimer (1467-1532), der Äbtissin des Nürnberger Klarissenklosters St. Klara, drang und bis heute vernehmbar ist. War sie auch den disputierenden Frauen auf dem Werdener Steinrelief vertraut? Waren sie dabei, ein Drama von Hrotsvit von Gandersheim zu lesen?

Die von Frauen geschriebenen Werke und Briefe, die der Nachwelt erhalten blieben, stammen überwiegend aus der Feder religiöser Frauen. Und mehrheitlich sind religiöse Frauen als Empfängerinnen von Briefen überliefert. Ihnen vor allem waren theologische Abhandlungen, Erziehungsschriften oder Gedichte gewidmet. Es wirft ein bezeichnendes Licht auf das Selbstverständnis dieser Frauen, auf die Bedeutung der Lese- und Schreibkultur in mittelalterlichen Frauenkonventen sowie die Bildungsmöglichkeiten in den Konventschulen. Und es mag erneut Fragen der Überlieferung berühren. Denn auch weltlich lebende Frauen – und sie waren die große Mehrheit der weiblichen Bevölkerung – hatten Zugang zu Bildung, konnten lesen und schreiben. Als eine schreibende Frau des frühen Mittelalters, deren Werk bewahrt wurde, ist die dem karolingischen Adel angehörende Dhuoda aus Uzès (Südfrankreich) bekannt geworden. Trauer und Sorge um ihren abwesenden Sohn Wilhelm hatten sie während der Jahre 841 und 843 bewogen, für ihn ein Erziehungsbuch in lateinischer Sprache zu schreiben, in dem sie ihm Ratschläge erteilte, die sowohl seinen weltlichen Aufgaben als auch einem gottgefälligen Leben galten.

Aber nicht nur Mädchen und jungen Frauen des Adels, auch nichtadeligen Mädchen war es möglich, eine elementare Ausbildung zu erhalten, lesen und schreiben zu lernen, etwa durch den Besuch einer Konventschule – auch dann, wenn sie nicht für ein geistliches Leben bestimmt waren. Lesen, Schreiben und der Besitz von Büchern gehörten zur Lebenswelt weltlicher Frauen des Mittelalters. Dies wird auch durch den *Sachsenspiegel*, die große Rechtsaufzeichnung des Mittelalters vom Anfang des 13. Jahrhunderts, bezeugt. Lesen und schreiben zu können war Frauen bei der Bewältigung ihres Lebensalltags von Nutzen und gab ihnen gleichermaßen die Möglichkeit, ein selbstbestimmtes religiöses Leben zu führen: durch häusliche Andachten, durch das Lesen und Vorlesen der Bibel, von Psalmen und Heiligenlegenden. Und es ermöglichte ihnen nicht allein die Berührung mit religiösen Werken, es öffnete ihnen langfristig auch das Tor zur weltlichen Literatur.

»… aus dem Becher irdischer Weisheit«
(Hrotsvit von Gandersheim)

Ob als Ehefrau oder Witwe, ob als Sanktimoniale in einem Frauenkonvent oder als Religiose auf sich allein gestellt lebend, ob adeliger Herkunft oder nicht – neben ihrem jeweiligen Platz in der Gesellschaft bestimmte stets auch ein Maß an Bildung die unterschiedlichen Handlungsräume einer Frau des frühen und hohen Mittelalters. Dabei spielten die Frauenkonvente als künstlerische und kulturelle Mittelpunkte für die Bildung von Frauen und für Möglichkeiten ihrer Lebensgestaltung eine große Rolle, außerhalb wie innerhalb eines Konventes.

Diese Botschaft entnehme ich dem Steinfries aus Werden.

Er erzählt mir von Frauen, die namenlos blieben. Von Sanktimonialen, deren Herkunft und deren Beweggründe für ihr gottgeweihtes Leben mir ein Geheimnis bleiben. Von Frauen, die als äußeres Zeichen ihres heiligmäßigen Lebens ihre weltlichen Kleider abgelegt und den Schleier genommen hatten. Er erzählt von ihrem Gotteslob und ihrer Arbeit, ihrem Gebet, dem Umgang mit Büchern, dem Studium heiliger Schriften. Er weckt meine Vorstellungen von der Herstellung von Handschriften in ihren Schreibwerkstätten, von ihrer Arbeit in den Bibliotheken, dem Unterricht in ihren Schulen, der Fertigung von Textilien sowie ihrer Kunst und den kunsthandwerklichen Schöpfungen – alles zum Lobe Gottes. Die Szene lese ich als Exemplum für das vorbildliche Leben einer religiösen Frauengemeinschaft des Mittelalters. Ein tätiges Leben wie ein Leben großer Innerlichkeit und spiritueller Erfahrung. Das Buch in den Händen der Frauen ist sichtbarer Ausdruck dieses Kosmos, eines Lebens im Spannungsfeld von Religiosität und Gelehrsamkeit, von tiefer Frömmigkeit wie Teilhabe am Wissen der Welt.

Als der Steinfries entstand, begannen neue geistige Strömungen, die Kloster- und Kirchenreformen des 12. und 13. Jahrhunderts, gesellschaftliche und wirtschaftliche Veränderungen sich erst anzudeuten. Noch bestanden unterschiedlichste Frauenkommunitäten in ihren weitgehend selbst gewählten Lebensformen nebeneinander. Die ersten Gründungen der Frauenklöster unter der Observanz neu entstehender Orden sollten erst noch erfolgen. Zisterzienserinnen, Klarissinnen, Dominikanerinnen, die weltlichen Beginen gehörten dem 13. Jahrhundert an.

Die Visionärin und Äbtissin Hildegard von Bingen (1098-1179) war noch nicht geboren. Heloisa (um 1095-1164), die Äbtissin von Le Paraclet, hatte ihre Briefe an den Theologen Petrus Abaelard (1079-1142) noch nicht geschrieben. Der weit verbreitete *Speculum virginum*, der *Jungfrauenspiegel* als Anleitungsbuch für Sanktimoniale, wurde erst Anfang des 12. Jahrhunderts von unbekannter Hand verfasst. Auch der einzigartige, mit Texten und Bildern reich ausgestattete lateinische *Hortus deliciarum* war noch nicht zu Papier gebracht. Diese durch die elsässische Äbtissin Herrad von Hohenburg (amt. um 1176-1196) angelegte Sammlung enzyklopädischen und theologischen Wissens damaliger Zeit, von ihr als Lehrwerk zur Unterweisung ihrer Kanonissen gedacht, kam am Ende des 12. Jahrhunderts zur Vollendung. Etwa zu der Zeit, als die in England lebende Marie de France begann, ihre Fabeln und Verserzählungen in altfranzösischer Sprache zu verfassen.

Denn auch das stand als Neuerung bevor:

Seit dem ausgehenden 12. und frühen 13. Jahrhundert sollte neben dem Lateinischen als Sprache der Kirche, der Theologie und des Rechts das Volkssprachliche als neue literarische Sprache entstehen. Nicht nur weltliche Dichtung und Erzählungen, auch die geistliche Literatur, Schriften zur Andacht und spirituelle Erfahrungen sollten in der Volkssprache neuen Ausdruck finden – es war eine besonders von religiösen Frauen getragene Entwicklung. Das Lateinische sollte sich als Sprache der Wissenschaften, als Sprache neuen scholastisch-theologischen Denkens, als Sprache philosophischer Logik an den entstehenden Universitäten durchsetzen, den neuen Hochburgen der Bildung, an deren Pforten sich den Vorstellungen mancher Theologen und Philosophen nach die Wege von Frauen und Männern auf lange Zeit trennen sollten.

Doch standen die Frauen wirklich vor verschlossenen Türen? Ich glaube das nicht. Sie betraten eigene Pfade.

Gelehrte religiöse Frauen pflegten eine lange lateinische Tradition – in ihren theologischen Schriften wie in ihren umfangreichen Korrespondenzen. Hildegard von Bingen oder Herrad von Hohenburg sind herausragende, aber nicht die einzigen Zeuginnen für die hohe Bildung von Frauen. Die legendäre heilige Katharina von Alexandrien, gelehrt und glaubensstark, hatte in einer öffentlichen Disputation fünfzig anwesende Philosophen mit ihrer Redekunst übertroffen und diese schließlich zum christlichen Glauben geführt. So die Legende. Diese bedeutende Heilige, die ihrer Glaubenstreue wegen als Märtyrerin starb, wurde als Schutzpatronin der mittelalterlichen Universitäten verehrt. Jahrhundertelang suchten Theologen und Philosophen den Schutz und Beistand dieser gelehrten Frau. Die Pariser Universität führte sie in ihrem alten Siegel des Jahres 1292. Etliche Darstellungen zeigen sie predigend oder mit Gelehrten debattierend. Sollte das, was in Bildern zum Ausdruck kam, nicht einen wahren Kern enthalten haben? Weibliche Gelehrsamkeit wird die mittelalterliche Legendenbildung beflügelt und diese dazu beigetragen haben, Erinnerungen an große gelehrte Frauen lebendig zu erhalten. So scheint das Martyrium der heidnischen Philosophin Hypatia von Alexandrien (um 370-415) spätere Erzählungen über Katharina von Alexandrien nicht wenig beeinflusst zu haben. Hypatia war als angesehene Lehrende der Universität von Alexandrien von einer aufgebrachten Menge christlicher Gläubiger aus bis heute ungeklärten Gründen grausam hingerichtet worden. Auch sie gilt als eine herausragende Zeugin weiblicher hoher Bildung. Und bezeugten nicht viele Universitäten seit ihrer Gründung im Mittelalter gerade selbst eine überragende weibliche Gelehrsamkeit, wenn sie die *Alma Mater*, die nährende, gütige Mutter, sinnbildlich als Spenderin von Weisheit, Wissen und Bildung in ihrem Namen führten, gleichsam Wissen mit Weiblichkeit assoziierend?

Bemerkenswert bleibt eine Beobachtung Hrotsvits von Gandersheim, die bereits im 10. Jahrhundert schrieb, Frauen hätten sich zwar nicht an der Tafel der Wissenschaften fest niedergesetzt und in vollen Zügen mitgehalten, aber doch »einige

Tropfen aus dem Becher irdischer Weisheit gekostet und Anderen davon mitgetheilt«. Sie hätte die Liebe der Frauen zur Wissenschaft und ihr Erkenntnisstreben kaum besser zur Sprache bringen können. Eine Liebe, die mit Gleichgesinnten geteilt wurde und der Andacht sowie Gottesliebe nicht fremd waren.

All dies habe ich beim Anblick der disputierenden Frauen auf dem Steinfries der Werdener Abtei vor Augen. Weisheitsvolle Frauen erkenne ich in ihnen. Jede ein Buch in Händen. Im Austausch über Gelesenes begriffen. Wurde hier ins Bild gesetzt, was Hrotsvit von Gandersheim hatte sagen wollen? Was sie in ihrer Umgebung wahrnahm? Lesende Frauen, der Wissenschaft wie der Kontemplation hingegeben? Der Suche nach Erkenntnis wie der Liebe zu Gott?

Die lesende Frau bleibt ein Thema in der Kunst. Sie wird sich, wandelbar und stets neu gedeutet, innerhalb fließender Grenzen zwischen Wunschbild und Wirklichkeit bewegen. Nicht anders als die disputierenden Frauen auf dem Werdener Relief. Die Geschichte dieser gelehrten wie frommen Frauen bleibt ein Geheimnis – auch eintausend Jahre nach ihrer Entstehung. Ihre Botschaft allerdings werden wir in zahlreichen kunstvollen Darstellungen der lesenden Jungfrau Maria und ihrer Mutter Anna wiederfinden können.

Literatur

Baltrusch-Schneider, Dagmar B.: Klosterleben als alternative Lebensform zur Ehe?, in: Goetz, Hans-W. (Hrsg.), Weibliche Lebensgestaltung im frühen Mittelalter, Köln/Weimar/Wien 1991, S. 45-64.

Blanck, Horst: Das Buch in der Antike, München 1992.

Bodarwé, Katrinette: Sanctimoniales litteratae. Schriftlichkeit und Bildung im ottonischen Essen, in: Berghaus, Günter/Schilp, Thomas/Schlagheck, Michael (Hrsg.), Herrschaft, Bildung und Gebet. Gründung und Anfänge des Frauenstifts Essen, Essen 2000, S. 101-117.

Bodarwé, Katrinette: Frühmittelalterliche Frauenklöster in Europa, in: Spirale der Zeit. Frauengeschichte sichtbar machen, 3/2008, Frauenwege in die Moderne (Schriften aus dem Haus der FrauenGeschichte), S. 18-23.

Bodarwé, Katrinette: Lesende Frauen im frühen Mittelalter, in: Signori, Gabriela (Hrsg.), Die lesende Frau, Wiesbaden 2009 (Wolfenbütteler Forschungen, Band 121), S. 65-79.

Bosl, Karl: Europa im Mittelalter. Weltgeschichte eines Jahrtausends, Bayreuth 1978.

Bynum, Caroline W.: Formen weiblicher Frömmigkeit im späteren Mittelalter, in: Kunst- und Ausstellungshalle der Bundesrepublik Deutschland und dem Ruhrlandmuseum Essen (Hrsg.), Krone und Schleier. Kunst aus mittelalterlichen Frauenklöstern, München 2005, S. 119-129.

Engels, David: Zwischen Philosophie und Religion. Weibliche Intellektuelle in Spätantike und Islam, in: Groß, Dominik (Hrsg.), Gender schafft Wissen – Wissen*schaft* Gender? Geschlechtsspezifische Unterscheidungen und Rollenzuschreibungen im Wandel der Zeit, Kassel 2009 (Studien des Aachener Kompetenzzentrums für Wissenschaftsgeschichte, Band 4), S. 97-124.

Felten, Franz J.: Frauenklöster im Frankenreich. Entwicklungen und Probleme von den Anfängen bis zum frühen 9. Jahrhundert, in: Lorenz, Sönke / Zotz, Thomas (Hrsg.), Frühformen von Stiftskirchen in Europa. Funktion und Wandel religiöser Gemeinschaften vom 6. bis zum Ende des 11. Jahrhunderts, Festgabe für Dieter Mertens zum 65. Geburtstag, Leinfelden-Echterdingen 2005 (Schriften zur südwestdeutschen Landeskunde 54), S. 31-95.

Fremer, Torsten: Äbtissin Theophanu (1039-1058). Ottonischer Schlussakkord in Essen, in: Berghaus, Günter / Schilp, Thomas / Schlagheck, Michael (Hrsg.), Herrschaft, Bildung und Gebet. Gründung und Anfänge des Frauenstifts Essen, Essen 2000, S. 59-70.

Freytag, Wiebke: Geistliches Leben und christliche Bildung. Hrotsvit und andere Autorinnen des frühen Mittelalters, in: Brinker-Gabler, Gisela (Hrsg.), Deutsche Literatur von Frauen, Band 1, Vom Mittelalter bis zum Ende des 18. Jahrhunderts, München 1988, S. 65-76.

Gerchow, Jan: Ruhrlandmuseum Essen. Die frühen Klöster und Stifte, 500-1200. Einführung in die Ausstellung, in: Kunst- und Ausstellungshalle der Bundesrepublik Deutschland und dem Ruhrlandmuseum Essen (Hrsg.), Krone und Schleier. Kunst aus mittelalterlichen Frauenklöstern, München 2005, S. 156-162.

Gerchow, Jan / Marti, Susan: »Nonnenmalereien«, »Versorgungsanstalten« und »Frauenbewegungen«. Bausteine einer Rezeptionsgeschichte der mittelalterlichen Religiosen in der Moderne, in: Krone und Schleier. Kunst aus mittelalterlichen Frauenklöstern, hrsg. von der Kunst- und Ausstellungshalle der Bundesrepublik Deutschland und dem Ruhrlandmuseum Essen, München 2005, S. 142-154.

Gössmann, Elisabeth: Religiös-theologische Schriftstellerinnen, in: Klapisch-Zuber, Christiane (Hrsg.), Geschichte der Frauen, Band 2: Mittelalter, Berlin 2012 (Sonderausgabe), S. 495-510.

Goetz, Hans-W.: Frauenbild und weibliche Lebensgestaltung im Fränkischen Reich, in: ders. (Hrsg.), Weibliche Lebensgestaltung im frühen Mittelalter, Köln/Weimar/Wien 1991, S. 7-44.

Green, Dennis H.: Women Readers in the Middle Ages, Cambridge 2007.

Griep, Hans-J.: Geschichte des Lesens. Von den Anfängen bis Gutenberg, Darmstadt 2005.

Hamburger, Jeffrey F./Suckale, Robert: Zwischen Diesseits und Jenseits. Die Kunst der geistlichen Frauen im Mittelalter, in: Krone und Schleier. Kunst aus mittelalterlichen Frauenklöstern, hrsg. Kunst- und Ausstellungshalle der Bundesrepublik Deutschland und dem Ruhrlandmuseum Essen, München 2005, S. 20-39.

Hartmann, Martina: Aufbruch ins Mittelalter. Die Zeit der Merowinger, Darmstadt 2003.

Heidrich, Ingrid: Besitz und Besitzverfügung verheirateter und verwitweter freier Frauen im Merowingischen Frankenreich, in: Goetz, Hans-W. (Hrsg.), Weibliche Lebensgestaltung im frühen Mittelalter, Köln/Weimar/Wien 1991, S. 119-138.

Kahsnitz, Rainer: Werdener Steinskulptur des 11. Jahrhunderts, in: Gerchow, Jan (Hrsg.), Das Jahrtausend der Mönche. Kloster Welt Werden 799-1803, Ausstellungskatalog, Essen 1999, S. 187-196.

Kösterus, Friedrich: Frauenbildung im Mittelalter. Eine cultur-historische Studie, Würzburg 1877.

Krumeich, Christa: Paula von Rom. Christliche Mittlerin zwischen Okzident und Orient. Eine Biographie, Bonn 2002.

Liebertz-Grün, Ursula: Höfische Autorinnen. Von der karolingischen Kulturreform bis zum Humanismus, in: Brinker-Gabler, Gisela (Hrsg.), Deutsche Literatur von Frauen, Band 1: Vom Mittelalter bis zum Ende des 18. Jahrhunderts, München 1988, S. 39-64.

Lundt, Bea: Zur Entstehung der Universität als Männerwelt, in: Kleinau, Elke/Opitz, Claudia (Hrsg.), Geschichte der Mädchen- und Frauenbildung, Band 1: Vom Mittelalter bis zur Aufklärung, Frankfurt a. M/New York 1996, S. 103-118.

McKitterick, Rosamond: Frauen und Schriftlichkeit im Frühmittelalter, in: Goetz, Hans-W. (Hrsg.): Weibliche Lebensgestaltung im frühen Mittelalter, Köln/Weimar/Wien 1991, S. 65-118.

Meier, Christel: Prophetentum als literarische Existenz: Hildegard von Bingen (1098-1179). Ein Portrait, in: Brinker-Gabler, Gisela (Hrsg.), Deutsche Literatur von Frauen, Band 1: Vom Mittelalter bis zum Ende des 18. Jahrhunderts, München 1988, S. 76-85.

Meterikon. Die Weisheit der Wüstenmütter, hrsg. u. übers. von Bagin, Martirij/Thiermeyer, Andreas-A., Augsburg 2004.

Muschiol, Gisela: Zeit und Raum. Liturgie und Ritus in mittelalterlichen Frauenkonventen, in: Kunst- und Ausstellungshalle der Bundesrepublik Deutschland und dem Ruhrlandmuseum Essen (Hrsg.), Krone und Schleier. Kunst aus mittelalterlichen Frauenklöstern, München 2005, S. 40-51.

Muschiol, Gisela: Das »gebrechliche Geschlecht« und der Gottesdienst. Zum religiösen Alltag in den Frauengemeinschaften des Mittelalters, in: Berghaus, Günter/Schilp, Thomas/Schlagheck, Michael (Hrsg.), Herrschaft, Bildung und Gebet. Gründung und Anfänge des Frauenstifts Essen, Essen 2000, S. 19-27.

Newman, Barbara: Die visionären Texte und visuellen Welten religiöser Frauen, in: Krone und Schleier. Kunst aus mittelalterlichen Frauenklöstern, hrsg. Kunst- und Ausstellungshalle der Bundesrepublik Deutschland und dem Ruhrlandmuseum Essen, München 2005, S. 105-117.

Opitz, Claudia: Erziehung und Bildung in Frauenklöstern des hohen und späten Mittelalters (12.-15. Jahrhundert), in: Kleinau, Elke/Opitz, Claudia (Hrsg.), Geschichte der Mädchen- und Frauenbildung, Band 1: Vom Mittelalter bis zur Aufklärung, Frankfurt a.M./New York 1996, S. 63-77.

Opitz, Claudia: Frauenalltag im Spätmittelalter (1250-1500), in: Klapisch-Zuber, Christiane (Hrsg.), Geschichte der Frauen, Band 2: Mittelalter, Berlin 2012 (Sonderausgabe), S. 283-339.

Rösener, Werner: Haushalt und Gebet. Frauenklöster des Mittelalters als Wirtschaftsorganismen, in: Krone und Schleier. Kunst aus mittelalterlichen Frauenklöstern, hrsg. Kunst- und Ausstellungshalle der Bundesrepublik Deutschland und dem Ruhrlandmuseum Essen, München 2005, S. 79-87.

Rottloff, Andrea: Lebensbilder römischer Frauen, Mainz 2006 (Kulturgeschichte der antiken Welt, Band 104).

Rottloff, Andrea: »Stärker als Männer und tapferer als Ritter«. Pilgerinnen in Spätantike und Mittelalter, Mainz 2007 (Kulturgeschichte der antiken Welt, Band 115).

Rullmann, Marit: Philosophinnen, Band 1: Von der Antike bis zur Aufklärung, Zürich/Dortmund 1993.

Schilp, Thomas: Norm und Wirklichkeit religiöser Frauengemeinschaften im Frühmittelalter. Die »Institutio sanctimonialium Aquisgranensis« des Jahres 816 und die Problematik der Verfassung von Frauenkommunitäten, Göttingen 1998 (Veröffentlichungen des Max-Planck-Instituts für Geschichte 137; Studien zur Germania Sacra 21).

Schilp, Thomas: Die Wirkung der Aachener ›Institutio sanctimonialium‹ des Jahres 816, in: Lorenz, Sönke/Zotz, Thomas (Hrsg.), Frühformen von Stiftskirchen in Europa. Funktion und Wandel religiöser Gemeinschaften vom 6. bis zum Ende des 11. Jahrhunderts, Festgabe für Dieter Mertens zum 65. Geburtstag, Leinfelden-Echterdingen 2005 (Schriften zur südwestdeutschen Landeskunde 54), S. 163-184.

Schön, Erich: Geschichte des Lesens, in: Franzmann, Bodo/Hasemann, Klaus/Löffler, Dietrich/Schön, Erich (Hrsg.), Handbuch Lesen. Im Auftrag der Stiftung Lesen und der Deutschen Literaturkonferenz, München 1999, S 1-85.

Schreiner, Klaus: Seelsorge in Frauenklöstern. Sakramentale Dienste, geistliche Erbauung, ethische Disziplinierung, in: Kunst- und Ausstellungshalle der Bundesrepublik Deutschland und dem Ruhrlandmuseum Essen (Hrsg.), Krone und Schleier. Kunst aus mittelalterlichen Frauenklöstern, München 2005, S. 52-65.

Schreiner, Klaus: Die lesende und schreibende Maria als Symbolgestalt religiöser Frauenbildung, in: Signori, Gabriela (Hrsg.), Die lesende Frau, Wiesbaden 2009 (Wolfenbütteler Forschungen, Band 121), S. 113-154.

Sölle, Dorothee: Gottes starke Töchter. Große Frauen der Bibel, Ostfildern-Ruit 2008 (4. Aufl.).

Stein, Peter: Schriftkultur. Eine Geschichte des Schreibens und Lesens, Darmstadt 2006.

Tammen, Silke: »Einer Frau gestatte ich nicht, dass sie lehre«: Zur Inszenierung der weiblichen Stimme in der spätmittelalterlichen Kunst am Beispiel heiliger Frauen, in: Kuhn, Annette/Lundt, Bea (Hrsg.), Lustgarten und Dämonenpein. Konzepte von Weiblichkeit in Mittelalter und früher Neuzeit, Dortmund 1997, S. 313-341.

Wemple, Suzanne F.: Frauen im frühen Mittelalter, in: Klapisch-Zuber, Christiane (Hrsg.), Geschichte der Frauen, Band 2: Mittelalter, Berlin 2012 (Sonderausgabe), S. 185-211.

Zittel, Diemut: Hieronymus und Paula. Brief an eine Asketin und Mutter, in: Späth, Thomas/Wagner-Hasel, Beate (Hrsg.), Frauenwelten in der Antike. Geschlechterordnung und weibliche Lebenspraxis, Stuttgart 2000/2006 (Sonderausgabe), S. 426-437.

Szenen aus dem Leben der Jungfrau Maria.
Detail eines Altarbildes, wohl aus dem Dominikanerkloster in Thetford (Norfolk),
um 1335, Malerei auf Holz (Eiche), Höhe 75 cm, Breite 285 cm.
Musée National du Moyen Age / Musée de Cluny, Paris.

4. Die heilige Anna lehrt ihre Tochter Maria das Lesen

Ein beredtes Bild

Es bewegt mich, die heilige Anna über ihre Tochter Maria gebeugt zu sehen, wie sie diese in die Kunst des Lesens einführt. Mit Fürsorge, mit Nachdruck, ernst und liebevoll. Die Szene erscheint vor einem schachbrettartigen Hintergrund im Innern eines Hauses, Wachslichter mögen ein spärliches Licht erzeugt haben. Maria stützt sich auf ein Lesepult, das aufgeschlagene Buch vor Augen. Anna steht hinter ihrer Tochter, ihre linke Hand ruht auf deren Schulter, mit der anderen deutet sie auf den zu lesenden Text. Beide Frauen sind mit dunklen, bodenlangen Gewändern bekleidet, wobei Marias ärmelloser Überwurf ihr linkes Bein weich umspielt und seine Konturen deutlich erkennbar werden lässt. Neben einem faltenreichen Mantel trägt Anna als Kopfbedeckung einen weißen Schleier nebst Kinnband, wie es seit dem 13. Jahrhundert für verheiratete Frauen Mode geworden war. Marias golden schimmerndes Haar wird von einem blumengeschmückten Haarreifen gehalten und fällt lose auf ihre Schultern hinab, eine Sitte, die einzig den jungen unverheirateten Mädchen vorbehalten war. Beider Heiligkeit wird durch einen strahlenden Nimbus versinnbildlicht.

Vor mir habe ich eine Szene aus dem Leben der Jungfrau Maria. Die Darstellung ist Teil einer Tafelmalerei, die kunsthistorischer Annahme zufolge um 1335 als Altarfront für die Kirche des Dominikanerklosters im ostenglischen Thetford (Norfolk) angefertigt wurde. Eine Ölmalerei auf Eichenholz. Eine von unbekannter Hand mit Bedacht gewählte Folge von vier Bildern im Stile der gotischen Malerei des nordwestlichen Europas. Die Bilderfolge beginnt mit einer Darstellung der Geburt Christi, gefolgt von Darstellungen der Sterbestunde der Gottesmutter Maria im Beisein der Apostel sowie der das Christuskind anbetenden drei Weisen aus dem Morgenlande. Das vierte Bild schließlich erzählt von der Unterweisung Mariens durch ihre Mutter Anna. Ein beredtes Bild.

Diese Tafelmalerei war nicht der einzige Schmuck des wohl ehemals für die Klosterkirche in Thetford angefertigten Altars. Eine Bereicherung des Kircheninneren bildete auch ein Altaraufsatz, ein Retabel mit Darstellungen der heiligen Katharina von Alexandrien und der heiligen Margarete, mit Bildern der Schutzheiligen des Ordens, Dominikus und Petrus Martyr, mit Bildern der Apostel Petrus und Paulus, des heiligen Johannes des Täufers sowie des heiligen Edmund, eines seit dem 9. Jahrhundert in Ostengland verehrten Heiligen. Das Zentrum dieses Retabels bildet eine Tafel mit einer Darstellung des gekreuzigten Christus mit Maria und dem Jünger Johannes unter dem Kreuz.

Zweihundert Jahre lang waren der Altaraufsatz und die Altarfront als Ensemble Zeugen der liturgischen Feiern der Mönche des Dominikanerklosters in Thetford. Zweihundert Jahre lang vernahmen die dargestellten Heiligen die Gebete und Gesänge der Ordensbrüder, begleiteten ihre Psalmenrezitationen und stillen Andachten. Dies fand ein Ende, als der in Frankreich gegründete und seit dem 13. Jahrhundert auch in England rasch sich ausbreitende Predigerorden des heiligen Dominikus (um 1170-1221) einer existenziellen Bedrohung ausgesetzt war, die auch andere Kirchen und Klöster Englands samt ihrer Kunstschätze zu spüren bekamen. Eine verhängnisvolle Entwicklung, die durch die englische Reformationsbewegung und ein folgenschweres Zerwürfnis zwischen dem englischen König Heinrich VIII. (1491-1547) und dem Papst in Rom heraufbeschworen worden war. Nachdem Heinrich VIII. durch eine päpstliche Bulle die Annulierung seiner Ehe mit Katharina von Aragon (1485-1536) verwehrt worden war, betrieb er die Abspaltung der englischen von der römisch-katholischen Kirche und ermächtigte sich zum alleinigen Oberhaupt der neuen anglikanischen Kirche (1535). In den folgenden Jahren verfügte er in großem Umfang die Auflösung der seit Jahrhunderten bestehenden Klöster. Deren Besitzungen wurden konfisziert, Bauwerke und viele Kunstschätze zerstört. Damit war auch das Schicksal des Dominikanerklosters in Thetford besiegelt, von dem nur Ruinen übrig blieben.

Im Einzelnen ist nicht bekannt, wann und auf welche Weise der Kirchenaltar, ein kostbares Zeugnis gotischer Malkunst, der Zerstörung entrissen wurde und schließlich in Vergessenheit geriet. Die Spuren verlieren sich. Fest steht, dass der Altaraufsatz im Jahre 1927 auf dem Dachboden einer Scheune, unter Holzstapeln versteckt, in Thornham Hall entdeckt wurde, dem Sitz einer englischen Adelsfamilie, nicht sehr weit von Thetford entfernt. Diese stiftete das Retabel der nahe gelegenen kleinen Kirche St. Mary in Thornham Parva, einem Dörfchen im ostenglischen Suffolk. Sorgfältig erforscht, von Übermalungen des 18. Jahrhunderts bereinigt und aufwendig restauriert, erscheint das heute sogenannte *Thornham Parva Retabel* denjenigen in altem Glanz, die den Weg zu diesem abseits gelegenen Kirchlein in Suffolk nicht scheuen.

Der Altarfront war ein anderes Schicksal beschieden. Das Antependium wurde 1864 vom Musée de Cluny in Paris von einem Pariser Antiquitätenhändler für zweitausend Francs erworben und inventarisiert. Mehr ist über die Herkunft der Bilder nicht bekannt. Im Musée de Cluny, einer Schatztruhe mittelalterlicher Kunst, können diese beinahe siebenhundert Jahre alten Tafelbilder aus nächster Nähe betrachtet werden. Mein Blick blieb besonders und lange an der letzten Bildtafel hängen, an der Darstellung der die junge Maria im Lesen unterweisenden Anna. Wie war eine solche Szene zu Anfang des 14. Jahrhunderts zustande gekommen? Welche Erzählungen, Erfahrungen und Vorstellungen des mittelalterlichen Menschen liegen dieser Darstellung zugrunde? Spiegelt sie Lebensnähe, eine Alltäglichkeit? Eine Mutter-Tochter-Beziehung, die den Gläubigen am Beispiel der Jungfrau Maria und ihrer Mutter Anna vor Augen geführt wurde?

Wer war Anna, die Mutter Marias?

Was wussten die Kunstschaffenden des 14. Jahrhunderts und späterer Zeiten über sie? Und woher? Und welchem Impuls folgten sie, wenn sie ein solches Bild schufen oder zu schaffen beauftragt wurden? Welche Bedeutung maßen sie ihm bei?

Annen- und Marienverehrung

Die Evangelisten Matthäus, Markus, Lukas und Johannes er-
wähnen Anna, die Mutter Marias, mit keinem Wort. Matthäus
und Lukas berichten zwar in ihrer Darlegung des christlichen
Heilsgeschehens von der Kindheit Jesu und gehen auf die Bestimmung Marias im göttlichen Heilsplan ein, wer jedoch die
Gottesmutter war, wer ihre Eltern, ihre Anverwandten waren
und wo sie aufwuchs, darüber sagen sie nichts. Älteste Mitteilungen über Maria, ihre Kindheit und Jugend finden sich im
Protevangelium des Jakobus (um 150 n. Chr.), einer apokryphen,
von der Kirche in ihren biblischen Kanon nicht aufgenom-
menen neutestamentlichen Schrift. Dort ist nachzulesen, dass
Marias Eltern Anna und Joachim hießen und in Jerusalem lebten. Dass deren lang gehegter Kinderwunsch erst in hohem
Alter durch Gottes Fügung in Erfüllung ging und Anna schließlich die Tochter Maria gebar. Den Schilderungen nach wuchs
Maria in der behutsamen Obhut ihrer Mutter auf und lebte als
Tempeljungfrau bis zu ihrer Erwählung als jungfräuliche Mutter
des Gottessohnes und Erlösers der Welt.

Erzählungen dieser Art mögen der historischen Wirklichkeit
nicht entsprochen, mögen auch mit den Glaubensinhalten und
den Lehrmeinungen der Kirche nicht übereingestimmt haben.
Sie berühren die Sphäre des Imaginierten, die Vorstellungswelt
der Menschen damaliger Zeit. Sie berühren ihr Bild von Maria.
Von Maria als Frau, als Ursprung alles Lebendigen, als Verkör-
perung des Weiblichen schlechthin. Sie rühren an Urbilder, wie
sie einst in der vorchristlichen Verehrung archaischer Muttergottheiten lebendig waren. Bilder, die in der aufkeimenden
Marienverehrung zu einer neuen Sprache und zu neuen Formen fanden. Diese mögen Quelle und Inspiration für Jahrhunderte überdauernde mittelalterliche Legendenbildungen gewesen sein. Sie spiegeln, woran die Menschen glaubten, was sie
sich erzählten, wovon sie sich ein Bild zu machen suchten. Sie
sind Ausdruck einer tiefen Marienfrömmigkeit, die in Marienleben und Marienliedern literarisch ausgeschmückt wurde und
die seit Marias Erhebung zur Gottesmutter auf dem Konzil von

Ephesus im Jahre 431 in rasch sich mehrenden Marienbildnissen andachtsvoll zur Geltung kam. Als Mutter des Gottessohnes und Herrscherin des Himmels war und ist Maria in der christlichen Kunst allgegenwärtig. Eine Kirche ohne Maria, ohne ein Bild des Weiblichen, war und ist undenkbar.

So inbrünstig, wie Maria verehrt wurde, so inbrünstig wandten sich die Menschen schließlich auch an ihre Mutter, die heilige Anna. In Dichtungen und Darstellungen formte sich seit dem späten Mittelalter ein anbetungswürdiges Bild der Mutter Mariens. In immer neuen Annenlegenden, Annenliedern und Annengebeten, auf Bildern in Kirchen und Kapellen erscheint Anna den gläubigen Menschen als fürsorgliche Familienmutter. Als gütig und fromm, als eine der Welt zugewandte, in ihrer Lebensführung untadelige Frau. Als eine Heilige, zu der sie beten, unter deren Schutz sie sich in allen Notlagen begeben und auf deren Liebe und himmlische Fürsprache bei Gott sie stets vertrauen konnten. Was mündlich tradiert, was über das Leben und Wirken der heiligen Anna niedergeschrieben wurde, verwandelten Künstler und Künstlerinnen im späten Mittelalter in anrührende Bildnisse: Anna im Kreise ihrer großen Familie und vor allem als Dreiheit mit ihrer Tochter Maria und dem Jesusknaben. Als Anna Selbdritt erschien sie den Menschen in ländlichen und städtischen Kirchen, auf Altarbildern, Wandteppichen, auf farbig leuchtenden Kirchenfenstern oder als in Holz oder Stein geformtes Kunstwerk. Ihr Anblick spendete Kraft und Zuversicht gegen die Anfeindungen des Lebens. Anna schützte vor Armut, Krankheit und Seuchen und konnte frommer Vorstellung nach auch Wunder vollbringen. Sie belohnte diejenigen, die wie sie in treuer Erfüllung ihrer irdischen Aufgaben ein gottgefälliges Leben führten.

Und so, wie Bilder der Verkündigung an Maria entstanden waren, Bilder einer jungen Frau, die im Psalter las, als der Erzengel Gabriel erschien und ihr die Botschaft ihrer Gottesmutterschaft verkündete, so entstanden bald auch Bilder, die die heilige Anna als deren Lehrmeisterin zeigen. Seit dem 14. Jahrhundert sind in großer Vielfalt Bilder und Skulpturen Annas überliefert, die ihre Tochter Maria in die Kunst des Lesens einführt. Es sind Bilder einer vorbildlichen Lebensweise, an denen insbesondere Frauen sich ein Beispiel nehmen konnten oder – kirchlichem Gebot nach – wohl auch sollten.

»Höre Tochter, und sieh ...«
(Psalm 44)

Das Tafelbild aus Thetford mit Anna und der jungen Maria gehört zu den frühesten Bildnissen dieser Art. Ein bemerkenswertes Zeugnis der Annenverehrung, eine Darstellung, auf der beide Frauen in eine mittelalterliche Lebenswelt hineinversetzt erscheinen. Anna erlebe ich auf diesem Bild in einer häuslichen, vertrauensvollen Szene. Als eine Mutter, die ihr Wissen ihrer Tochter anvertraut. So wie andere Mütter erfüllte Anna hier eine der vielen Aufgaben, die zu den täglichen Obliegenheiten der Frauen gehörten: die Erziehung der Kinder, die Vermittlung elementarer Kenntnisse, auch die des Lesens. Nicht selten konnten Frauen dafür auf eigene Bücher zurückgreifen, großenteils Bücher religiösen Inhalts, eine Bibel etwa oder Heiligenlegenden. Bücher in ihrem Besitz gaben sie als gesondertes Erbe an ihre Töchter oder andere weibliche Mitglieder ihrer Familie weiter. So jedenfalls ist es in dem bereits um das Jahr 1215 aufgezeichneten großen Rechtsbuch des Mittelalters, dem *Sachsenspiegel*, bezeugt.

Sie lasen ihren Psalter, Legenden, Marienleben und Andachtsbücher zumeist in volkssprachlichen Übersetzungen, die seit der Mitte des 13. Jahrhunderts in Umlauf kamen. Zu den besonders begehrten Dichtungen gehörte eine Sammlung von Heiligenlegenden, die ihrer großen Beliebtheit wegen später die Goldene Legende, *Legenda aurea*, genannt wurde – in volkssprachlichen Ausgaben war sie die christliche Lektüre schlechthin. In seine wohl 1267 zunächst in lateinischer Sprache niedergeschriebene und dem Kirchenjahr zugeordnete Legendensammlung hatte der Dominikanermönch und spätere Erzbischof von Genua, Jacobus de Voragine (1226-1298), auch die Erzählung von der Eltern Mariens, von Anna und Joachim, aufgenommen. Diese Sammlung fand in einer anonymen deutschsprachigen Übersetzung seit dem Ende des 13. Jahrhunderts als sogenannte *Elsässische Legenda aurea* weite Verbreitung. Dieses älteste volkssprachliche Legendenbuch wurde in Klöstern, in Adelskreisen wie in bürgerlichen Haushalten wieder und wieder gelesen – und vorgelesen. Denn auch das war Teil der mittelalterlichen Lesekultur: das Vorlesen von Dichtung. Es war gemeinschaftsbildend, für lesekundige wie des Lesens unkundige Menschen und solche, die keine eigenen Bücher besaßen.

Und so, wie das Lesen zum Lebensalltag von Frauen gehörte – wobei das Augenmerk der Kirche in erster Linie auf das Lesen religiöser Schriften gerichtet war, denn dieses vor allem führe zu einem frommen, gottgefälligen Leben –, gehörte das Lesenlernen zum Lebensalltag junger Mädchen, sei es in der häuslichen Obhut der Mutter, in Klosterschulen oder auch in den im hohen Mittelalter aufkommenden städtischen Schulen.

Das Tafelbild aus Thetford nun zeigt Anna, wie sie hingebungsvoll Maria das Lesen lehrt. Und sie tut dies anhand eines lateinischen Psalters. Lateinkenntnisse, die zum Lesen des lateinischen Psalters befähigten, gehörten in aller Regel zum Bildungskanon adliger Frauen des Mittelalters. Kostbar ausgestattete Psalterhandschriften des frühen und hohen Mittelalters waren großenteils ihnen zugeeignet. Und wie die Töchter des Adels anhand des Psalters Grundkenntnisse des Lateinischen erwarben, so lernte auch Maria der Legende nach lateinisch zu lesen.

Doch nicht allein das. Anna hatte für ihren Unterricht sorgsam eine Buchseite aufgeschlagen und einen Psalmvers gewählt, der Maria auch auf ihre Bestimmung, auf ihre künftige Erwählung zur Mutter des Gottessohnes hinwies. Die Verse dieses 44. Psalms lauten übersetzt: »Höre Tochter, und sieh und neige dein Ohr, weil der König nach deiner schönen Gestalt verlangt hat« (Ps. 44,11-12). Zur Erfüllung dieser ihr durch Gottes Vorsehung zugedachten Aufgabe konnte Maria der Fürsorge ihrer Mutter Anna sicher sein, einer achtsamen Erzieherin. Ein lebensnahes Vorbild für alle Frauen. Durch Darstellungen der lehrenden

Anna mochten Frauen sich aufgerufen fühlen, es der heiligen Anna gleichzutun, ihr in tugendhafter und frommer Lebensweise zu folgen und sich der Bildung und christlichen Erziehung der Töchter gewissenhaft anzunehmen. Dies stellte, gläubiger Überzeugung nach, den Frauen nicht nur Anerkennung und Glück im diesseitigen Leben in Aussicht, sondern ließ sie auch auf ihr künftiges Seelenheil hoffen. Und junge Mädchen? Sie mochten sich gleichsam Maria zum Vorbild nehmen. Ihnen mochte das Betrachten einer Anna-Maria-Darstellung Ermahnung und Ansporn zugleich sein, sich lerneifrig und tugendsam zu zeigen wie Maria, die künftige Gottesmutter. So die Botschaft der Kirche.

Weibliche Bildung – weibliche Selbstbestimmung

Und was bewegt mich bei der Betrachtung des Tafelbildes aus Thetford?

Was lese ich darin?

Anmut und Würde strahlt das Bild für mich aus. Wertschätzung spricht daraus und eine liebevolle Entschiedenheit, mit der Anna ihre Erziehungsaufgabe erfüllt. Es ist für mich Sinnbild einer weiblichen Bildungstradition, die eine lange, bis in die Antike zurückreichende Geschichte aufweist und die sich hier als christliches Bild offenbart. Nicht nur fromme Imagination, sondern ein Widerschein des Wirklichen leuchtet darin auf. Frauen und Mütter begleiteten die ersten Schritte der Kinder ins Leben und in die Welt der Bücher. Insofern war Anna als Lehrende allen Gläubigen, namentlich den Frauen, ein durchaus vertrautes Bild. Es bündelt in meinen Augen weibliche Lebenserfahrungen – von weltlichen wie in klösterlichen Gemeinschaften lebenden Frauen. Erfahrungen, die über die christliche Botschaft, das erzieherische Anliegen der Kirche und den häuslichen Rahmen dieser Szene weit hinausreichen. Ist es denkbar, dass Frauen sich im Anblick eines solchen Bildes bestärkt fühlten, auch eigenen, über die Lektüre religiöser Schriften hinausführenden Bildungsinteressen zu folgen? Dass Frauen mit großem

Ernst der Bildung und Erziehung der Mädchen nachgingen, einer Erziehung vor allem, die zu einer selbstbestimmten weiblichen Lebensgestaltung befähigte? Setzte die lehrende Anna neue Bildungsimpulse frei? Bedeutete Anna nicht nur Vorbild, sondern auch Ermutigung?

Selbst wenn nicht alle Mädchen in den Städten und auf dem Land eine Schule besuchen konnten, war im ausgehenden Mittelalter die Fähigkeit zu lesen, zu schreiben und zu rechnen auch unter den Töchtern bürgerlicher und bäuerlicher Familien weiter verbreitet, als lange Zeit angenommen.

Und Frauen hatten daran erheblichen Anteil gehabt.

Große wirtschaftliche Bewegungen in allen Ländern des westlichen Europas und tiefgehende soziale Veränderungen im Gefüge der Gesellschaft, die Aufweichung alter feudaler Verhältnisse, hatten die gesamte Lebensordnung des mittelalterlichen Menschen ergriffen, auch sein religiöses Empfinden. Der Wandel vieler Lebensbereiche hatte nicht zuletzt unter den Bürgerinnen und Bürgern in den aufblühenden Städten ein neues Bildungsbewusstsein und Bildungsbegehren hervorgerufen. Diesem Drängen war die Kirche mit ihren an der lateinischen Sprache und geistlichen Inhalten ausgerichteten Klosterschulen, den Dom- und Pfarrschulen auf Dauer nicht gewachsen. Auch wenn sich die Kirche gegenüber einer elementaren Bildung aller Kinder, auch solcher mittelloser Eltern, aufgeschlossen zeigte, tat sie sich schwer damit hinzunehmen, dass Bildung nicht mehr allein kirchlichen Schulen vorbehalten war, sondern zunehmend öffentliche Schulen in den Städten, das hieß weltliche Schulen, diese Aufgabe übernahmen und den Unterricht für Jungen und für Mädchen verantworteten, in den Handelsstädten Flanderns bereits seit dem 12. Jahrhundert. Überliefert ist, dass Töchter bürgerlicher Familien sowohl in den städtischen Schulen Flanderns als auch in den Stadtschulen von Paris seit dem Ende des 13. Jahrhunderts lesen und schreiben lernten, dass es in Paris zu Beginn des 14. Jahrhunderts bereits die ersten städtischen Mädchenschulen gab und dass hier für das Jahr 1380 nicht weniger als einundzwanzig Schulmeisterinnen im Stadtregister vermerkt waren.

In Deutschland und der Schweiz sind seit der Mitte des 13. Jahrhunderts die ersten städtischen Schulen verzeichnet, die auch von Mädchen besucht werden konnten. Die ersten öffentlichen Mädchenschulen wurden schließlich an der Wende vom 14. zum 15. Jahrhundert eingerichtet, in Memmingen im Allgäu ist eine Mädchenschule bereits für das Jahr 1400 bezeugt. Und obwohl die Lateinschulen in erster Linie für die Ausbildung der Jungen vorgesehen waren, gab es durchaus Mädchen aus wohlhabenden Familien, die eine Schulbildung erhielten, zu der auch Lateinkenntnisse gehörten.

Gewöhnlich besuchten Mädchen gemeinsam mit den Jungen im Alter von sechs Jahren städtische, sogenannte deutsche Schulen, sofern ihre Eltern das Schulgeld aufbringen konnten. Die Mädchen vier Jahre lang (!), die Jungen sechs. Das Interesse der vielfach weniger begüterten Kaufmanns- und Handwerkerfamilien an einer soliden, an ihren Lebensbedürfnissen und -erfordernissen ausgerichteten Ausbildung ihrer Kinder war indes so groß, dass diese in vielen Städten vom Stadtrat unabhängige private Schulen, die Winkelschulen, für den Elementarunterricht ihrer Töchter und Söhne einrichteten. Diese Schulen, an denen der Unterricht im Lesen, Schreiben und Rechnen sowie in den Grundzügen des christlichen Glaubens zumeist von Frauen oder auch von Ehepaaren erteilt wurde, sind für viele Städte nachweisbar: etwa für Straßburg, Frankfurt am Main, Augsburg, Überlingen, Speyer und Stuttgart, für Hamburg, Lübben und Breslau und für Städte in der Schweiz wie Bern, Zürich und Basel.

Von großer Bedeutung für die Ausbildung und Lebensgestaltung von Mädchen waren nicht selten auch Beginen, religiöse unverheiratete Frauen, die sich ohne Bindung an eine Ordensgemeinschaft für einen sehr persönlichen spirituellen Lebensweg entschieden hatten. Sie lebten als *Mulieres religiosae*, wie sie sich anfangs selbst bezeichneten, allein oder in der Gemeinschaft mit anderen Frauen in Beginenhöfen, die sich seit dem 13. Jahrhundert in den Städten, vor allem in Flandern, den niederländischen Provinzen und im Rheinland gebildet hatten. Im Geiste eines tätigen Christentums lag diesen Frauen das Gemeinwohl ihrer Städte in besonderer Weise am Herzen. Vielfach hatten sie sich der Pflege und Fürsorge der Kranken und Bedürftigen in den Spitälern und Armenhäusern der Städte und ebenso der Waisenkinder angenommen. Manche gingen einem Beruf im Textilhandwerk nach und sorgten durch Spinnarbeit, durch Nähen und Weben für ihren bescheidenen Lebensunterhalt, andere hatten sich als Lehrerinnen die Ausbildung der Mädchen zur Aufgabe gemacht.

Nicht nur Mädchen, die eine Schule besuchten, sondern auch Frauen, die als Lehrerinnen tätig waren, gehörten bald zur Alltagswelt, gerade in den Städten des ausgehenden Mittelalters. In einer Schrift des 19. Jahrhunderts zur Frage der weiblichen Bildung im Mittelalter wurde zudem von Frauen berichtet, die als Wanderlehrerinnen von Ort zu Ort zogen, um Mädchen und Frauen zu unterrichten. Auch von Lehrfrauen, die private Mädchenschulen eröffneten, oder von Schwestern des Dritten Ordens, die Mädchen Elementarunterricht erteilten, war die Rede. Dies alles zeugt vom Bewusstsein für die Bedeutung der Bildungsarbeit und vom Bestreben, in der Lebensordnung des späten Mittelalters Mädchen einen möglichst geregelten Unterricht zukommen zu lassen. Gleichwohl blieben Mütter den Töchtern wichtige Lehrmeisterinnen, besonders wenn Mädchen ein Schulbesuch nicht möglich war, nicht einmal in einer dörflichen Küsterschule.

Doch blieb es durchaus nicht beim Erlernen elementarer Kenntnisse. Berichtet wird, dass nicht selten der Schulzeit eine Zeit als Lehrmädchen in einem Handwerksbetrieb oder Handelsgeschäft folgte. Zumeist im eigenen Elternhaus, oftmals unter Anleitung der selbst im Betrieb als Handwerkerinnen arbeitenden Mütter, manchmal auch in anderen, nahe gelegenen Haushalten. Und selbstverständlich wurden die Mädchen von ihren Müttern aufs Sorgfältigste mit den vielfältigen Aufgaben einer Haushaltsführung vertraut gemacht. Denn auch das gehörte zur Lebensordnung dieser Zeit, dass ein Mädchen eine Ehe einging und eine Familie gründete, dass sie für Leib und

Leben aller zum Haushalt gehörenden Menschen Sorge trug, dass sie ihrem Ehemann als Gehilfin zur Hand ging, dass sie Kinder zur Welt brachte und sie ins Leben begleitete, Kranke pflegte und mit Arzneien versorgte, Bedürftige unterstützte, Vorsorge traf für alle Lebenssituationen, in allen Belangen des Lebens das Richtige entschied, Freundschaften und Geselligkeiten nicht vernachlässigte und ein frommes Leben führte.

In den Städten wie auf dem Land gründete das soziale, wirtschaftliche und kulturelle Leben der Gesellschaft ganz wesentlich auf der Arbeit der Frauen, als Alleinstehende, als Mütter und Töchter, als Ehefrauen und Witwen. Auf ihrer Arbeit in den Familien, im Handel und im Handwerk. Ihrer Arbeit als Kaufmannsfrauen wie als selbstständige Handwerkerinnen, manchmal auch als Meisterinnen ihres Faches, in eigenen Zünften organisiert. Als Frauen in der städtischen Fürsorge, als heilkundige Frauen, als Ärztinnen und Hebammen, als Beginen oder in klösterlichen Gemeinschaften tätige Frauen. Es bedurfte ihrer Umsicht, ihrer Lese- und Schreibkenntnisse, um Haushalts- und Rechnungsbücher zu führen, Geschäfte abzuwickeln, Briefe zu schreiben. Manche machten das Schreiben zu ihrem Beruf, denn die Nachfrage nach Büchern war seit dem 13. Jahrhundert enorm angestiegen. Nicht nur in klösterlichen Skriptorien, auch in den Schreibstuben der Städte wurden nun Handschriften angefertigt, Urkunden kopiert, entstanden neben Schriften religiösen Inhalts und neben volkssprachlicher Dichtung auch Lehr- und Textbücher für den Unterricht an den Universitäten sowie medizinische und juristische Abhandlungen. Einige Frauen traten als Schreiberinnen in den Dienst des städtischen Rates. In Basel und Köln, in Esslingen, Nürnberg und Augsburg sind sie im 14. und 15. Jahrhundert verbürgt. Die Arbeit der Frauen war in allen Bereichen des Lebens und für das gesellschaftliche Wohl unverzichtbar, sie war von größtem Wert. Und mehr noch, ihre Arbeit, ihre Kenntnisse und Fähigkeiten gaben ihnen Spielraum für ihre eigene Lebensgestaltung, eröffneten Wege, ein selbstbestimmtes Leben zu führen.

Klosterfrauen und weltliche Dichterinnen

Über das Lernen in städtischen Schulen oder im häuslichen Umfeld hinaus bot sich Mädchen nach wie vor die Möglichkeit, die Schule eines Frauenklosters zu besuchen. Hier erhielten bevorzugt die Töchter aus Adelskreisen und Familien des wohlhabenden städtischen Bürgertums Unterricht in deutscher und lateinischer Sprache, auch die, die sich nicht zu einem Leben im Kloster berufen fühlten, sondern ein weltliches Leben führen und also auch dorthin zurückkehren wollten. In der Obhut klösterlicher Schulmeisterinnen wurden sie über einen elementaren Unterricht hinaus mit religiösen Werken und den Schriften der Kirchenväter vertraut gemacht, wurden sowohl in die liturgischen Gesänge als auch in die Grundlagen des seit Jahrhunderten in Klöstern gesammelten medizinischen Wissens eingeführt, erlernten in den klostereigenen Werkstätten die Kunst des Textilhandwerks und ebenso die Herstellung und Illumination von Handschriften. Eine Ausbildung, die nach Maßgabe eines Konvents, seiner Möglichkeiten und seiner literarischen wie künstlerischen Ausrichtung sehr unterschiedlich gestaltet sein konnte.

Bei aller Verschiedenheit blieben die Frauenklöster bedeutende Trägerinnen einer literarischen Kultur. In ihren mehr oder weniger großen Bibliotheken, ihren mehr oder weniger großen Schreibwerkstätten trugen Klosterfrauen zusammen, was für ihr religiöses Leben notwendig und erbaulich war. Sie sammelten wichtige Werke, fertigten Abschriften an, übersetzten Texte aus dem Lateinischen in die Volkssprache und wurden nicht selten selbst zu Autorinnen geistlicher Werke. Diese schrieben sie nicht mehr ausschließlich in lateinischer Sprache, sondern wählten bewusst die volkssprachliche Form. An der Entstehung und Ausbreitung volkssprachlicher religiöser Schriften seit dem 13. Jahrhundert hatten religiöse Frauen großen Anteil. Sie beförderten das Eindringen der Volkssprache in eine Welt, die seit Jahrhunderten in der westlichen Kirche einzig durch das Lateinische als Sprache der Bibel und scholastischen Theologie geprägt gewesen war. Die große Gelehrte und Visionärin des Mittelalters,

Hildegard von Bingen (1098-1179), war noch ganz in der Tradition des lateinischen Schreibens verblieben. Ihre theologischen Werke, ihre medizinischen und naturkundlichen Schriften, auch ihren umfangreichen Briefwechsel verfasste sie in lateinischer Sprache. Auch die Zisterzienserinnen des Klosters Helfta in Sachsen, Gertrud die Große (1256-1301/02) und Mechthild von Hackeborn (1241/42-1298/99), hatten für die Niederschrift ihrer mystischen Visionen die lateinische Sprache gewählt. Nicht anders die Dominikanerinnen im elsässischen Kloster Unterlinden in Colmar. Ihr um 1320 entstandenes Schwesternbuch, das die Gründungsgeschichte der Gemeinschaft und Lebensbeschreibungen der ersten Ordensschwestern enthält, ist noch in lateinischer Sprache geschrieben. Aber es ist das einzige dieser Art. Alle anderen überlieferten, seit Beginn des 14. Jahrhunderts verfassten sogenannten Schwesternbücher, die *Vitae sororum*, sind als volkssprachliche Schriften entstanden.

Wenn Klosterfrauen dazu übergingen, ihre Berichte, ihre Andachtsbücher, ihre visionären Eingebungen und spirituellen Erfahrungen in der Volkssprache niederzuschreiben, dann nicht aufgrund mangelnder Lateinkenntnisse, sondern vom Wunsch getragen, sie möglichst vielen Frommen zugänglich zu machen, auch den weniger Lateinkundigen, auch außerhalb des Klosters. Mit feinem Gespür für diese Bewandtnisse hatte bereits Herrad von Hohenburg († 1196), Äbtissin des Augustiner-Chorfrauenstifts auf dem Odilienberg im Elsass, ihren lateinischen *Hortus deliciarum*, den sie als theologisches Lehrbuch für die Bildung und Unterweisung ihrer Kanonissen Ende des 12. Jahrhunderts verfasst hatte, nicht nur reich bebildert, sondern mit mehr als eintausendzweihundert deutschen Glossen versehen, hatte also wohlüberlegt und des besseren Verständnisses wegen für einzelne lateinische Wörter Übersetzungen hinzugefügt, um möglichst viele Leserinnen zu erreichen. Religiöse Frauen prägten mit ihren Schriften, gleich ob lateinisch oder volkssprachlich geschrieben, die Literatur des späten Mittelalters und beförderten eine weibliche Lesekultur unter religiösen wie weltlich lebenden Frauen, adeligen wie nichtadeligen.

Aber nicht nur Frommes und Erbauliches, der Andacht dienende Schriften, gehörten zum Lesestoff der Frauen. Weltliche Literatur der höfischen Zeit, eine an französischer Literatur und Adelskultur sich anlehnende volkssprachliche Dichtung war entstanden, hatte seit dem ausgehenden 12. Jahrhundert den deutschen, den englischen und niederländischen Sprachraum beeinflusst, hatte sich über die Adelshöfe, die städtischen Bischofssitze und Klosterbibliotheken hinaus ausgebreitet und schließlich auch Leserinnen und Leser innerhalb der städtischen Bürgerschaft zu begeistern begonnen. Die anfangs in Liedern besungenen Heldentaten waren niedergeschrieben und für die Lektüre bestimmt worden. In höfischen Epen und Romanen lebten alte Erzählstoffe wieder auf, wurde von den Abenteuern edler Ritter und der Damen ihres Herzens berichtet, in Minnedichtungen allseits die Liebe besungen und beklagt, auch in den selbst vertonten Liedern französischer Troubadourinnen. War außer diesen Dichterinnen die in England am Hofe Heinrichs II. (1133-1189) und seiner Gemahlin Eleonore von Aquitanien (1122-1204) lebende Marie de France unter den dichtenden Geistlichen und den in Diensten von Fürsten und Fürstinnen oder bischöflichen Förderern stehenden Dichtern weltlicher Literatur des 12. und 13. Jahrhunderts wirklich die einzige schreibende Frau? Die einzige unter Dichtern wie Heinrich von Veldeke, Hartmann von Aue, Wolfram von Eschenbach, Gottfried von Straßburg oder Walther von der Vogelweide? Oder nur die einzige, deren Dichtungen erhalten blieben? Wer schrieb die vielen anonym überlieferten Werke? Nicht auch Frauen? Oder waren Frauen vor allem diejenigen, denen Dichtung zugeeignet wurde, die in der Dichtung idealisiert und besungen wurden? Die in altfranzösischer Sprache geschriebenen Werke von Marie de France, insbesondere ihre Verserzählungen, die *Lais*, sind heute kostbare literarische Zeugnisse, in denen sie aus der Sicht einer Frau ihrem Verständnis von Liebe, ihrem Kummer, ihren Wünschen und Hoffnungen Ausdruck verleiht. Sollte nach ihr tatsächlich erst im späten Mittelalter mit Christine de Pizan (um 1365-1430) wieder eine Autorin weltlicher Werke zu Wort gekommen sein?

Nicht weniger geschätzt als höfische Literatur und sehr begehrt waren Bücher, die für den täglichen Gebrauch und als
Wissensquelle von Nutzen waren: volkssprachliche Arznei- und
Rechtsbücher, geschichtliche Werke sowie naturkundliche Bücher.
Der bereits im 12. Jahrhundert nach einer lateinischen Vorlage
entstandene deutsche *Lucidarius* etwa war ein beliebtes und viel
gelesenes heils- und weltgeschichtliches Lehrbuch. Große Wertschätzung genoss auch die im 13. Jahrhundert von Rudolf von
Ems (1200-1254) geschriebene Weltchronik. Von ihr haben sich
nicht nur mehr als siebzig Handschriften erhalten, sie ist auch in
neunundzwanzig erlesenen Bilderhandschriften überliefert.

Manches an Literatur befand sich im Besitz von Frauen. Und
manch eine der Witwen, die sich nach dem Tod ihres Ehemannes zum Eintritt in einen Frauenkonvent entschlossen hatte,
machte ihre Bücher einer Klosterbibliothek zum Geschenk.
Weltliche Literatur, das zeigen Listen der Bibliotheksbestände,
etwa die des Katharinenklosters in Nürnberg, war auch in den
Frauenklöstern keine Seltenheit und wird dort gerne gelesen
worden sein. Warum sonst hätte Papst Honorius III. (amt.
1216-1227) Anlass haben sollen, den Novizinnen das Lesen
poetischer Schriften »ungeistlichen Inhaltes«, wie er es nannte,
zu verbieten?

Zur Lebenswelt der Frauen gehörten Bücher geistlichen wie
weltlichen Inhalts, Bücher zudem für wissenschaftliche und theologische Studien. Viele suchten ihre Bildung im Eigenstudium
zu vertiefen, was nicht unwidersprochen blieb. Eigenwilligkeit,
Selbstbewusstsein, Selbstbestimmung der Frau erregten Misstrauen, Misstrauen führte nicht selten zu Angst, Angst zu Gewalt.
Im Jahre 1310 wurde die Begine Marguerite Porète (1250-1310)
in Paris ihrer mystischen Schrift *Spiegel der einfachen Seelen* wegen öffentlich verbrannt. In dieser Schrift beschreibt sie einen
sehr persönlichen siebenstufigen Weg hin zu einer mystischen
Befreiung der Seele, frei von allem irdischen Begehren, bereit
für einen ihr eigenen Weg der Erkenntnis und der Gottesliebe.
Einundzwanzig Pariser Theologen hatten im April 1310 ihr in
altfranzösischer Sprache verfasstes Buch als häretische Schrift ver-

urteilt. Marguerite Porète hatte sich nicht verteidigt, aber auch nichts von dem zurücknehmen wollen, was sie geschrieben hatte und wovon sie zutiefst überzeugt war. Mit ihrem Tod waren ihre Gedanken jedoch nicht ausgelöscht. Ihr Buch wurde ins Altitalienische, ins Mittelenglische und ins Lateinische übersetzt und war in zahlreichen Abschriften in den Bibliotheken verschiedener Klöster vorhanden. Zu den Leserinnen dieser mystischen Schrift gehörte später auch die Königin und Schriftstellerin Marguerite de Navarre (1492-1549). Aber es blieb nicht allein bei der Verurteilung Marguerite Porètes. Ein Jahr nach ihrem Tod wurde die Bewegung der Beginen auf dem Konzil von Vienne im Jahre 1311 verboten. Es war der Beginn einer langsamen Auslöschung dieser spirituellen, weiblichen Lebensform.

Als das Tafelbild mit Maria und der sie das Lesen lehrenden heiligen Anna im ostenglischen Thetford etwa um das Jahr 1335 an Farbe und Kontur gewann, gab es also weit mehr als den Psalter oder Heiligenlegenden zu lesen. Der Wunsch nach Bildung und ein allgemeines Interesse an Literatur ließ die Nachfrage nach Büchern seit dem 14. Jahrhundert anwachsen, in einer Zeit großer Frömmigkeit, aber auch großer Heilssuche, in der die Menschen durch die in Europa wütende Pest (1347-1352), durch Kriege und Hungersnöte großen Erschütterungen und Sinnkrisen ausgesetzt waren. Als im Laufe des 14. Jahrhunderts Papier anstelle des Pergaments für die Buchherstellung verwendet wurde, mag dies die Verbreitung von Literatur begünstigt und den Zugang zu Büchern erleichtert haben. Doch mehr als das werden es die Menschen selbst gewesen sein, die diese Entwicklung beflügelten, die lesen und verstehen wollten, die von Abenteuern und Liebesdingen hören mochten, die es nach stiller Lektüre, nach Andacht und individueller Auseinandersetzung mit Gott und der Welt verlangte. So mag es vielleicht kaum verwundern, dass uns die Jungfrau Maria auf Verkündigungsbildern des 14. und 15. Jahrhunderts nicht nur lesend, sondern oftmals von mehreren Büchern umgeben begegnet. Künstler und Künstlerinnen imaginierten sie in einer spätmittelalterlichen Lebenswelt und dies in einer Weise, die mich zu der Frage bewegt, ob sich unter den Schriften Marias neben religiösen zuweilen auch weltliche befanden und ob nicht auch höfische Dichtung zu ihrer Lektüre gehörte. Das jedoch wird ihr Geheimnis bleiben.

Literatur

Assel, Jutta/Jäger, Georg: Zur Ikonographie des Lesens. Darstellungen von Leser(inne)n und des Lesens im Bild, in: Franzmann, Bodo/Hasemann, Klaus/Löffler, Dietrich/Schön, Erich (Hrsg.), Handbuch Lesen. Im Auftrag der Stiftung Lesen und der Deutschen Literaturkonferenz, München 1999, S.638-673.

Beyer, Rolf: Die andere Offenbarung. Mystikerinnen des Mittelalters, Bergisch Gladbach 1989.

Bodarwé, Katrinette: Frauenklöster zwischen Frömmigkeit und Frevel, in: Kuhn, Annette/Pitzen, Marianne (Hrsg.), Stadt der Frauen. Szenarien aus spätmittelalterlicher Geschichte und zeitgenössischer Kunst, Dortmund 1994, S.76-82.

Bodarwé, Katrinette: »Papir, Dincken und Federn«. Frauenbildung im Spätmittelalter, in: Kuhn, Annette/Pitzen, Marianne (Hrsg.), Stadt der Frauen. Szenarien aus spätmittelalterlicher Geschichte und zeitgenössischer Kunst, Dortmund 1994, S.83-86.

Boockmann, Hartmut: Die Stadt im späten Mittelalter, München 1986.

Bosl, Karl: Europa im Mittelalter. Weltgeschichte eines Jahrtausends, Bayreuth 1978.

Bumke, Joachim: Höfische Kultur. Literatur und Gesellschaft im hohen Mittelalter, Band 1 und 2, München 1987 (4. Auflage).

Bynum, Caroline W.: Formen weiblicher Frömmigkeit im späteren Mittelalter, in: Kunst- und Ausstellungshalle der Bundesrepublik Deutschland und dem Ruhrlandmuseum Essen (Hrsg.), Krone und Schleier. Kunst aus mittelalterlichen Frauenklöstern, München 2005, S.119-129.

Dörfler-Dierken, Angelika: Die Verehrung der heiligen Anna in Spätmittelalter und früher Neuzeit, Göttingen 1992 (Forschungen zur Kirchen- und Dogmengeschichte, Band 50).

Frauen im Galluskloster: Katalog zur Ausstellung in der Stiftsbibliothek St.Gallen (20. März – 12. November 2006), St.Gallen 2006.

Freytag, Wiebke: Geistliches Leben und christliche Bildung. Hrotsvit und andere Autorinnen des frühen Mittelalters, in: Brinker-Gabler, Gisela (Hrsg.), Deutsche Literatur von Frauen, Band 1: Vom Mittelalter bis zum Ende des 18. Jahrhunderts, München 1988, S.65-76.

Green, Dennis H.: Women Readers in the Middle Ages, Cambridge 2007.

Griep, Hans-J.: Geschichte des Lesens. Von den Anfängen bis Gutenberg, Darmstadt 2005.

Kammeier-Nebel, Andrea: Frauenbildung im Kaufmannsmilieu spätmittelalterlicher Städte, in: Kleinau, Elke/Opitz, Claudia (Hrsg.), Geschichte der Mädchen- und Frauenbildung, Band 1: Vom Mittelalter bis zur Aufklärung, Frankfurt a.M./New York 1996, S. 78-90.

Kirchberger, Joe L.: Marias Leben, in: Haag, Herbert u.a. (Hrsg.), Maria. Kunst, Brauchtum und Religion in Bild und Text, Freiburg/Basel/Wien 1997, S. 10-59.

Kösterus, Friedrich: Frauenbildung im Mittelalter. Eine cultur-historische Studie, Würzburg 1877.

Kühnel, Harry (Hrsg.): Alltag im Spätmittelalter, Graz/Wien/Köln 1996 (Sonderausgabe).

Kroll, Renate: Das Werk von Autorinnen als Identifikationsraum für Leserinnen. Zur »Entstehung« der Leserin in der Literatur und Kunst der Frühen Neuzeit, in: Rieger, Angelica/Tonard, Jean-François (Hrsg.), Lesende Frauen. Zur Kulturgeschichte der lesenden Frau in der französischen Literatur von den Anfängen bis zum 20. Jahrhundert, Darmstadt 1999 (Beiträge zur Romanistik, Band 3), S. 89-110.

Liebertz-Grün, Ursula: Höfische Autorinnen. Von der karolingischen Kulturreform bis zum Humanismus, in: Brinker-Gabler, Gisela (Hrsg.), Deutsche Literatur von Frauen, Band 1: Vom Mittelalter bis zum Ende des 18. Jahrhunderts, München 1988, S. 39-64.

Lundt, Bea: Zur Entstehung der Universität als Männerwelt, in: Kleinau, Elke/Opitz, Claudia (Hrsg.), Geschichte der Mädchen- und Frauenbildung, Band 1: Vom Mittelalter bis zur Aufklärung, Frankfurt a.M./New York 1996, S. 103-118.

Marti, Susan: Das »Werkhus«: Leserinnen, Schreiberinnen, Künstlerinnen, in: Kunst- und Ausstellungshalle der Bundesrepublik Deutschland und dem Ruhrlandmuseum Essen (Hrsg.)Krone und Schleier. Kunst aus mittelalterlichen Frauenklöstern, München 2005, S. 504-505.

Marti, Susan: Neuorientierung im Hochmittelalter, in: Kunst- und Ausstellungshalle der Bundesrepublik Deutschland und dem Ruhrlandmuseum Essen (Hrsg.), Krone und Schleier. Kunst aus mittelalterlichen Frauenklöstern, München 2005, S. 308-309.

Massing, Ann: The Thornham Parva Retable. Technique, conservation and context of an English medieval painting, Cambridge 2003.

Newman, Barbara: Die visionären Texte und visuellen Welten religiöser Frauen, in: Kunst- und Ausstellungshalle der Bundesrepublik Deutschland und dem Ruhrlandmuseum Essen (Hrsg.), Krone und Schleier. Kunst aus mittelalterlichen Frauenklöstern, München 2005, S. 105-117.

Norton, Christopher/Park, David/Binski, Paul: Dominican Painting in East Anglia. The Thornham Parva Retable and the Musée de Cluny Frontal, New Hampshire 1987.

Opitz, Claudia: Erziehung und Bildung in Frauenklöstern des hohen und späten Mittelalters (12. -15. Jahrhundert), in: Kleinau, Elke/Opitz, Claudia (Hrsg.), Geschichte der Mädchen- und Frauenbildung, Band 1: Vom Mittelalter bis zur Aufklärung, Frankfurt a.M./New York 1996, S.63-77.

Opitz, Claudia: Frauenalltag im Spätmittelalter (1250-1500), in: Klapisch-Zuber, Christiane (Hrsg.), Geschichte der Frauen, Band 2: Mittelalter, Berlin 2012 (Sonderausgabe), S.283-339.

Schön, Erich: Geschichte des Lesens, in: Franzmann, Bodo/Hasemann, Klaus/Löffler, Dietrich/Schön, Erich (Hrsg.), Handbuch Lesen. Im Auftrag der Stiftung Lesen und der Deutschen Literaturkonferenz, München 1999, S.1-85.

Scholz, Manfred G.: Hören und Lesen. Studien zur primären Rezeption der Literatur im 12. und 13. Jahrhundert, Wiesbaden 1980.

Schreiner, Klaus: Maria. Jungfrau, Mutter, Herrscherin, München/Wien 1994.

Schreiner, Klaus: Maria. Leben, Legenden, Symbole, München 2003.

Schreiner, Klaus: Die lesende und schreibende Maria als Symbolgestalt religiöser Frauenbildung, in: Signori, Gabriela (Hrsg.), Die lesende Frau, Wiesbaden 2009 (Wolfenbütteler Forschungen, Band 121), S.113-154.

Shahar, Shulamith: Die Frau im Mittelalter, übersetzt von Ruth Achlama, Königstein/Ts. 1981.

Signori, Gabriela: Wanderer zwischen den »Welten« – Besucher, Briefe, Vermächtnisse und Geschenke als Kommunikationsmedien im Austausch zwischen Kloster und Welt, in: Kunst- und Ausstellungshalle der Bundesrepublik Deutschland und dem Ruhrlandmuseum Essen (Hrsg.), Krone und Schleier. Kunst aus mittelalterlichen Frauenklöstern, München 2005, S.131-140.

Stein, Peter: Schriftkultur. Eine Geschichte des Schreibens und Lesens, Darmstadt 2006.

Vavra, Elisabeth: Kunst, in: Kühnel, Harry (Hrsg.): Alltag im Spätmittelalter, Graz/Wien/Köln 1996 (Sonderausgabe), S.271-353.

Wiesner-Hanks, Merry: Ausbildung in den Zünften, in: Kleinau, Elke/Opitz, Claudia (Hrsg.), Geschichte der Mädchen- und Frauenbildung, Band 1: Vom Mittelalter bis zur Aufklärung, Frankfurt a.M./New York 1996, S.91-102.

Stefan Lochner (um 1400-1451), Verkündigung an Maria.
Außenflügel des Dreikönigsaltars (Altar der Kölner Stadtpatrone), Triptychon mit
geschnitztem Maßwerk, um 1442, Öl auf Holz, Höhe 260 cm, Breite 284 cm.
Kölner Dom (seit 1810).

5. Die lesende Maria

Ave Maria

Wer zur Fasten- oder Adventszeit den Kölner Dom betritt und sich der dortigen Marienkapelle nähert, findet den Dreikönigsaltar Stefan Lochners (um 1400-1451) geschlossen vor. Die vor leuchtendem Goldgrund als thronende Himmelskönigin dargestellte, von Engeln umgebene Gottesmutter mit dem Jesuskind auf ihrem Schoß, die anbetenden Heiligen Drei Könige, die heilige Ursula als Stadtpatronin und der heilige Gereon als Stadtpatron von Köln nebst den Gefolgschaften entziehen sich für einige Wochen den Blicken der Gläubigen. So ist es Brauch geworden.

Was sich den Betrachtenden auf den Außenflügeln des Altares darbietet, zeugt allerdings von nicht geringerer Meisterschaft. Zum Vorschein kommt eine Darstellung der Verkündigung an die Jungfrau Maria. Eine Malerei von berührender Schönheit, irdisch und zugleich dem Weltlichen entrückt. Ihr gilt mein Interesse.

Ja, so mein erster Gedanke, so könnte sich zugetragen haben, was der Evangelist Lukas uns überlieferte (Lk 1,26-38) und was Jahrhunderte hindurch zu immer neuen künstlerischen Darstellungen inspirierte: dieser Augenblick, als der Erzengel Gabriel zu Maria tritt, um ihr die Botschaft ihrer Gottesmutterschaft zu verkündigen. Hier nun habe ich vor Augen, wie der Kölner Maler Stefan Lochner dies sah. Vor mehr als fünfhundert Jahren. Ihm wird dieser monumentale Flügelaltar zugeschrieben. Obgleich er, wie damals unter Kunstschaffenden üblich, keines seiner Werke signierte, gilt als nahezu sicher, dass Stefan Lochner es war, der diesen Altar im Auftrag einiger Kölner Ratsherren für die in Sichtweite des Rathauses gelegene Ratskapelle Sankt Maria in Jerusalem schuf (1426 eingeweiht). Sie war auf den Grundmauern der Synagoge der zwei Jahre zuvor aus Köln vertriebenen jüdischen Gemeinde entstanden. Mehr als dreihundert Jahre lang gehörte der Altar zur kostbaren Ausstattung des

Gotteshauses der städtischen Ratsmitglieder, bis mit der Säkula-
risierung kirchlichen Besitzes Ende des 18. Jahrhunderts auch
das Ende der Kölner Rathauskapelle besiegelt war. Der präch-
tige Flügelaltar fand im Jahre 1810 eine neue Bleibe im Dom zu
Köln. Hier suche ich der Marienverkündigung Stefan Lochners
nachzuspüren.

Nichts scheint von außen in die Stille und Abgeschiedenheit
des sparsam möblierten Raumes einzudringen. Der Eindruck
großer Intimität wird noch eigens durch einen golddurchwirk-
ten, von der schlichten Holzdecke bis zum Boden reichenden
kostbaren Brokatvorhang hervorgehoben. Er bildet den glanz-
vollen Hintergrund des dargestellten Geschehens: der Begegnung zwischen der Jungfrau Maria und dem Erzengel Gabriel.
Ein Ereignis von heilsgeschichtlicher Bedeutung.

Maria trägt ein blaues Kleid und darüber, wie zum Zeichen
ihrer Reinheit, ein weißes Gewand, das sich weich fallend über
den Fliesenboden ergießt. Ihr golden schimmerndes, von einem
Perlenband gehaltenes Haar, ihr durchscheinender Teint und
ein ihr zartes Gesicht umrahmender Nimbus entheben sie beinahe allem Irdischen. Die den Raum erfüllende Ruhe scheint
lediglich vom Flügelschlag des soeben eintretenden, vor ihr
niederknienden Engels durchweht. Fürstlich mit einem weißen
Gewand und einem tiefroten, grün gefütterten Samtmantel bekleidet, der mit einer reich bestickten Borte eingefasst ist und
von einer kostbaren Schließe zusammengehalten wird, erweist
er sich, in der linken Hand ein Zepter führend, als göttlicher
Himmelsbote. Seine mächtigen Schwingen weit ausgebreitet,
entrichtet er ihr ehrerbietig seinen Gruß, das *Ave Maria*, und
überbringt ein mit einem Siegel versehenes Schreiben: die von
Gott gesandte himmlische Botschaft, die sinnbildlich in der Gestalt einer weißen Taube als Kraft des Heiligen Geistes auf Maria
herniederschwebt.

Still lesend hatte der Engel Maria angetroffen. Ein aufgeschla-
genes Buch liegt vor ihr, ein weiteres, mit Schließen und
Schmucksteinen verziert, auf dem Sockel. Ein anderes, rot ein-
gebundenes Buch befindet sich im geöffneten Schrankfach ihres

Lesepultes, das wie die kleine Sitzbank hinter ihr mit feinen Schnitzarbeiten verziert ist. Sein Eintreten lässt Maria aufhorchen. Sie schaut von ihrer Lektüre auf, wendet sich dem Engel zu. Verhalten, zugleich wach und aufmerksam. Mit erkennbar nach innen gerichtetem Blick wird sie seiner gewahr, und sie erkennt ihre Bestimmung. Der Maler verewigte ihre Worte auf der Vase mit der blühenden Lilie, dem Symbol der Jungfräulichkeit: *Ecce ancilla domini*, ist dort in lateinischer Sprache zu lesen. Maria wird annehmen, wozu der göttliche Heilsplan sie ausersehen hat.

Auf diesen Moment hatte Stefan Lochner sein Augenmerk gerichtet.

Zart, aber nicht scheu. Annehmend, aber nicht erduldend. Wissend und bereit. So malte er die Maria der Verkündigung. Ein Bild von großer Dichte und Intensität, Nähe und Unmittelbarkeit. Ein Bild, dessen Ausstrahlung bis in unsere Gegenwart reicht, einen Augenblick, der Zeiten überdauert. Es ist eines von vielen Bildern, die sich die Menschen seit Beginn des Christentums von Maria machten.

Maria – Jungfrau und Gottesmutter. Sinnbild der Weisheit und majestätische Himmelskönigin. Der Auslegung biblischer wie außerbiblischer Schriften und dem Erfindungsreichtum künstlerischer Darstellungen schienen keine Grenzen gesetzt. Zwischen dem 12. und 16. Jahrhundert entstand eine Flut von Marienlegenden, Statuen und Bilder Mariens. Maria als Fürsprechende, als Schutzgebende, als Barmherzige. Mitleidend, mitempfindend, tröstend. Maria half, gewährte Beistand und Orientierung in allen Lebensbereichen.

Maria – ein wandelbares Bild. Aus urfernen Zeiten kommend. Unergründlich.

Liegt darin ihre Gegenwärtigkeit? Rührt daher ein nie versiegender Dialog – bis heute?

Ich versuche zu verstehen. Suche den Austausch mit ihr.

Ein weiblicher Kosmos

Maria – Inbegriff weiblicher Spiritualität. Sinnbild alles Lebendigen. Mittelpunkt christlicher Glaubenslehre.

Ihre Verehrung folgte dem Strom der Verehrung archaischer
Muttergottheiten, großer Schöpfer-Göttinnen, die seit Menschen-
gedenken unter wechselnden Namen angerufen wurden: als
Inanna in Sumer, als Ischtar in Babylon, als ägyptische große
Göttin Isis – Tausende von Jahren. In der griechisch-römischen
Welt waren es Hera, Athene und Aphrodite, Demeter wie Ceres,
Artemis wie Diana oder die große Göttin Kybele, denen Tem-
pel errichtet und zu deren Ehren Kultfeiern zelebriert wurden.
Ein weiblicher Kosmos seit Urzeiten. Welten-Schöpferinnen
und mächtige Schutzgöttinnen zugleich. Eine spirituelle Kraft,
auf die die Menschen vertrauten. Eine schöpferische Quelle,
ohne die Leben nicht denkbar war und von der sich die Anbetenden ein gutes Leben, Frieden und Wohlergehen erhofften.
Weibliche Gottheiten, deren Stimmen auch in der entstehenden
christlichen Kirche vernehmbar waren und deren anhaltende
Verehrung schließlich in neue – christliche – Traditionen ein-
mündete und zu neuen Bildern verschmolz. Nirgendwo wird
dies heute so augenfällig erkennbar wie in der Kunst. Wie zuvor
die ägyptische, Jahrtausende überdauernde Göttin Isis mit dem
Horusknaben wird nun Maria sinnfällig als nährende, liebende
Mutter mit dem Jesuskind auf ihrem Schoß dargestellt. Den
großen antiken Göttinnen Hera, Athene, Demeter oder Kybele
ähnlich erscheint Maria als thronende Himmelskönigin, ausgestattet mit allen Insignien ihrer Macht.

War es also kein Zufall, dass im Jahre 431 ein Kirchenkonzil
nach Ephesus einberufen und hier, am bedeutenden Kultort der
als Große Mutter verehrten göttlichen Artemis, Maria zur
Theotokos, zur Gottesgebärerin, erhoben wurde? Nahm ihre
beispiellose Verehrung in der gesamten christlichen Welt folgerichtig von diesem Ort aus ihren Anfang? Und wurde gleichfalls
folgerichtig der 15. August in der christlichen Kirche zum Tag
des feierlichen Gedenkens an die Himmelfahrt Mariens erklärt – dem ehemals großen Festtag der Artemis in Ephesus?

Ließ ihre alles überragende Bedeutsamkeit als Mutter des Gottessohnes Maria schließlich zum Sinnbild der »Mutter Kirche« selbst werden?

Maria – nicht weniger mächtig und Wunder wirkend als die weisheitsvollen Göttinnen vor ihr. Kirchen wurden errichtet, ihr geweiht und nach ihr benannt. Die älteste von ihnen ist die kurz nach dem Konzil von Ephesus gebaute und noch heute bestehende Kirche Santa Maria Maggiore in Rom (432/440). Lobgesänge zu Ehren Marias und Gebete an sie entstanden. Das *Ave Maria* wurde allerorts mit Hingabe gebetet. Legende nach Legende rankte sich um ihr Leben. Anfangs in lateinischer Sprache verfasst, sind sie seit dem 12. Jahrhundert auch als volkssprachliche Dichtung überliefert. Das Tradierte sprudelte aus unterschiedlichen Quellen und trieb immer neue Blüten. Für ihre Lebensbeschreibung Mariens griff die Konventualin und Dichterin Hrotsvit von Gandersheim (um 935-975) im 10. Jahrhundert nach eigenem Bekunden auch auf apokryphe, also außerkirchliche Schriften zurück. Und wie andere vor und nach ihr, etwa der Benediktinermönch Otfrid von Weißenburg (Abtei im Unterelsass) in seinem Evangelienbuch des Jahres 860, der Priester Wernher in seinen 1172 verfassten volkssprachlichen *Driu liet von der maget (Drei Lieder von der Magd)*, der Dominikanermönch und Legendensammler Jacobus de Voragine (1226-1298) in seiner *Legenda aurea* oder zweihundert Jahre später Heinrich von St. Gallen in seinem zu Beginn des 15. Jahrhunderts entstandenen *Marienleben*, beschrieb auch Hrotsvit von Gandersheim in ihrer *Historia Nativitatis* Maria wohlweislich als gebildete und in den heiligen Schriften bewanderte junge Frau. An ihrer Gelehrsamkeit konnte es keinen Zweifel geben. Das Bild der lesenden Maria hatte sich zu formen und Kunstschaffende zu inspirieren begonnen. Lesend wurde sie dargestellt, als der Engel Gabriel zu ihr trat und die Botschaft Gottes verkündete. Lesend im Stall zu Bethlehem. Und lesend selbst auf der Flucht nach Ägypten. In illuminierten Handschriften, auf Altarbildern und Kirchenfenstern sowie in Arbeiten aus den Bildhauerwerkstätten verdichtete sich, was die Marienverehrung und

Marienfrömmigkeit im Laufe des Mittelalters zum Erblühen
gebracht hatte, was sich die Menschen erzählten, woran sie
glaubten und glauben wollten.

Maria – von innerem wie äußerem Adel. Verherrlicht in
Dichtung und Kunst. Ziel vieler und oftmals weiter Pilger-
reisen. Den Frommen allgegenwärtig. Weisheitsvolle Hüterin
der Wissenschaften und des Rechts. Städte und Universitäten
des Mittelalters begaben sich unter ihren Schutz und Schirm.
Eine lesende und gelehrte Maria konnten Frauen sich zum Vorbild nehmen. Das Lesen frommer Schriften galt der Kirche als
eine christliche Tugend, war Ausdruck eines untadeligen Lebens
und gehörte folglich zu den Obliegenheiten jedes Gläubigen,
vornehmlich der Frauen.

War eine lesende Maria, wie der Kölner Maler Stefan Lochner sie schuf, den Frauen in dieser großen Stadt ein vertrautes
Bild? Erlebten sie ihre Gegenwart, ihre Güte und Gerechtigkeit
als tröstend und stärkend? Erschien sie ihnen als ein Sinnbild
weiblicher Weisheit?

Sancta Colonia

Die Kölnerinnen des 15. Jahrhunderts waren von Marienkirchen
und Mariendarstellungen umgeben. Und sie konnten sich in
ihrer *Sancta Colonia* nicht nur an Maria als Gottesmutter wenden,
sondern auch andere weibliche Heilige um Hilfe und Beistand
bitten: die heilige Barbara, die heilige Katharina, die heilige
Margarete, die heilige Dorothea, die heilige Appolonia und die
heilige Agnes, die heilige Cäcilia, die heilige Agatha und nicht
zuletzt die heilige Ursula mit ihren treuen Gefährtinnen.

Doch nicht nur heilige Frauen waren in dieser Stadt präsent.
Köln, die größte spätmittelalterliche Handels- und Handwerks-
metropole nördlich der Alpen, zugleich Kunst- und Gelehrten-
hochburg und begehrtes Ziel Tausender Pilgerinnen und Pilger,
war vom Wirken irdischer Frauen geprägt, die die Stadt mit
Leben und Energie füllten und entscheidend zu ihrem sozialen
und wirtschaftlichen Wohl beitrugen. Als Klosterfrauen und

Beginen. Als umsichtige Händlerinnen, mit Fernhandels- und Geldgeschäften ebenso vertraut wie mit dem Kölner Tuch- und Weinhandel, dem Handel mit Gewürzen, Färbemitteln, Wolle und Metallwaren. Nicht selten waren sie auf Handelsreisen zu bekannten Messestädten wie Frankfurt am Main und Antwerpen oder auf dem Weg in die Niederlande anzutreffen. Als geschickte Handwerkerinnen waren sie im späten Mittelalter in fast allen der sechsundvierzig Kölner Zünfte tätig: im Textilgewerbe, in der Metallverarbeitung, in der Herstellung von Nahrungsmitteln, im Brau- wie Baugewerbe. Selbstständig wirtschaftend, als Alleinstehende, als mitarbeitende Ehefrau und Tochter, als den Betrieb weiterführende Witwe oder gegen Lohn eingestellte Gehilfin. Sie arbeiteten als Leinen- und Wollweberinnen, als Färberinnen, Schneiderinnen, Beutel- und Schuhmacherinnen, als Kisten- und Korbmacherinnen, als Bäckerinnen, als Fleischerinnen, als Bierbrauerinnen, als Gärtnerinnen, als Kerzenzieherinnen und als Kunsthandwerkerinnen.

In Köln lag die Herstellung von Garnen und Seiden ausschließlich in den Händen von Frauen. Die Garn- und Seidmacherinnen, die Gold- und Seidspinnerinnen bildeten seit dem Ende des 14. und Anfang des 15. Jahrhunderts eigene Frauenzünfte. Als selbstständige Meisterinnen bewiesen sie unternehmerischen Geist und beschäftigten ihre Töchter sowie eine durch die Zunftordnung festgelegte Zahl von Lehrmädchen, die sie in mehrjähriger Lehrzeit zu angesehenen Handwerkerinnen ausbildeten. Von den Erzeugnissen der Kölner Garnmacherinnen gehörte ein zumeist blau gefärbter Leinenzwirn zur begehrten Ware für den Fernhandel und wurde vor allem in England sehr geschätzt. Die Goldspinnerinnen in der Stadt wussten Gold- und Silberfäden herzustellen, die über den heimischen Kölner Markt hinaus ihrer besonderen Qualität wegen bis in norditalienische Städte hinein großen Absatz fanden und dort für die Herstellung kostbarer Brokatstoffe unentbehrlich waren.

Hoch angesehen war auch die Arbeit der Frauen im Seidengewerbe, ein seit dem 13. Jahrhundert in Köln angesiedeltes Handwerk. Seidmacherinnen, Seidspinnerinnen, Seidfärberinnen und –stickerinnen verschafften dem Gewerbe im 15. Jahrhundert außerordentliche Bedeutung, in besonderem Maße durch die in Köln ansässige Bortenweberei. Die aus Seide oder Leinen gewebten, mit kostbaren Seidengarnen, Gold- und Silberfäden, mit Edelsteinen und Perlen filigran gearbeiteten Borten, auf feinste Weise mit Engeln und Heiligenfiguren, mit Bäumen, Blütenrankwerk und Rosetten bestickt, waren vornehmlich für den Schmuck liturgischer Gewänder bestimmt. Als erlesene »Kölner Borten« fanden sie europaweite Verbreitung. Wie vieler Frauenhände Arbeit hat es wohl bedurft, bis die Schmuckborte vollendet war, die den Mantel des Erzengels Gabriel auf Stefan Lochners Verkündigungsbild ziert? Wollte der Maler mit der Darstellung einer solchen Borte den Kunstsinn und das große Geschick Kölner Textilhandwerkerinnen gebührend hervorheben? Ihre Arbeit auf diese Weise würdigen?

Erwerbstätige Frauen waren im späten Mittelalter ein weit verbreitetes, vertrautes Bild. Viele Hände waren im Alltagsleben der Städte vonnöten, auch die der Dienstmägde und Krämerinnen, der Wäscherinnen und Tagelöhnerinnen. Diese Mädchen und Frauen bildeten eine wesentliche Stütze des städtischen Wirtschaftslebens – sie gehörten zum großen, gleichwohl ärmsten Teil der Stadtbevölkerung. Und wie andernorts waren Frauen in Köln über den Handel und das Handwerk hinaus auch im Dienst des städtischen Rates zu finden, arbeiteten in Schreibwerkstätten, als Zöllnerinnen an den Stadttoren oder als Steuereinnehmerinnen. Und für die medizinische Versorgung wie die soziale Fürsorge waren sie allenthalben unentbehrlich geworden.

Die Arbeit der Kölnerinnen war aus dem Leben ihrer Stadt nicht wegzudenken. Sie waren Bürgerinnen der Stadt, wenn sie mit einem Kölner Bürger verheiratet, dessen Tochter oder Witwe waren. Unverheiratete Frauen, die Handelsgeschäfte zu betreiben oder einen Handwerksbetrieb zu führen gedachten, konnten gegen die Zahlung eines Aufnahmegeldes und die Leistung des Treueeides gegenüber der Stadt das Kölner Bürgerrecht erwerben. Der Eintrag in das Bürgerbuch (!) der Stadt band sie neben der Steuerpflicht auch daran, sich an Ausgaben für die Armenfürsorge zu beteiligen sowie Wach- und Verteidigungsdienste für die Stadt zu übernehmen. Da ihnen als Frau ein solcher Dienst nicht anstand, waren sie gehalten, diesen durch finanzielle Beiträge abzugelten. Als wirtschaftlich unabhängige Frauen, seien sie ledig, verheiratet oder verwitwet, erwarben sie Grundbesitz und Hauseigentum, sie tätigten eigenständig Rechtsgeschäfte, handelten Verträge aus, übernahmen Bürgschaften. Sie waren als Gutachterinnen in Angelegenheiten des Handels und Handwerks gefragt, traten als vereidigte Zeuginnen vor Gericht auf, klagten auch in eigener Sache ihre Rechte ein und konnten ihren letzten Willen testamentarisch selbstbestimmt verfügen. Sie waren großzügige Wohltäterinnen ihrer Stadt, spendeten für Kirchen und Altäre, für Hospitäler wie für die Seelsorge und Armenhäuser.

Im Rat ihrer Stadt waren sie nicht vertreten.

Sie konnten nicht wählen und nicht gewählt werden.

Sie besaßen kein politisches Amt, gleichwohl war ihr Einfluss in allen Belangen der Stadt spürbar und sichtbar. Sie schwiegen nicht. Das Gedeihen der *Sancta Colonia* hing maßgeblich von ihrer Arbeit, ihrer Umsicht, ihrem Mut und ihrem Selbstverständnis ab. Was mag diese Frauen bewegt haben, wenn sie eine der Kölner Marienkirchen betraten? Was beim Anblick einer lesenden Maria, wie Stefan Lochner sie für den Altar der Kölner Ratskapelle in der Mitte des 15. Jahrhunderts malte? Fanden sie Trost und Zuversicht, wenn sie sich im Gebet an Maria wandten? Brachten sie eine Darstellung der lesenden Maria mit ihrem eigenen Leben in Verbindung?

Psalter lesen und anderes

Lesekundige Frauen, heißt es, lasen mit Vorliebe religiöse Werke. Denn christlicher Glaubensvorstellung nach mochten fromme Lektüre und gute Taten sie davor bewahren, am Ende ihrer Tage unvorbereitet vor dem Weltgericht zu stehen. Das Lesen von Erziehungsschriften und Predigttexten, das Studium der Bibel,

das Sichvertiefen in Psalmentexte oder in die Werke visionärer
Mystikerinnen und Mystiker, aber auch anderen vorzulesen,
etwa aus der begehrten Sammlung von Heiligenlegenden – alles
mochte zum rechten Glauben und zu jenseitigem Glück führen.
Und wer es sich leisten konnte, mochte wohl ein Stundenbuch
sein Eigen nennen können.

Diese für die private Andacht der Gläubigen gedachten
Gebetbücher enthielten neben einem Kalendarium mit den
kirchlichen Jahresfesten und illustrierten Monatsbildern eine
Reihe von Bußpsalmen, Fürbitten an die Heiligen und Gebete
zum Gedächtnis der Toten sowie das Marienoffizium als den
weitaus bedeutsamsten Teil des Andachtsbuches. Diese Psalmen,
Lobgesänge und Gebete zu Ehren der Jungfrau und Gottesmutter Maria waren für bestimmte Andachtsstunden des Tages
bestimmt. Zunächst in lateinischer Sprache geschrieben, gelangten mehr und mehr volkssprachliche Stundenbücher in den
Besitz gläubiger Leserinnen und Leser.

In Kreisen des französischen Adels seit dem 14. Jahrhundert
außerordentlich geschätzt, waren im Laufe des 15. Jahrhunderts
immer aufwendiger gestaltete und kunstvoll illuminierte *Livres
d'Heures* entstanden. Kostbare Handschriften mit farbenprächtigen Miniaturen oftmals anonym gebliebener Meister wie Meisterinnen, in denen das christliche Heilsgeschehen, vor allem
Ereignisse aus dem Leben Marias, sowie das mittelalterliche
Alltagsleben, seine Pflanzen- und Tierwelt mit großer Liebe zum
Detail, mit phantasiereichen Randverzierungen und schmuck-
vollen Initialen versehen, ausgemalt waren. Die erhaltenen Prachtbände aus adeligem Besitz sind an Schönheit und darstelleri-
schem Erfindungsreichtum dieser Zeit mit kaum etwas anderem
vergleichbar. Das um 1440 gefertigte Stundenbuch der Katharina von Kleve (1417-1476), Herzogin von Geldern und Gräfin
von Zutphen, ist nur eines dieser außerordentlichen Bücher, die
uns heute als Wunderwerk spätmittelalterlicher Buchmalerei und
gleichsam als Zeugnis einer vergangenen Welt erscheinen. Diese
Handschriften mochten Gottesliebe und tiefe Gläubigkeit bezeugt und zugleich Reichtum und Wohlhabenheit derer wider-

gespiegelt haben, die Kosten und Zeit nicht zu scheuen brauchten, ein solches Buch in Auftrag zu geben.

Dies alles blieb nicht ohne Wirkung auf das entstehende Bürgertum, auf wohlhabende Kaufmanns- und Handwerksfamilien in den Städten, die nun ihrerseits vom Wunsch nach einem eigenen Stundenbuch beseelt waren. Es sollte so schön wie möglich gestaltet sein. Einzig in seiner Art. Im ausgehenden Mittelalter gehörten sie schließlich zu den beliebtesten Andachtsbüchern und mögen diejenigen, die sie für ihre Lektüre und ihr stilles Gebet in Gebrauch nahmen, mit Freude und Genugtuung erfüllt haben. In der Mehrzahl waren dies Frauen. Frauen des städtischen Bürgertums, fromm und bildungsbewusst zugleich.

Wir gewinnen ein Bild von ihnen, wenn wir etwa Verkündigungsszenen des späten Mittelalters betrachten. Bilder, die die zur Gottesmutter erwählte Jungfrau Maria vornehmlich als weltliche Bürgerin des späten Mittelalters darstellen. Nicht weltentrückt, nicht mehr vor goldenem, die Himmelssphäre berührenden Hintergrund traf sie der Erzengel an, sondern in einer bürgerlichen Wohnstube, in den Psalter oder ihr Stundenbuch vertieft. Weitere Bücher auf Regalen oder im Bücherschränkchen wiesen Maria, der Lebenswirklichkeit realer Frauen vergleichbar, als belesene, an Bildung interessierte Frau aus. Lesende Frauen mögen inspirierend auf die Kunst des späten Mittelalters gewirkt haben, und auch umgekehrt mag gelten: An einer lebensnah erscheinenden Maria konnten Frauen sich für eine fromme und zugleich weltzugewandte Lebensweise ein Beispiel nehmen. Beides gehörte zur Lebenswelt der Frauen, Frömmigkeit und Weltoffenheit schlossen einander nicht aus.

So lasen sie religiöse, den christlichen Glauben festigende Bücher und waren zugleich dem Lesen weltlicher Literatur keineswegs abgeneigt: Der Leselust dienende Schwankdichtungen, Fabeln oder beispielhafte Erzählungen etwa erregten ihr Interesse. Und Frauen befanden sich auch unter den Zuschauenden, die die beliebten Darbietungen geistlicher Dramen auf der Dom- und Marktplätzen der Städte – unter freiem Himmel – aufmerksam verfolgten. In diese aus hohen Kirchenfesten hervorgegangenen Weihnachts- und Osterspiele, Passions- und Fronleichnamsspiele hatten sich mehr und mehr Lateinisches mit Volkssprachlichem, Sakrales mit Weltlichem, christliches Heilsgeschehen mit schwankhaften Elementen vermischt. Weihevolle Anteilnahme paarte sich mit belustigender Kritik, religiöser Ernst mit heiterer Ausgelassenheit. Frömmigkeit und Lebenslust lagen hier nahe beieinander.

Und auch das gehörte zur weiblichen Lesekultur: das Lesen von Sachbüchern. Sie waren von lebenspraktischem Wert. Die Nachfrage nach volkssprachlicher Literatur, die für den täglichen Gebrauch von Nutzen war, die das große Bedürfnis nach Information und Wissen stillte, die handwerkliche Fachkenntnisse erweitern und als Lebenshilfe dienen mochte, war bereits seit dem 13. Jahrhundert enorm angestiegen. Welt- und Stadtchroniken, Rechtsbücher, naturkundliche Abhandlungen, Bücher zur Pflanzen- und Tierkunde sowie Arzneibücher befanden sich in den Haushalten des Adels und des Bürgertums in den Städten wie auf dem Lande – vielfach im Besitz von Frauen.

Die Geburt des Buchdrucks

Und alles war noch von Hand geschrieben.

Während Stefan Lochner in Köln an seinem Verkündigungsbild arbeitete und Maria einen Psalter zu lesen gab, war sein Zeitgenosse Johannes Gutenberg (um 1400-1468) in Mainz dabei, seine Jahre zuvor in Straßburg begonnene Erfindung des Buchdruckes mit beweglichen Metalllettern zur Vollendung zu bringen. Die Auslieferung der ersten gedruckten Exemplare der lateinischen Bibel Gutenbergs um die Jahrhundertmitte erlebte Stefan Lochner allerdings nicht mehr. Er und seine Frau Lisbeth wurden 1451 Opfer einer Pestepidemie, der beinahe die Hälfte der Bevölkerung Kölns erlag.

Die Kunst des Buchdrucks hatte durch Johannes Gutenberg in Mainz ihren Anfang genommen. Sie sollte auf Dauer die Welt verändern. Bald standen die Druckerpressen in Straßburg und Basel, in Augsburg, in Ulm, Nürnberg und Köln nicht mehr still. In Städten also, die hinsichtlich der Anfertigung von Handschriften auf eine lange Tradition zurückblickten. Über den deutschsprachigen Raum hinaus breitete sich die Druckkunst, in der sehr bald auch Frauen als Handwerkerinnen tätig waren, rasch nach Rom und Venedig hin aus, wurde in Paris, in Utrecht, in Krakau und Brüssel bekannt und erreichte schließlich London und Wien. Noch vor dem Ende des 15. Jahrhunderts hatten in mehr als zweihundert Orten weit über eintausend Druckerwerkstätten ihre Arbeit aufgenommen.

Gedruckt wurden vor allem bekannte, viel gelesene Werke. Werke, für die die Nachfrage groß war. Sowohl religiöse als auch weltliche Schriften, Lateinisches wie Volkssprachliches. Johannes Gutenberg wird gute Gründe gehabt haben, seine Kunst des Buchdrucks anhand einer lateinischen Bibel in die Welt zu setzen. Die Bibel war das Glaubensbuch schlechthin. Und noch zu seinen Lebzeiten erschien im Jahre 1466 in Straßburg, einem bedeutenden Zentrum der frühen Buchdruckkunst, die erste deutschsprachig gedruckte Bibel, der bis zum Ende des Jahrhunderts weitere folgen sollten – lange vor Martin Luthers federführender Übersetzung des Alten und Neuen Testaments.

Die gedruckte Bibel Johannes Gutenbergs markiert einen Neubeginn.

Doch alles braucht seine Zeit.

Das von Hand Geschriebene behielt vorerst seine besondere Wertschätzung. Den als Inkunabeln oder Wiegendrucke bezeichneten Büchern aus der frühen Zeit des Buchdrucks bis zum Ende des 15. Jahrhunderts ist denn auch vielfach das Bemühen anzusehen, ihnen durch nachträglich hinzugefügte Ausmalungen Schönheit und ein unverwechselbares Äußeres zu verleihen. Von Hand kunstvoll in roter oder blauer Farbe gemalte Initialen sowie Illustrationen in Form von farbig kolorierten Holzschnitten und Verzierungen erweckten auf den ersten Blick den Anschein, ein handgeschriebenes und damit einzigartiges Buch in Händen zu halten. Obgleich die Kunst des Buchdrucks in mancher Werkstatt zu wahrer Meisterschaft gelangte und am Ende des Jahrhunderts eine große Vielfalt an gedruckten Büchern auf dem

Markt war, teils farbenprächtig koloriert, teils mit fein schraf-
fierten schwarzweißen Holzschnitten versehen, wurden in den
Skriptorien der Frauen- und Männerklöster Bücher nach wie
vor von Hand geschrieben, entstanden, nicht zuletzt auch aus
Gründen der Ehrerbietung heiliger Schriften gegenüber, mehr
oder weniger kostbar ausgestattete Prachtbände, waren in den
städtischen Schreibstuben viele fleißige Hände mit der Vervielfältigung von Literaturen aller Art beschäftigt, ließen Angehörige des Adels wie des städtischen Bürgertums Abschriften
von Büchern erstellen, die ihnen besonders am Herzen lagen. Es
waren allesamt Unikate.

Maria – Königin der Stadt der Frauen

Frauen pflegten in besonderer Weise den Umgang mit Büchern.
    Und sie sammelten Bücher. Ihren Neigungen, ihren Lebens-
umständen und Möglichkeiten entsprechend. In bürgerlichen
Familien gehörten Bücher zum Haushalt der Frauen. Einen
eigenen Raum dafür besaßen sie in der Regel nicht.
    Anders Frauen adeliger Herkunft.
    Von einigen immerhin, deren Namen in die Annalen der
Geschichte eingingen, den Regentinnen, Fürstinnen, Herzogin-
nen und Königinnen zumeist, haben sich bedeutende Büchersammlungen erhalten. Eine wahre Bücherliebhaberin war die
Erzherzogin Margarete von Österreich (1480-1530), Herzogin
von Burgund und Regentin der Niederlande. Ihre Bibliothek
offenbart nicht nur die Vorlieben und Interessen einer geist-
reichen und umsichtigen Büchersammlerin, sondern wirft zugleich ein Licht auf bedeutende Werke der Literatur ihrer Zeit.
Sie selbst schrieb Gedichte in französischer und lateinischer
Sprache. Ihre mit hölzernen Lesepulten und Bänken für Be-
nutzerinnen und Benutzer ausgestatte große Bibliothek in ihrer
Mechelner Residenz (Niederlande) umfasste annähernd vierhundert Handschriften und gedruckte Werke. Religiöse Schriften und vor allem weltliche Literatur in französischer, lateinischer, spanischer und italienischer Sprache. Ihr sind der Erhalt

und manches Mal überhaupt die Entstehung wichtiger literarischer Werke zu verdanken. Und sie besaß eine kleine Studierstube, ein *Studiolo*, wohin sie sich gerne zurückzog und wo sie ihr besonders liebsame, eigens ihrer privaten Lektüre vorbehaltene Werke aufbewahrte.

Zu ihrer reich bestückten Bibliothek gehörte auch eine Sammlung von Handschriften der Werke Christine de Pizans (um 1365-1430), in deren Besitz Margarete von Österreich durch Erbschaften und insbesondere durch die Übernahme der umfangreichen Bibliothek ihrer Mutter, der Herzogin Maria von Burgund (1457-1482), gekommen war. Sie wurde nicht müde, dieser Sammlung weitere Handschriften hinzuzufügen. Sie schätzte die Werke jener klugen und unerschrockenen Autorin des späten Mittelalters, der französischen Dichterin, Biographin und streitbaren Reformerin an der Schwelle zur Neuzeit in hohem Maße. Und dieses Interesse teilte sie mit anderen einflussreichen, kunstsinnigen und bildungsbeflissenen Frauen des französischen, burgundischen und englischen Adels, die die Werke Christine de Pizans lasen, Abschriften davon in Auftrag gaben, bereits im 15. Jahrhundert ins Niederländische und Portugiesische übersetzen ließen und auf diese Weise wesentlich zu deren Verbreitung und Fortbestehen beitrugen.

War die Stimme Christine de Pizans, dieser bereits zu ihren Lebzeiten viel beachteten Pariser Schriftstellerin auch bis nach Köln gelangt?

Hatten die Frauen in dieser Stadt, wenn nicht ihre Schriften gelesen, so doch wenigstens von Christine de Pizan gehört? Von ihren aufrüttelnden, Grenzen sprengenden, Frauen ermutigenden Gedanken, etwa in ihrem 1405 erschienenen *Livre de la Cité des Dames*. Hatten sie davon gehört, dass Christine de Pizan niemand Geringeren als die Jungfrau Maria zur Königin ihrer visionären *Stadt der Frauen* erwählt hatte? Maria vor allem sollte den Frauen Fürsprecherin und Beschützerin sein gegen alle, das weibliche Geschlecht verunglimpfende Angriffe der Welt – aus Gründen der Gerechtigkeit, der Vernunft und der Rechtschaffenheit. Die spätmittelalterliche Christine de Pizan sprach aus, was viele gedacht haben mögen. Und schließlich: Sie vertraute ihre Gedanken, Fragen und Nöte ihrem Papier an und verlieh ihnen auf diese Weise Dauer. Ihre Gedanken und Visionen fanden den Weg zu ihren Leserinnen – und haben bis heute überlebt.

Frauen konnten sich die lesende Maria zum Vorbild nehmen, doch nicht nur sie. Davon erzählt Christine de Pizan. Von ihr soll im Folgenden die Rede sein.

Literatur

Belán, Kyra: Die Madonna in der Kunst. Vom Mittelalter zur Moderne, übersetzt von Ulla Varchmin, New York 2005. Bell, Susan Groag: Verlorene Wandteppiche und politische Symbolik. Die *Cité des Dames* der Margarete von Österreich, in: Bock, Gisela/Zimmermann, Margarete (Hrsg.), Die europäische Querelle des Femmes. Geschlechterdebatten seit dem 15. Jahrhundert, Stuttgart 1997 (Jahrbuch für Frauenforschung, Band 2), S. 39-56.

Bombek, Marita/Sporbeck, Gudrun: Kölner Bortenweberei im Mittelalter, Regensburg 2012 (Corpus Kölner Borten, Band 1).

Comes, Elisabeth M.: Ein Garten Eden. Die Pflanzen auf Stefan Lochners Altar der Stadtpatrone, Berlin 2013.

Dörfler-Dierken, Angelika: Die Verehrung der heiligen Anna in Spätmittelalter und früher Neuzeit, Göttingen 1992 (Forschungen zur Kirchen- und Dogmengeschichte, Band 50).

Ebertshäuser, Caroline H.: Maria in der Kunst, in: Haag, Herbert u.a. (Hrsg.), Maria. Kunst, Brauchtum und Religion in Bild und Text, Freiburg/Basel/Wien 1997, S. 214-263.

Eichberger, Dagmar: ›Una libraria per donne assai ornata et riccha‹. Frauenbibliotheken des 16. Jahrhunderts zwischen Ideal und Wirklichkeit, in: Signori, Gabriela (Hrsg.), Die lesende Frau, Wiesbaden 2009 (Wolfenbütteler Forschungen, Band 121), S. 241-264.

Griep, Hans-J.: Geschichte des Lesens. Von den Anfängen bis Gutenberg, Darmstadt 2005.

Hanebutt-Benz, Eva-Maria: Die Kunst des Lesens. Lesemöbel und Leseverhalten vom Mittelalter bis zur Gegenwart, Frankfurt a.M. 1989 (2. Auflage).

Harthan, John: Stundenbücher und ihre Eigentümer, übersetzt von Regine Klett, Freiburg/Basel/Wien 1989 (3. Auflage).

Janzin, Marion/Güntner, Joachim: Das Buch vom Buch. 5000 Jahre Buchgeschichte, Hannover 1997 (2., verb. Auflage).

Kirchberger, Joe L.: Maria in der Literatur, in: Haag, Herbert u.a. (Hrsg.), Maria. Kunst, Brauchtum und Religion in Bild und Text, Freiburg/Basel/ Wien 1997, S. 60-121.

Kirchberger, Joe L.: Maria: Dogmen, Kult, Brauchtum, in: Haag, Herbert u.a. (Hrsg.), Maria. Kunst, Brauchtum und Religion in Bild und Text, Freiburg/Basel/Wien 1997, S. 162-213.

Müller-Jérina, Alwin: Zwischen Befreiung und Vernichtung – Juden in Köln: in: Schäfke, Werner (Hrsg.), Der Name der Freiheit. Ergänzungsband zur Ausstellung des Kölner Stadtmuseums, Köln 1988, S. 61-72.

Schreiner, Klaus: Maria. Leben, Legenden, Symbole, München 2003.

Schreiner, Klaus: Die lesende und schreibende Maria als Symbolgestalt religiöser Frauenbildung, in: Signori, Gabriela (Hrsg.), Die lesende Frau, Wiesbaden 2009 (Wolfenbütteler Forschungen, Band 121), S. 113-154.

Schulz, Ilse: Finanzstarke Frauen. Stifterinnen und Kreditgeberinnen in der freien Reichsstadt Ulm, in: Momente. Beiträge zur Landeskunde von Baden-Württemberg, 2/07, S. 8-11.

Sölle, Dorothee: Meine Seele sucht das Land der Freiheit, in: Haag, Herbert u.a. (Hrsg.), Maria. Kunst, Brauchtum und Religion in Bild und Text, Freiburg/Basel/Wien 1997, S. 122-145.

Suckale, Robert: Maria: Jungfrau – Mutter – Königin, in: ders. (Hrsg.), Schöne Madonnen am Rhein, Ausstellungskatalog des LVR-Landesmuseums Bonn, Bonn 2010, S. 25-37.

Uitz, Erika: Die Frau in der mittelalterlichen Stadt, Leipzig 1988.

Vavra, Elisabeth: Literatur und Publikum, in: Kühnel, Harry (Hrsg.), Alltag im Spätmittelalter, Graz/Wien/Köln 1996 (Sonderausgabe), S. 323-340.

Wensky, Margret: Frauen im spätmittelalterlichen Kölner Handel und Gewerbe, in: Schäfke, Werner (Hrsg.), Der Name der Freiheit, Ergänzungsband zur Ausstellung des Kölner Stadtmuseums, Köln 1988, S. 45-52.

Wenzel, Horst: Die Schrift und das Heilige, in: ders. u.a. (Hrsg.), Die Verschriftlichung der Welt. Bild, Text und Zahl in der Kultur des Mittelalters und der Frühen Neuzeit, Wien 2000 (Schriften des Kunsthistorischen Museums, Band 5), S. 15-57.

Zehnder, Frank G. (Hrsg.): Stefan Lochner. Meister zu Köln. Herkunft - Werke - Wirkung, Eine Ausstellung des Wallraf-Richartz-Museums Köln, Köln 1993.

Zimmermann, Margarete: Christine de Pizan, Reinbek bei Hamburg 2002.

Zühlke, Bärbel: Christine de Pizan in Text und Bild. Zur Selbstdarstellung einer frühhumanistischen Intellektuellen, Stuttgart/Weimar 1994 (Ergebnisse der Frauenforschung, Band 36).

*Die drei Tugenden Vernunft, Rechtschaffenheit und Gerechtigkeit erscheinen
Christine de Pizan. Miniatur aus einer Pergamenthandschrift,
Kopie der »Cité des Dames«, Mitte 15. Jahrhundert.
Bibliothèque nationale de France, Paris.*

6. Christine de Pizan in ihrer Studierstube

»Je, Christine …«
(Christine de Pizan)

Ein Lichtstrahl sei auf sie gefallen, als sie wegen vieler Frauen verunglimpfender Schriften verzagt und in traurigen Gedanken versunken in ihrer Studierstube gesessen habe. Wie von der Sonne beschienen sei alles um sie herum hell erleuchtet gewesen. Da habe sie drei vornehm gekleidete Frauen vor sich stehen sehen, die, kaum dass sie sich von ihrer Verwirrung erholt habe, das Wort an sie gerichtet hätten.

So schildert Christine de Pizan (um 1365-1430) zu Beginn ihres *Livre de la Cité des Dames* (1405) ihre Vision, das Erscheinen dreier ehrwürdiger Frauen, die sich als Personifikation der Tugenden Vernunft, Rechtschaffenheit und Gerechtigkeit zu erkennen gaben und sie zur Errichtung einer allegorischen Stadt der Frauen inspirierten, mit anderen Worten: sie ermutigten, ein *Buch von der Stadt der Frauen* zu schreiben.

Die Werke dieser französischen Autorin an der Wende vom 14. zum 15. Jahrhundert, ihre weltliche und religiöse Lyrik, ihre autobiographisch bewegten Schriften, ihre politischen Texte, Geschichtswerke und diversen Streitschriften fanden weit über ihre Entstehungszeit hinaus bei Generationen von Leserinnen und Lesern große Beachtung. Davon zeugen nicht nur die beträchtliche Zahl überlieferter Handschriften, darunter kunstvoll illuminierte Ausgaben für ihre fürstlichen Förderinnen und Förderer aus dem europäischen Hochadel sowie Übersetzungen ihrer Werke in mehrere Sprachen, sondern auch die im 18. Jahrhundert in Frankreich einsetzende Wiederentdeckung und bis heute andauernde Auseinandersetzung mit dieser bedeutenden weiblichen Stimme des späten Mittelalters.

Christine de Pizan war nicht nur eine engagierte Schriftstellerin, sie sorgte zu ihren Lebzeiten auch selbst für die Verbreitung und eine besonders schöne Gestaltung ihrer Werke. Mit farbenfrohen Miniaturen versehen, in denen sie sich selbst immer wieder als Schreibende, als Lesende oder Lehrende darstellen ließ, waren und sind ihre Bücher auch eine Wonne für das Auge. Zumeist in einem schlichten, bis zum Boden reichenden blauen *Surkot* mit langen Flügelärmeln abgebildet, dem bevorzugten Kleid vornehmer Bürgerinnen des späten Mittelalters, war ihr Erscheinungsbild oftmals durch eine formvollendete weiße Haube abgerundet, wie sie für Ehefrauen und Witwen in Mode gekommen war.

Hier jedoch, in der vorliegenden Miniatur einer späteren Handschrift des *Livre de la Cité des Dames* aus der zweiten Hälfte des 15. Jahrhunderts, trägt Christine de Pizan eine blaue *Houppelande*, ein unter der Brust gegürtetes faltenreiches Gewand mit eng anliegenden Ärmeln und betontem Dekolleté, das von einem eleganten Kragen und einer perlenbesetzten Borte sowie zarter weißer Spitze umschmeichelt wird. Eine feine Goldstickerei am Saum ihres Kleides sowie der kunstvoll mit einem Schleier drapierte *Hennin*, eine der Mode am burgundischen Hof entlehnte stilvolle Kopfbedeckung der Frauen, geben ihrem vornehmen Äußeren eine vollendete Note.

Nicht weniger nobel sind die drei eintretenden Damen dargestellt. Seidenglänzende Kleider von verschwenderischer Fülle und in schönsten Farben, kostbarer Schmuck und phantasievolle Hauben bringen das Gesicht, eine hohe Stirn und den Halsausschnitt dem Zeitgeschmack entsprechend vorteilhaft zur Geltung. Anmut und Würde ausstrahlend, so treten sie vor Christine in Erscheinung. Frau Vernunft, Frau Rechtschaffenheit und Frau Gerechtigkeit, erkennbar an ihren Attributen, einem Spiegel, dem Richtscheit und einem runden Maßgefäß.

Hell und heiter erscheint der Raum. Von Licht durchflutet, das durch die beiden verglasten Fenster und eine architektonisch schön gestaltete Bogenöffnung ungehindert einströmt. Sie lenkt den Blick auf eine weite ruhige Landschaft und erzeugt einen belebenden Kontrast zwischen Innenraum und freier Natur. Die im späten Mittelalter kostspielige und deshalb eher in Kirchen- als in Wohnräumen anzutreffende Verglasung der Fenster mit Butzen- und Rautenscheiben sowie die in Blau- und Goldtönen gehaltene Bemalung der Wand mit ihren Sonnen- und Sternenmotiven sind Ausdruck von Wohlhabenheit und verleihen dem Raum Wärme und Vornehmheit zugleich.

Christine de Pizan sitzt an ihrem Lesepult. Ein solches Pult lässt allenthalben auf die Lesebeflissenheit einer bildungsbewussten spätmittelalterlichen Gesellschaft schließen, in dieser Miniatur indes offenbart es in schöner Weise das Bildungsbegehren von Christine de Pizan. Die geneigte Fläche ihres Pultes als Buchauflage ermöglichte ihr ein bequemes Lesen von Büchern jeglicher Art und Größe. Ein mit Tuch bespannter Baldachin, dessen leuchtendes Rot sich in den Gewändern der drei edlen Damen wiederfindet, spendete ihr die ersehnte Ruhe und räumliche Abgeschiedenheit für ihre Studien. Auf einem runden Tisch vor ihr, in dessen Mitte ein drehbares Lesepultchen befestigt war, hatte sie mehrere mit Schließen versehene Bücher abgelegt. Ihr Pult und der Büchertisch sind die einzigen Möbel in diesem bemerkenswerten Studierzimmer. Bemerkenswert deshalb, weil ein solches, eigens den gelehrten Studien vorbehaltenes *Studiolo* zu Christine de Pizans Zeiten keineswegs selbstverständlich war und seine Darstellung in der Kunst vor allem in der Absicht geschah, die Wertschätzung von Wissen und Bildung zum Ausdruck zu bringen. Wenn Christine de Pizan hier in ihrer Studierstube abgebildet erscheint, dann in dem Bestreben, ihre Vorbildlichkeit hervorzuheben – als lesende, ihren geistigen Studien hingegebene Frau. In meinen Augen ein selten schönes Beispiel spätmittelalterlicher Buchmalerei. Diese Malerei bewog mich schließlich, die Begegnung mit Christine de Pizan zu suchen, mit einer außergewöhnlichen Frau an der Wende vom Spätmittelalter zur Frühen Neuzeit. Einer selbstbewussten, mit eigener Stimme sprechenden Autorin: »Je, Christine«.

»Ganz allein bin ich …«
(Christine de Pizan)

Die Heiterkeit der farbenprächtigen, durch warme Rottöne do-
minierten Miniatur steht beinahe im Widerspruch zur Nieder-
geschlagenheit Christine de Pizans angesichts des schlechten
Leumunds und entehrender Herabsetzungen von Frauen, denen
sie in vielen Schriften begegnet war. Vielmehr leuchtet in dieser
Buchmalerei etwas vom Glanz eines höfischen Lebensumfeldes
auf, in dem Christine de Pizan sich zeitlebens bewegte.

Einzelheiten ihrer Lebensgeschichte beruhen vor allem auf
Selbstzeugnissen Christine de Pizans in einigen ihrer Bücher.
Demnach kam sie um das Jahr 1365 in Venedig zur Welt, wo ihr
Vater Tommaso di Benvenuto da Pizzano († um 1387), der zuvor
viele Jahre in Bologna einen Lehrstuhl für Astrologie und
Medizin innegehabt hatte, als Wissenschaftler und Mitglied des
Rates der Stadt Venedig in hohem Ansehen stand. Für Christine
de Pizan lebensentscheidend wurde, dass er, einem ehrenvollen
Ruf des französischen Königs Karl V. (1337-1380) an den Hof
nach Paris folgend, als Astrologe, Leibarzt und königlicher Ratgeber in dessen Dienste trat und Christine mit ihrer Mutter –
deren Name nicht überliefert ist – sowie den beiden Brüdern
Paolo und Aghinolfo drei Jahre später von Italien nach Paris
übersiedelte. In dieser Stadt als dem damaligen Zentrum der
Wissenschaften und Künste und in enger Berührung mit dem
französischen Hof erlebte Christine de Pizan eine unbeschwerte
Kindheit. Ihrer bildungsoffenen Familie und dem Umfeld eines
die Kunst und Literatur liebenden Königs, der seines Regierungs-
stils wegen »der Weise« genannt werden sollte, verdankte sie ihre
entscheidende Prägung und eine hervorragende Erziehung. Wiss-
und lernbegierig war sie von Kindheit an gewesen. Sie sollte es
ihr Leben lang bleiben.

Im Alter von fünfzehn Jahren heiratete sie, damals nicht unüblich, den um einige Jahre älteren Notar und königlichen
Sekretär Etienne de Castel († 1390). Glückliche Erfahrungen
wie die Geburt ihrer Tochter und ihrer beiden Söhne und
schmerzhafte Schicksalsschläge lagen in den folgenden Jahren

eng beieinander. Der Trauer um den unerwartet frühen Tod König Karls V. im September 1380, des großherzigen Förderers und Beschützers der Familie de Pizan, und dem damit einhergehenden schwindenden Einfluss bei Hofe folgten Jahre zunehmender wirtschaftlicher Sorgen und Nöte für die gesamte Familie. Der Tod des Vaters und wenig später der des Ehemannes bedeuteten für Christine de Pizan unermessliches Leid. Ihre beiden Brüder waren bereits nach dem Verlust des Vaters nach Italien zurückgekehrt. So sah sie sich im Alter von fünfundzwanzig Jahren als Witwe allein verantwortlich für ihre drei Kinder, für ihre verwitwete Mutter und eine noch unversorgte Nichte, erdrückt von finanziellen Sorgen und als alleinstehende Frau allen nur denkbaren Unredlichkeiten und ermüdenden gerichtlichen Auseinandersetzungen um das ihr zustehende Erbe ausgesetzt. Schutzlos sei sie der Willkür der launischen Schicksalsgöttin Fortuna ausgeliefert gewesen, schrieb sie später. Ein entmutigendes Gefühl, das sie lange Zeit begleiten sollte.

Und das alles in einem von Krisen geschüttelten Frankreich, in dem ehrgeizige Ansprüche auf die französische Krone nach dem Tod Karls V. die Flammen blutiger Fehden im später sogenannten Hundertjährigen Krieg (1339-1453) zwischen England und Frankreich neu entfachten und das Land zu verwüsten begannen. Ein Land, in dem anhaltende Kriege, drückende Steuerlasten und sozialer Aufruhr in den Städten und auf dem Land, zudem Seuchen und Hungersnöte die Bevölkerung zutiefst demoralisierten. In dem Päpste und Gegenpäpste sich vor allem durch erschöpfende Machtkämpfe hervortaten und ein zunehmend geistig verwirrter König Karl VI. (1368-1422) nicht in der Lage war, den gefährlichen Machenschaften rivalisierender Herrscherhäuser entgegenzutreten und das Land nach innen wie nach außen zu befrieden.

Mag sein, Christine de Pizan hat anfangs durch das Kopieren von Handschriften für den Lebensunterhalt ihrer Familie sorgen können. Schreibwerkstätten für die Buchherstellung und Aufträge für Kopistinnen und Kopisten gab es in großen Städten wie Paris in ausreichendem Maße. Leserinnen und Leser ebenfalls.

Sicher ist, dass sie aus einem Gefühl inneren Bedrängtseins heraus selbst zu schreiben begann. Gedichte, in denen sie ihrer Einsamkeit und ihrer tiefen Trauer über ihr Verlassensein als junge Witwe Ausdruck verleiht. Verse, in denen sie von der Liebe spricht. Von Liebesglück und Liebesleid, von der trügerischen Seite der Liebe und der Angst vor dem Verlust des Geliebten. »Ganz allein bin ich, und ganz allein will ich auch sein, / Ganz allein ließ mich mein süßer Freund zurück, / Ganz allein bin ich, ohne Gefährten, ohne Gebieter, / Ganz allein bin ich, von Schmerz und Kummer erfüllt«, heißt es in einem ihrer frühen Gedichte in den *Cent Ballades.*

Doch nicht allein ihr eigenes leidvolles Schicksal als alleinstehende Frau bringt sie zur Sprache. Als wache Beobachterin des Zeitgeschehens hat sie ebenso die Situation der Witwen insgesamt vor Augen, beklagt deren Schutzlosigkeit in einer wenig Mitgefühl und Barmherzigkeit zeigenden Gesellschaft und nimmt fortan die Lage aller Frauen ihrer Zeit in den Blick. Diese ihr eigene weibliche Sicht auf die Belange der Frauen begann von nun an ihr Leben zu bestimmen – als Frau und als Schriftstellerin und als Verteidigerin der Würde und der Rechte der Frauen. Erst durch einzelne Gedichte, schließlich durch ihre Sammlung der *Cent Ballades*, die sie 1399 der französischen Königin Isabeau de Bavière (1369-1435), Gemahlin König Karls VI., in der Hoffnung auf Anerkennung und finanzielle Förderung überreichte, erfuhr sie als junge Dichterin am Hofe viel Aufmerksamkeit. Es verschaffte ihr Ansehen, aber vor allem ermutigte es sie, mit ihrem literarischen Schreiben fortzufahren.

Dornige Rosen

Sie wurde nicht müde, sich neben ihrer Dichtkunst intensiven Studien zu widmen. Wissensdurst und Erkenntnishunger trieben sie zu leidenschaftlichem Lernen, berichtet sie in ihrem Werk *L'Avision Christine* (1405). Nichts habe sie mehr geschätzt und sei ihr notwendiger erschienen, als sich in die Stille und Abgeschiedenheit ihrer Studierstube zurückzuziehen und die

Quellen gründlich zu studieren, geschichtliche Studien zu betreiben, sich mit den Grundlagen der Wissenschaften auseinanderzusetzen und sowohl die Dichtung vorangegangener Epochen als auch zeitgenössische Literatur zu lesen, um sich so ein breites Spektrum an Wissen anzueignen. Lesen wurde zum Quell ihres literarischen Schaffens.

An Büchern mangelte es ihr nicht. Außer dass sie auf ihre eigene Sammlung zurückgreifen konnte, hatte sie dank des guten Einvernehmens mit dem verantwortlichen Bibliothekar aus dem mit beinahe eintausend Handschriften reichen Fundus der Bibliothek Karls V. im Pariser Louvre schöpfen können, die neben religiöser Literatur bedeutende enzyklopädische, historische sowie wissenschaftliche Werke und solche der Dichtung enthielt. Etliche Werke hatte Karl V. ins Französische übersetzen lassen. Als unermüdliche Leserin war Christine de Pizan mit der Literatur der Antike und den Schriften der Kirchenväter ebenso vertraut wie mit Werken von Thomas von Aquin, von Dante, von Boccaccio oder den *Grandes Chroniques de France.*

Doch in ihre Leselust und den Lerneifer mischte sich mehr und mehr auch ein Gefühl großer Trauer durch sie tief verstörende Schriften. Nicht ein Mal, immer wieder sei sie in den Werken gelehrter Männer auf Frauen verachtende Äußerungen gestoßen – in ihren Augen nichts als üble Nachreden und ehrverletzende Angriffe auf die Würde der Frauen. Und, so Christine de Pizan weiter, dieses verleumderische Gebaren habe eine bis in die Antike zurückreichende Tradition.

Sie setzte sich literarisch zur Wehr.

Sie hielt den Beschuldigungen gegen das weibliche Geschlecht ihre Schrift *L'Epistre au Dieu d'Amour,* den *Sendbrief vom Liebesgott,* (1399) entgegen. Mit der Stimme Amors entlarvt sie die Auslassungen der Philosophen und Dichter allesamt als böswillige, gegen die guten Sitten verstoßende Lügen und fordert, den Frauen endlich Gerechtigkeit widerfahren zu lassen.

Unter all den Frauen verleumdenden Schriften war es besonders ein Werk, das tiefe Abscheu in ihr hervorrief: ein Werk Jean de Meuns (um 1240-1305), des einflussreichen Magisters der

Universität Paris, insonderheit seine Fortsetzung einer unvoll-
endet gebliebenen Traumerzählung des Klerikers Guillaume de
Lorris, in der ein junger Liebender auszog, um – sinnbildlich –
seine »Rose« zu erobern. Diesem ersten Teil des *Roman de la
Rose* fügte Jean de Meun etwa um 1270 einen zweiten Teil
hinzu. Auf die antike Mythologie und Philosophie und vor
allem auf Ovid als Gewährsmann zurückgreifend, schrieb er eine
weltanschaulich-moralische Abhandlung – nicht in lateinischer,
sondern der beabsichtigten breiten Wirkung wegen in französischer Sprache – und beschloss diese mit einer anzüglichen
Schilderung der Eroberung der »Rose«. Dieser *Rosenroman* erregte großes Aufsehen. Bei Generationen von adeligen Lesern,
bei Lesern innerhalb der Geistlichkeit wie in bürgerlichen
Kreisen. Abschrift nach Abschrift entstand. Etwa dreihundert
Handschriften haben sich erhalten. In der Christine de Pizan
zugänglichen königlichen Bibliothek Karls V. fanden sich
immerhin vier Kopien.

Um dieses Werk entspann sich seit 1401 eine Jahre während
Kontroverse. Den einen, den »Rosenfreunden« unter den gelehrten Magistern, galt es als ein literarisches Meisterwerk, für
Christine de Pizan sowie den Theologen und Kanzler der Sor-
bonne, Jean Gerson (1363–1429), an ihrer Seite war es nichts
anderes als eine verabscheuungswürdige Ansammlung ehe- und
frauenfeindlicher Positionen. Dass der *Rosenroman* zudem als
Vorlage für weitere, die Gesamtheit der Frauen beleidigende
Traktate diente, vergrößerten Christine de Pizans Empörung
und große Trauer über dieses Werk umso mehr.

Ein leidenschaftlich geführter Literaturstreit, der erste dieser
Art in Frankreich, war entfacht. Mit Mut, mit Scharfsinn und
Gewitztheit trat sie der Haltung einer machtvoll und zynisch
sich gebärdenden Gelehrtenwelt und deren Weiblichkeitsbildern
entgegen. Verteidigte ihren Standpunkt und die Würde der
Frauen, die ganz zu Unrecht schwerwiegender Laster bezichtigt
würden. Sie argumentierte aufgrund eigener Erfahrungen, aus
der Sicht einer Frau. Trost erfahre sie aus der ruhmreichen
Erinnerung an herausragende Frauengestalten vergangener wie

gegenwärtiger Zeiten. Frauen, die des Lobes würdig und mit allen erdenklichen Tugenden ausgestattet seien, bekundete sie in ihren Briefen gegen den *Rosenroman*. Wenn sie dieses Buch verabscheue, dann deshalb, weil es schändliche Lehren verbreite, unerfreulich zu lesen sei und zu schlechtem Handeln verleite. Und Christine de Pizan scheute sich nicht, an die Königin Isabeau selbst heranzutreten und ihr eine Sammlung von Briefen mit der Bitte zu überreichen, sie in dieser sich gegen das Ehrgefühl der Frauen richtenden Debatte zu unterstützen. Sie sei gewiss, dass die Sache der Frauen es verdiene, verteidigt zu werden, schrieb sie der Königin am 1. Februar 1402.

Doch dabei ließ sie es nicht bewenden.

Der frauenfeindlichen Haltung begegnete Christine de Pizan schließlich mit einem gänzlich anderen Bild der Frau: Sie schrieb ihr *Livre de la Cité des Dames*, errichtete eine imaginäre *Stadt der Frauen*. Eine Stadt, bestehend aus den Erinnerungen an vorbildliche Frauengestalten der Mythologie und der Bibel, an Frauen der Geschichte wie der Gegenwart. Bewohnt von rechtschaffenen und tugendhaften Frauen, Frauen aller Stände. Geschrieben in einer allegorischen, dem Mittelalter vertrauten bilderreichen Sprache.

Es war ein visionäres Buch.

Ein Buch zur Verteidigung der Frauen.

Ein Buch als imaginärer, ehrbaren Frauen vorbehaltener Raum.

In diesen Raum trete ich ein.

Beginne, im *Buch von der Stadt der Frauen* zu lesen.

»Hinaus aufs Feld der Literatur …«
(Christine de Pizan)

Ich begegne Christine de Pizan. Ich sehe sie an ihrem Lesepult sitzen. Allein in ihrer Studierstube. Dem Gelesenen nachsinnend. Mutlos, wie sie selbst bekundete.

Ich erlebe, wie die drei Tugenden Vernunft, Rechtschaffenheit und Gerechtigkeit erscheinen und sie ermutigen, aus der Einsamkeit ihrer Studierstube herauszutreten: »Werde wieder du selbst, bediene dich wieder deines Verstandes.« Sie verdiene es, heißt es weiter, angesichts ihrer »leidenschaftlichen Liebe zur Ergründung der Wahrheit durch langes und beharrliches Studium« nun hinausgeführt zu werden in die Welt. Die Zeit sei reif, den Verleumdungen der Frauen Einhalt zu gebieten, ein wahrheitsgetreues Bild der Frau zu zeichnen und eine »Stadt der Frauen« zu errichten, »eine umfriedete Festung gegen die Schar boshafter Belagerer«. Sie, die drei Frauen, seien gekommen, ihr bei dieser Aufgabe zur Seite zu stehen.

Ich höre, wie sie nacheinander das Wort an Christine de Pizan richten.

Ihre Aufgabe, so Frau Vernunft, sei es, diejenigen Männer und Frauen, die die Orientierung verloren hätten, aufzurichten und wieder auf den rechten Weg zu führen. Sie lehre sie, »das Sinnvolle zu tun und das Tadelnswerte zu meiden«. Um dieser Aufgabe willen, halte sie »statt eines Szepters diesen funkelnden Spiegel« in ihrer rechten Hand. Und niemand »spiegele sich darin, ohne zu einer klaren Erkenntnis seiner selbst zu gelangen«. Dieser Spiegel offenbare »das Wesen, die Eigenschaften, die Verhältnisse und Maße aller Dinge«. Ohne ihn könne nichts gelingen.

Es folgen die Worte der Frau Rechtschaffenheit. Ihre Aufgabe sei es, die Menschen anzuhalten, das Gute zu tun. Das »funkelnde Lot«, das sie anstelle eines Szepters in der rechten Hand halte, sei »die gerechte Regel, die Recht vom Unrecht trennt und den Unterschied zwischen Gut und Böse anzeigt«. Wer dies befolge, gehe niemals fehl. »Es ist der Friedensstab, der die Guten versöhnt und auf den sie sich stützen, der Stab, der die Bösen schlägt und straft.«

Zuletzt spricht Frau Gerechtigkeit. Ihre einzige Aufgabe bestehe darin, »zu urteilen, zu schlichten und Frieden nach dem gerechten Verdienst eines jeden zu stiften«. Sie sorge dafür, dass jedes Ding an seinem Platz bleibe. Ohne sie sei nichts von Dauer. »Diese Waagschale aus feinem Gold«, die sie in der rechten Hand halte und die die Form eines runden Maßes besitze, diene dazu, »einem jeden das ihm Zukommende zu bemessen«.

Sie trage das Zeichen der Lilie der Dreifaltigkeit, und bei allen Zuteilungen beweise sie Gerechtigkeit.

Schließlich gibt Frau Vernunft den Anstoß, zügig die Arbeit aufzunehmen. »Jetzt fang an, Tochter. Laß uns, ohne noch mehr Zeit zu verlieren, hinaus aufs Feld der Literatur gehen: dort soll die Frauenstadt auf einem fetten und fruchtbaren Boden errichtet werden, dort, wo alle Früchte wachsen, sanfte Flüsse fließen und die Erde überreich ist an guten Dingen jeglicher Art. Nimm die Spitzhacke deines Verstandes, grabe tief und hebe überall dort einen tiefen Graben aus, wo es mein Lot dir anzeigt. «

So sehe ich Christine de Pizan mit ihrer Schreibarbeit beginnen. Beobachte, wie sie ihren Leserinnen und Lesern das Entstehen der Frauenstadt schildert, Geschichte nach Geschichte vorbildlicher, kluger und frommer Frauen aneinander reiht. Fundamente werden ausgehoben und Umfassungsmauern errichtet, Häuser und Paläste für die zukünftigen Bewohnerinnen der Stadt gebaut, bis schließlich, nach Vollendung der Türme und Tore, die Jungfrau Maria als Königin und Schutzpatronin mitsamt ihrer Gefolgschaft weiblicher Heiliger in die von rechtschaffenen Frauen bewohnte Stadt Einzug hält.

An »Baumaterial« fehlt es Christine de Pizan dabei nicht. Erinnerungen an ehrenvolle, manchmal berühmte Frauen aus allen Epochen der Geschichte sprudeln aus etlichen literarischen Quellen hervor und bilden einen unerschöpflichen Vorrat, mit dem in lebhaftem Wechsel von Fragen und Antworten zwischen ihr und den drei allegorischen Frauen tradierte frauen- und ehefeindliche Denkweisen offengelegt und als niederträchtige Verleumdungen zurückgewiesen werden. So gewinnt die *Stadt der Frauen* an Konturen. Umsichtige Herrscherinnen und Königinnen, in den Wissenschaften und Künsten bewanderte Frauen und wehrhafte Amazonen betreten an der Seite von Frau Vernunft den Raum. Prophetinnen der Antike und vorbildlich lebende, fürsorgliche Frauen in den Familien und sozialen Gemeinschaften gesellen sich gemeinsam mit Frau Rechtschaffenheit hinzu und nehmen in Begleitung von Frau Gerechtigkeit die große Schar weiblicher Heiliger und allen voran die in jeder Hinsicht vorbildliche Jungfrau Maria in ihre Mitte auf.

Ich erlebe, wie Christine de Pizan ihre *Stadt der Frauen* vollendet, sie in die Hände ehrbarer Frauen legt und schließlich ihre Worte an Frauen der Vergangenheit, der Gegenwart und an zukünftig lebende Frauen richtet. Ihnen allen möge die Stadt dauerhaft eine Bleibe sein, gleich ob vornehmer, bürgerlicher oder niederer Herkunft. Sie alle sollten es sich angelegen sein lassen, den Ausbau der Stadt weiter zu betreiben, die Anzahl der Bewohnerinnen zu mehren, die sich durch Tugendhaftigkeit, Heiterkeit und Rechtschaffenheit auszeichneten.

Damit beschließt Christine de Pizan ihr Buch über die Errichtung einer *Cité des Dames.*

Ein Buch, in dem sie die Geschichte von Frauen neu erzählt. Sich entschieden gegen die bisherige, in ihren Augen fälschliche Überlieferungstradition und ein die Geschichte von Frauen verzerrendes Bild wendet und augenfällig ein anderes, wahrheitsgemäßes Frauenbild entfaltet.

Entstanden ist ein Buch als imaginierter, idealer Frauenraum. Ein weiblicher Wunschraum. Eine neue Sicht auf die Geschichte von Frauen.

Geschrieben vor sechshundert Jahren.

In kommenden Zeiten

Mit Bedacht hatte Christine de Pizan die Jungfrau Maria zur Königin ihrer *Stadt der Frauen* gewählt. Maria, verehrte Gottesmutter und segensreiche Himmelskönigin. Zweifelsohne ein Vorbild an Tugendhaftigkeit und den Frauen des späten Mittelalters gleichfalls ein Vorbild an weiblicher Gelehrsamkeit. Bilder der lesenden Maria waren ihnen allerorts vertraut, auch Christine de Pizan. Dessen eingedenk hegte sie nicht den geringsten Zweifel an weiblicher Klugheit, weiblicher Bildsamkeit und weiblichem Urteilsvermögen. Sie betonte stets die Ebenbürtigkeit von Frau und Mann, vor Gott und der Welt. Wenn Mädchen eine Schule besuchten, ließ sie ihre Leserinnen mit der Stimme der

Frau Vernunft wissen, und wenn ihnen – wie den Jungen – im Anschluss daran das Erlernen der Wissenschaften ermöglicht würde, dann würden sie gewiss die Feinheiten der Künste und Wissenschaft ebenso mühelos begreifen wie jene. Und dass das Erlernen der Wissenschaften der weiblichen Moral abträglich sei, wie manche Männer zu wissen glaubten, zeige nur, dass deren Meinung nicht immer auf Vernunft gründe, denn gerade das Gegenteil sei der Fall. Es verfeinere die Sitten. Zudem habe es zu allen Zeiten gelehrte und über die Maßen kluge Frauen gegeben. Rechtschaffene, weise, in den Künsten und Wissenschaften bewanderte Frauen, denen bedeutende Wohltaten zu verdanken seien.

Und ist nicht Christine de Pizan selbst Beweis genug für weibliche Vernunft und Bildungsfähigkeit? Klug, belesen und umsichtig. Als eine gelehrte Frau ließ sie sich mit Vorliebe in vielen ihrer Bücher abbilden. In ihre Studien vertieft. Nach Erkenntnis strebend. Schreibend.

Eine streitbare Autorin.

Und jemand, die vorausschauend die Herstellung und Herausgabe ihrer Bücher selbst bewerkstelligte, Werke eigenhändig kopierte und die künstlerische Gestaltung der Handschriften in die Hände von erfahrenen Buchmalern und -malerinnen legte. Eine von ihnen, Anastasia, berichtet Christin de Pizan in ihrer *Cité des Dames*, übertreffe mit ihrer Malkunst alle Künstler der Stadt Paris. Niemand zeichne Blumenranken und Miniaturen so fein wie sie und niemand verkaufe seine Arbeiten so teuer wie sie. Das wisse sie aus eigener Erfahrung, denn Anastasia habe für sie einige Arbeiten angefertigt.

Von Christine de Pizans Werken ging eine große Anziehungskraft aus. Ihre visionären Gedanken reichten über den französischen Sprachraum und das 15. Jahrhundert weit hinaus. Besonders kunstvolle Ausgaben ihrer *Cité des Dames* riefen die Bewunderung begeisterter Leserinnen hervor. Das Buch befand sich in zahlreichen Bibliotheken von Frauen des Adels, die ihrerseits Abschriften und Übersetzungen anfertigen ließen.

Die nicht nachlassende Aura dieses Buches offenbart sich auch darin, dass in flämischen Teppichmanufakturen große Wandteppiche nach Szenen der *Stadt der Frauen* gefertigt wurden. Von Anne de Bretagne (1477-1514), der Königin von Frankreich, ist bekannt, dass sie eine solche Sammlung wertvoller Teppiche besaß. Und auch die Erzherzogin Margarete von Österreich (1480-1530), die Statthalterin der Niederlande, nannte eine erlesene Sammlung von insgesamt sechs großen *Cité des Dames*-Tapisserien ihr Eigen, für deren künstlerische Ausführung im flandrischen Tournai im frühen 16. Jahrhundert Szenen der *Stadt der Frauen* als Vorlage gedient hatten. Diese kostbaren Teppiche gingen nach dem Tod von Margarete von Österreich in den Besitz ihrer Nichte Maria, der Königin von Ungarn, (1505-1558) über – sie sind beklagenswerterweise bis heute verschollen geblieben.

Sich mit *Cité des Dames*-Teppichen zu umgeben, mehr als einhundert Jahre nach dem ersten Erscheinen des Buches, lässt sicherlich ein ausgeprägtes weibliches Selbstbewusstsein dieser Herrscherinnen erkennbar werden und zeugt gleichfalls von einer anhaltenden Wertschätzung Christine de Pizans und dem Wunsch, auch nachfolgenden Generationen von Frauen Gedanken und Ideen dieser Autorin in Erinnerung zu rufen.

Wie würde Christine de Pizan reagiert haben, frage ich mich, hätte sie den *Cité des Dames*-Tapisserien in den Räumlichkeiten der niederländischen Regentin Margarete von Österreich gegenübergestanden, sechs großen Teppichen, jeweils zwanzig Meter lang und fünf Meter hoch? Wäre sie erstaunt gewesen? Erstaunt über die Szenen aus ihrer *Stadt der Frauen*, erstaunt über die Reden und Beobachtungen anwesender Besucherinnen und Besucher der Residenz? Wie würde sie deren Austausch über sich als Schöpferin dieser ungewöhnlichen Frauenstadt kommentiert haben? Was ihnen zugeflüstert haben?

Würde sie sich der Worte der allegorischen Frau Meinung, der *Dame Opinion*, in ihrem Buch *L'Avision Christine* erinnern, die ihr prophezeit hatte, dass in kommenden Zeiten mehr von ihr die Rede sein würde als zu ihren Lebzeiten selbst?

Und welche Fragen würde sie heute an uns richten wollen? An mich?

Was könnte ich ihr antworten?

Dass sie trotz der Versuche, sie vergessen zu machen, über-
lebte?

Dass andere ihr folgten und sich der Sache der Frauen an-
nahmen? Der Würde der Frauen, der weiblichen Bildung, der
Anerkennung ihrer Arbeit? Einer den Frauen gerecht werdenden
Sicht auf weibliche Lebenszusammenhänge? Der Entwicklung
eines frauenhistorischen Bewusstseins?

Dass es Frauen gab, die in der später sogenannten *Querelle des
femmes*, in diesem Zwist um Frauenlob und Frauenschelte seit
der Frühen Neuzeit, sich ihrer Stimme, der Stimme Christine
de Pizans erinnerten und aus ihren Botschaften Ermutigung und
Selbstvertrauen schöpften?

Dass es Frauen gab, die den Ausbau der *Cité des Dames* fort-
setzten? Frauen, die neue weibliche Räume schufen?

Und Frauen vielleicht, die sich gewünscht haben mochten,
Christine de Pizan begegnet zu sein?

Mit diesen Gedanken beendete sie ihr *Buch von den Drei
Tugenden* (1405), ein Anleitungsbuch für ein vernunftgemäßes
und rechtschaffenes, Frieden stiftendes Leben von Frauen, von
Fürstinnen und adeligen Damen bis hin zu einfachen Frauen in
den Städten wie auf dem Land. *Le livre des Trois Vertus* war ein
lebenspraktisches Buch, das Christine de Pizan ihrer *Cité des
Dames* hatte folgen lassen und von dem sie sich wünschte, es
möge auf der ganzen Welt bekannt werden, in die Hände von
Königinnen, Prinzessinnen und hochgestellten Damen gelangen, möge von ihnen gerühmt und gepriesen und an andere
Frauen weitergegeben werden – damit es gelesen werde, in
gegenwärtigen wie kommenden Zeiten.

»Le Livre de la Paix« – »Das Buch vom Frieden«
(Christine de Pizan)

Christine de Pizan war Botschafterin der Frauen, wie sie auch
Botschafterin des Friedens war.

So wie sie zeitlebens für die Rechte und Wertschätzung von
Frauen eingetreten war, hatte sie zeitlebens mahnende Friedens-

appelle an die politisch Verantwortlichen in ihrem Land gerichtet. Sie hatte ihre Biographie über das Leben des weisen Königs
Karl V. beendet, ein Buch, das bis heute ein großes Werk der
französischen Geschichtsschreibung blieb, hatte ihre Bücher *Cité
des Dames* und *Trois Vertus* sowie ihre Schrift *L'Avision Christine*
erscheinen lassen, als sie noch im Oktober desselben Jahres 1405
die Königin Isabeau in einem Brief beschwor, Frieden zwischen
den verfeindeten Herrscherhäusern Burgund und Orléans zu
stiften, damit die drohende Kriegsgefahr und das Leiden der
Menschen ein Ende nehme. Ihre Friedenssehnsucht brachte sie
in ihrem *Livre du Corps de Police*, dem *Buch vom Staatswesen*
(1406/07), schließlich − angesichts der Schrecknisse blutiger
Bürgerkriege in Frankreich − in ihren *Lamentacion sur les Maux
de la France*, den *Klagen über die Missstände in Frankreich* (1410)
und noch einmal in ihrem großen *Livre de la Paix,* dem *Buch
vom Frieden* (1412) zum Ausdruck. Ihre Mahnungen zum Frieden,
zu Menschlichkeit und christlicher Nächstenliebe blieben in der
Welt wie in der Kirche ohne Echo. Es war eine sie ermüdende
Erfahrung.

Sie starb etwa im Jahre 1430. Nach langen Jahren des Schwei-
gens, die sie großenteils bei ihrer Tochter Marie im Kloster von
Poissy nahe Paris verbracht hatte, griff sie ein letztes Mal, ein
Jahr vor ihrem Tod, zur Feder, um ihr *Ditié de Jehanne d'Arc*, ein
Gedicht auf Jeanne d'Arc (1429) zu schreiben. Ein Preislied auf
die Jungfrau von Orléans (um 1412-1431), mit deren Auftreten
Christine de Pizan von Neuem die Hoffnung auf ein befriede-
tes Frankreich verband. »Je, Christine«, so begann sie ihre Verse.
Brachte sich noch einmal selbstbewusst als Autorin in Erinne-
rung. Als eine Frau, die viel zu sagen hatte.

Alles, was Christine de Pizan vor sechshundert Jahren als
Schriftstellerin und politisch denkende Frau forderte − sie
könnte es heute in gleicher Weise einklagen: Gerechtigkeit zwischen den Geschlechtern. Einsichtsfähigkeit herrschender Frauen
und Männer verbunden mit der Mahnung, in ihrem Umgang
mit Macht Vernunft walten zu lassen, gerecht und weise zu sein
und moralisch zu handeln, zum Wohle aller. Und Frieden zu

st.ften. Christine de Pizan bleibt eine bedeutende weibliche Stimme des Mittelalters. Wir sollten sie hören. Von ihr sprechen. Ihre Werke lesen.

Wir könnten noch heute von ihr lernen und uns vielleicht wünschen, ihr begegnet zu sein.

Literatur

Bell, Susan Groag: Verlorene Wandteppiche und politische Symbolik. Die *Cité des Dames* der Margarete von Österreich, in: Bock, Gisela / Zimmermann, Margarete (Hrsg.), Die europäische Querelle des Femmes. Geschlechterdebatten seit dem 15. Jahrhundert, Stuttgart 1997 (Jahrbuch für Frauenforschung, Band 2), S. 39-56.

Huizinga, Johan: Herbst des Mittelalters, Stuttgart 1975.

Hanebutt-Benz, Eva-Maria: Die Kunst des Lesens. Lesemöbel und Leseverhalten vom Mittelalter bis zur Gegenwart, Frankfurt a.M. 1989 (2. Auflage).

Hundsbichler, Helmut: Kleidung, in: Kühnel, Harry (Hrsg.), Alltag im Spätmittelalter, Graz / Wien / Köln 1996 (Sonderausgabe), S. 232-253.

Hundsbichler, Helmut: Wohnen, in: Kühnel, Harry (Hrsg.), Alltag im Spätmittelalter, Graz / Wien / Köln 1996 (Sonderausgabe), S. 254-269.

Janzin, Marion / Güntner, Joachim: Das Buch vom Buch. 5000 Jahre Buchgeschichte, Hannover 1997 (2., verb. Auflage).

Le Goff, Jacques: Die Intellektuellen im Mittelalter, München 1993.

Liebertz-Grün, Ursula: Höfische Autorinnen. Von der karolingischen Kulturreform bis zum Humanismus, in: Brinker-Gabler, Gisela (Hrsg.), Deutsche Literatur von Frauen, Band 1: Vom Mittelalter bis zum Ende des 18. Jahrhunderts, München 1988, S. 39-64.

Pernoud, Régine: Christine de Pizan. Das Leben einer außergewöhnlichen Frau und Schriftstellerin im Mittelalter, aus dem Französischen von Sybille A. Rott-Illfeld, München 1990.

Pizan, Christine de: Der Sendbrief vom Liebesgott (L'Epistre au Dieu d'Amours), aus dem Mittelfranzösischen übersetzt, eingeleitet und kommentiert von Maria Stummer, Graz 1987 (Schriftenreihe des Instituts für Geschichte, Quellen, Band 1).

Pizan, Christine de: Das Buch von der Stadt der Frauen, aus dem Mittelfranzösischen übertragen, mit einem Kommentar und einer Einleitung versehen von Margarete Zimmermann, München 1992 (1. Aufl. 1986).

Pizan, Christine de: Der Schatz der Stadt der Frauen. Weibliche Lebensklugheit in der Welt des Spätmittelalters. Ein Quellentext, aus dem Mittelfranzösischen übersetzt von Claudia Probst, herausgegeben und eingeleitet von Claudia Opitz, Freiburg/Basel/Wien 1996 (Frauen – Kultur – Geschichte, Band 6).

Rautert, Fee-Isabelle, Christine de Pizan zwischen Krieg und Frieden. Die politischen Schriften 1402-1429, Hamburg 2005 (Studien zur Romanistik, Band 4).

Rieger, Dietmar: Die französische Dichterin im Mittelalter: Marie de France – die »trobairitz« – Christine de Pizan, in: Baader, Renate/Fricke, Dietmar (Hrsg.), Die französische Autorin vom Mittelalter bis zur Gegenwart, Wiesbaden 1979, S. 29-48.

Schoell-Glass, Charlotte: Vorbild für ein Inbild, in: Röckelein, Hedwig/Schoell-Glass, Charlotte/Müller, Marie E. (Hrsg.), Jeanne d'Arc oder Wie Geschichte eine Figur konstruiert, Freiburg/Basel/Wien 1996 (Frauen-Kultur-Geschichte, Band 4), S. 55-84.

Schreiner, Klaus: Die lesende und schreibende Maria als Symbolgestalt religiöser Frauenbildung, in: Signori, Gabriela (Hrsg.), Die lesende Frau, Wiesbaden 2009 (Wolfenbütteler Forschungen, Band 121), S. 113-154.

Thiel, Erika: Geschichte des Kostüms. Die europäische Mode von den Anfängen bis zur Gegenwart, 6., verb. u. erw. Auflage, Berlin 1997.

Zimmermann, Margarete: »Wirres Zeug und übles Geschwätz«. Christine de Pizan über den Rosenroman, Steinfurt 1993.

Zimmermann, Margarete (Hrsg.): Wege in die Stadt der Frauen. Texte und Bilder der Christine de Pizan, Zürich 1996.

Zimmermann, Margarete: Christine de Pizan, Reinbek bei Hamburg 2002.

Zühlke, Bärbel: Christine de Pizan in Text und Bild. Zur Selbstdarstellung einer frühhumanistischen Intellektuellen, Stuttgart/Weimar 1994 (Ergebnisse der Frauenforschung, Band 36).

Sofonisba Anguissola (1532/35-1625), Eine alte Frau lernt das Alphabet.
Kreidezeichnung, um 1555/57, Höhe 30,1 cm, Breite 34,5 cm.
Uffizien, Florenz.

7. Lesestunde

Sieh mal, ich bringe ihr das Lesen bei ...

Ein lächelndes Mädchen.

Kindliche Freude strahlt es aus und ein wenig Stolz vielleicht. Und liegt nicht auch ein gewisser Schalk in seinen Augen? Mit der rechten Hand deutet es auf eine ältere Frau.

Der Blick des Mädchens trifft mich. »Sieh mal«, scheint es zu sagen, »ich bringe ihr das Lesen bei.« Mit der linken Hand führt es die rechte der alten Dame. Diese sitzt auf einem Stuhl und hält, mühsam genug, ein schmales, geöffnetes Büchlein vor sich und sucht zu entziffern, was dort geschrieben steht.

Eine liebevolle Szene. So berührend wie überraschend. Überraschend, weil hier offenbar die Vorzeichen vertauscht wurden: Nicht die Jugend lernt von der älteren Generation, nicht Mädchen und Jungen von Müttern oder Vätern, von Großeltern, von Lehrerinnen und Lehrern, sondern – in meiner Lesart – eine Großmutter von ihrer Enkeltochter. Berührend deshalb, weil deren Zweisamkeit, vielleicht in ihrer häuslichen Umgebung, von Zugewandtheit und Vertrauen getragen scheint.

Die Malerin Sofonisba Anguissola (1532/35-1625) aus Cremona schuf diese Zeichnung in den ersten Jahren nach Beendigung ihrer Ausbildung, als sie begann, sich mit eigenen Arbeiten bekannt zu machen. Es war die Reifezeit der italienischen Renaissance. Mag sein, Sofonisba Anguissola porträtierte eine ihrer jüngeren Schwestern. Und vielleicht dürfen wir in der älteren Dame ihre Großmutter sehen? Beide malte sie im modischen Stil ihrer Zeit, in der die Menschen großen Wert auf Schönheit, auf Harmonie und ein gefälliges Erscheinungsbild legten – als Spiegel ihrer inneren Verfasstheit und moralischen Unbescholtenheit. Sorgsam gekleidet, so schön wie zweckmäßig, strahlen sie eine gewisse Wohlhabenheit aus. Weiblichen Modevorlieben jener Zeit entsprechend, tragen beide ein auffallend eng geschnürtes Mieder mit einem angesetzten, bauschigen Rock. Ein weiter, die Schultern frei lassender Brustausschnitt am Mieder des jungen

Mädchens wird durch ein weißes Hemd mit hochgeschlossener Halskrause neugierigen Blicken entzogen. Und der Sitte wie dem modischen Schönheitssinn folgend, reichen die angenestelten, phantasievoll geschneiderten Ärmel bis zum Handgelenk. Das Mädchen trägt sein leicht gekräuseltes Haar sorgfältig nach hinten gekämmt, das der Großmutter ist durch ein weich fließendes, bis über die Schultern reichendes Tuch vollständig bedeckt.

Und sie trägt, zu meiner großen Überraschung, eine Brille. Welch eine Errungenschaft! Die Erfindung dieser Art von Lesehilfe hatte mit der Entwicklung sogenannter Lesesteine mehrere Jahrhunderte zuvor begonnen. Der englische Franziskanermönch Roger Bacon (1214-1294), Philosoph und Naturforscher, widmete bereits im 13. Jahrhundert der Optik in seinem *Opus maius* (1266/67) große Aufmerksamkeit und beschreibt den Lesestein in Form eines halbrund geschliffenen Kristalls als Sehhilfe für Menschen, die im Alter weitsichtig geworden waren oder krankheitsbedingt ihr Sehvermögen teilweise eingebüßt hatten. Roger Bacon konnte offensichtlich auf frühere Erkenntnisse des arabischen Gelehrten Ibn el Haitam (965-1039) zurückgreifen, dessen Werk über die Optik in lateinischer Übersetzung den Weg in die Klosterbibliotheken gefunden hatte. Überlegungen zur Lichtbrechung sind sogar noch älter und weisen in die griechische Antike.

Der aus Quarz, Bergkristall oder Beryll geschliffene Lesestein wurde mit der flachen Unterseite auf den Text gelegt und vergrößerte wie eine Lupe jeweils einen kleinen Ausschnitt des Schriftbildes. Dank dieser kristallinen Lesesteine, die in der deutschsprachigen Literatur des 13. Jahrhunderts mehrfach Erwähnung finden, blieb vielen sehgeschwächten Menschen die Freude erhalten, bis ins hohe Alter hinein ihren Lesegewohnheiten nachgehen zu können. Dem Lesestein folgten bald das Einglas, das an einem Stiel mit der Hand vor das Auge geführt wurde, und schließlich die Brille mit zwei Gläsern als Lesehilfe für beide Augen. Eine solche Brille konnte entweder mit der Hand gehalten oder, wie im Falle von Sofonisba Anguissolas Großmutter, auf den Nasenrücken gesetzt werden.

Früheste Abbildungen von Brillen wurden auf Fresken aus dem Jahre 1352 im Dominikanerkloster San Niccolo in Treviso, nördlich von Venedig, bekannt. Der Schöpfer dieser Wandbilder war der italienische Maler Tommaso da Modena (1325-1368/79). Über Norditalien hinaus, wo insbesondere Venedig und Murano mit ihren bedeutenden Werkstätten Zentren der Glasherstellung bildeten, waren Brillenmacher – und wohl auch Brillenmacherinnen – bald in Frankreich, in Flandern und in den deutschsprachigen Gebieten zu finden. Die Nachfrage nach Lesehilfen war bereits in Zeiten groß gewesen, als Bücher noch ausschließlich von Hand geschrieben wurden und klösterliche Skriptorien und städtische Schreibstuben sich über mangelnde Arbeit nicht beklagen konnten. Wachsender Lesehunger sowie die Errungenschaften des Buchdruckes seit der Mitte des 15. Jahrhunderts ließen einerseits die Nachfrage nach Lesestoff weiter anwachsen und eine bislang nicht gekannte Buchproduktion hervorsprudeln, andererseits beflügelte dies auch die Arbeit der Brillenmacher. Wandernde Brillenhändler und -händlerinnen waren allenthalben auf dem Weg zu ihrer Kundschaft in den Städten wie in den Dörfern anzutreffen.

Begann das Lesen eine Alltagskultur zu werden?

Bildung, Gewandtheit und edle Gesinnung

Wie viele Menschen seit Beginn des 16. Jahrhunderts tatsächlich des Lesens fähig waren, welchen Kreisen der Bevölkerung sie angehörten, ob sie mehr in den Städten als in ländlichen Regionen zu finden waren, ob sie gelegentlich oder regelmäßig lasen, ob es mehr Leserinnen als Leser gab und wer welche Lektüre bevorzugte – Fragen dieser Art boten immer wieder Anlass zu ausgiebiger wissenschaftlicher Erörterung. Waren es drei oder vier oder fünf Prozent der Bevölkerung eines Landes, war es ein Drittel oder gar die Hälfte der besonders in Städten lebenden Menschen, die lesen und schreiben konnten? Historisch verbürgte Angaben über den Grad der Alphabetisierung scheinen bis heute nicht möglich. Unbestritten ist indes, dass das Leseinteresse im Zusammenspiel verschiedener Faktoren beständig zunahm und Menschen in Stadt und Land erfasste. Die Entwicklung des Buchdruckes sowie der Ausbau eines florierenden Buchmarktes spielten mit hinein und schließlich auch die vom Humanismus wie von der Reformation ausgehenden Bildungsimpulse.

Woher rührte die Faszination des Lesens?

Welche Erwartungen und welche Hoffnungen knüpften die Lesenden an das geschriebene Wort – außer dass es für die tägliche Daseinsbewältigung und ein frommes Leben von Nutzen war? Barg das Lesen vielleicht die Möglichkeit neuer beglückender Erfahrungen, etwa die des Alleinseins mit dem Gelesenen und der Freisetzung eigener, unverwechselbarer Gedanken und Ideen? Barg es die Möglichkeit, sich schöpferisch zu erleben? Konnte es zur Bildung eines neuen Selbst-Bewusstseins führen? Ein zutiefst sehnsuchtsvolles Verlangen auslösen, das – anders noch als in der Vorstellungswelt des mittelalterlichen Menschen – nicht mehr vorwiegend auf das Jenseits gerichtet war, sondern zunehmend Diesseitiges, ein erfülltes Leben im Hier und Jetzt, in den Blick nahm?

Was auch immer Sofonisba Anguissola mit dieser Zeichnung im Sinn gehabt hatte, ein Zufall wird die Wahl ihres Bildmotivs nicht gewesen sein. Sie war ein Kind ihrer Zeit. Einer Zeit, in der Bildung eine wesentliche Rolle spielte. Bildung vor allem vermochte zu innerem Adel und zur Vervollkommnung eines aus moralischer Einsicht handelnden und zudem gottesfürchtigen Menschen beizutragen, und zwar in einem Maße, dass selbst jemand in fortgeschrittenem Alter augenscheinlich bemüht war, das Lesen zu lernen. Oder dass ein junges Mädchen gewünscht haben mochte, auch die Großmutter möge in den Genuss des selbstständigen Lesens kommen. Und Leseglück erfahren.

Wer war Sofonisba Anguissola, diese junge Malerin aus Cremona in Oberitalien?

Geboren zwischen 1532 und 1535, aufgewachsen in einer angesehenen, dem Cremoneser Adel angehörenden, bildungsoffenen Familie. Ihre Eltern, die junge Bianca Ponzoni – ihre Lebensdaten sind unbekannt – und Amilcare Anguissola (1494-1573), pflegten weithin Beziehungen zu humanistischen Kreisen.

Es muss äußerst lebhaft zugegangen sein in der Familie Anguissola. Außer Sofonisba, der ältesten in der Geschwisterreihe, waren da noch die Schwestern Elena, Lucia, Minerva, Europa sowie Anna Maria. Der jüngste im Bunde war der kleine Bruder Asdrubale (1551-1623), einziger männlicher Spross der Familie und das einzige unter den Kindern, von dem gesicherte Lebensdaten überliefert sind. Zur Familie werden ebenso Großeltern, vielleicht andere Verwandte, in jedem Fall auch Bedienstete gehört haben. Ein großes Haus also. Und auch ein aufgeschlossenes, freies Klima, das den sechs Mädchen weitgehende Entfaltungsmöglichkeiten bot, nicht zuletzt durch einen Bildungskanon, bei dem ein Unterricht in den klassischen Sprachen, in Philosophie und Literatur und selbstverständlich eine musikalische Ausbildung nicht fehlten.

Es ist schon staunenswert, dass allen Töchtern, bis auf Minerva, die Schriftstellerin wurde, eine künstlerische Ausbildung in der Werkstatt bekannter Maler zuteilwurde. Nicht nur, weil sie als Mädchen zu Malerinnen ausgebildet wurden, sondern weil eine handwerklich-künstlerische Tätigkeit für Kinder des Adels, für Söhne wie für Töchter, zu jener Zeit als nicht gerade standesgemäß galt und diese auf dem Gebiet der Kunst eher durch schriftstellerische Arbeiten in Erscheinung traten. Anders verhielt es sich mit den Töchtern von Malern selbst: Catharina van Hemessen (1527/28-1567) aus Antwerpen etwa war die Tochter des Malers Jan Sanders van Hemessen, Lavinia Fontana (1552-1614) aus Bologna war die Tochter des Malers Prospero Fontana, und Marietta Robusti (1554/55-1590) aus Venedig, genannt La Tintoretta, war die Tochter des Malers Tintoretto. Sie alle hatten ihre Kunst in der Werkstatt des Vaters erlernt. Sofonisba Anguissolas Vater dagegen war kein Maler, sondern in Handelsgeschäften tätig. Sollten seine Töchter angesehene Malerinnen werden? Ruhm und Ehre durch ihre Kunst erlangen? Und sollte dabei ein wenig vom Glanz auf die Familie Anguissola übergehen? Waren vielleicht auch wirtschaftliche Überlegungen mit ihm Spiel?

Ich hätte Sofonisba Anguissola gern nach ihrem Leben befragt. Ihrem Heranwachsen in einer Zeit, als eine vom italienischen Renaissance-Humanismus ausgehende und bald in ganz Europa geführte Debatte um das Wesen und die Würde der Frau auch die Frage weiblicher Bildungsfähigkeit in den Mittelpunkt der Auseinandersetzungen gestellt hatte. Der Beginn dieser heute als *Querelle des femmes* bekannten, von Frauen und Männern leidenschaftlich geführten Kontroverse, in der das Menschsein der Frau, ihr geistiges wie moralisches Vermögen, verhandelt wurde, ist eng mit dem Namen Christine de Pizan (um 1365-1430) und ihrem im Jahre 1405 veröffentlichten *Buch von der Stadt der Frauen* verbunden. Über Generationen hinweg erschienen Schriften – im 15. und 16. Jahrhundert waren es nicht weniger als eintausend Werke –, die sich fortwährend, auch in Anbetracht eines besonders seit der Reformationszeit gewandelten Eheverständnisses, im Spannungsfeld von Anerkennung und Missbilligung von Frauen bewegten, wobei anstelle lateinischer Disputationen mehr und mehr volkssprachliche Abhandlungen das Bild bestimmten und folglich einen stetig wachsenden Kreis von Leserinnen und Lesern erreichten.

Diese Aufwerfungen werden den Eltern Sofonisba Anguissolas nicht fremd gewesen sein. Möglicherweise gehörten auch sie zum Kreise derer, die Baldassare Castigliones (1478-1529) ratgebendes Buch *Il Libro del Cortegiano* mit Eifer gelesen hatten, wonach Bildung, Gewandtheit und eine edle Gesinnung den idealen kultivierten Menschen der höfischen Gesellschaft kennzeichneten, die *donna del corte*, die Dame des Hofes, nicht ausgenommen. Dieses erstmals 1528 gedruckte *Buch vom Hofmann* war in höfischen Kreisen, und bald über diese hinaus, in aller Munde, wurde ins Französische, Spanische, Lateinische und Deutsche übersetzt und hatte großen Einfluss auf die Forderung nach umfassender Bildung auch für Mädchen genommen.

Als Sofonisba Anguissola zur Welt kam, war ein Ende des Ringens um die Rolle von Frauen in der Gesellschaft, die Frage nach Sinn und Nutzen weiblicher Bildung und danach, worin diese bestehen solle, noch lange nicht absehbar. Letztlich gaben

Frauen selbst die Antwort. Vorbildliche Humanistinnen wie Isotta Nogarola (1418-1466) aus Verona, Cassandra Fedele (1465-1558) aus Venedig oder Laura Cerata (1469-1499) aus Brescia dienten als Erweis weiblichen Bildungsvermögens. Bedeutende Dichterinnen, Schriftstellerinnen, Künstlerinnen und Fürstinnen in Italien, in Frankreich, in Spanien, Deutschland oder England ebneten einen Weg weiblicher Selbstbestimmung, den auch Frauen wie Sofonisba Anguissola betreten konnten.

Hatte sie vielleicht anhand ihrer Zeichnung ihre Haltung zur stetig schwelenden Bildungsdebatte bekunden wollen? Schuf sie eine Szene ihres häuslichen Lebensumfeldes, ihrer eigenen Erfahrungswelt? Porträtierte sie eine ihrer Schwestern und die Großmutter – beide im Begriff, eine ungewöhnliche oder ungewöhnlich scheinende Leselernstunde zu meistern? Suchte sie ihre Kunstfertigkeit als Porträtistin und ihr Talent zum Zeichnen unter Beweis zu stellen, als sie ihre Schwester, dazu mit einem Ausdruck des Lächelns, darstellte? Über die Frage des richtigen Lachens, bei welcher Gelegenheit welche Art von Lachen angemessen war und also als schicklich gelten konnte, wurde in der Renaissance viel debattiert. Suchte Sofonisba Anguissola ihre Originalität, ihren Erfindungsreichtum als Malerin sichtbar zu machen? War es die Lust, Ungewohntes zu zeigen, etwas Neues zu schaffen, kreativ zu sein, die sie zu dieser Malerei bewog? Oder war die Zeichnung mehr dem Wunsch entsprungen, eine liebevolle Beziehung zwischen Jung und Alt in den Blick zu nehmen? Gefühle zum Ausdruck zu bringen? Eifer und Freude einerseits, die Last des Lesenlernens andererseits? Alles ist denkbar.

Eine lebendige Malerei

Ich hätte sie auch gerne nach ihrer Entscheidung, Malerin zu werden, befragt.

Nach ihren Erfahrungen in der Werkstatt des in Cremona bekannten Malers Bernardino Campi (1522-1591), in der sie drei Jahre lang bis zu seinem Weggang nach Mailand 1549 mit ihrer

Schwester Elena eine Malerlehre absolviert hatte. Hätte sie nach ihrer anschließenden Ausbildung bei Bernardino Gatti (1495/96-1576) in Cremona befragt und danach, wie es weiterging. Was aus ihr und ihren Schwestern wurde?

Einigen Quellen nach entschied sich Elena später für ein Leben im Kloster San Vincenzo in Mantua, nicht weit von Cremona entfernt – Sofonisba schuf von ihr ein berührendes Porträt als Nonne. Die sehr begabte Malerin Lucia hinterließ einige bedeutende Bilder, verstarb aber bereits im Alter von fünfundzwanzig Jahren. Ebenfalls früh verstarb Minerva, die Schriftstellerin. Auch sie war mehrfach von Sofonisba porträtiert worden. Europa, die fünfte Tochter und gleichfalls Malerin, wird mit einem Porträt der Mutter Bianca Ponzoni und zwei Altarbildern in der Kirche Santa Elena in Cremona in Verbindung gebracht. Europa und Anna Maria, die beiden jüngsten der Schwestern und ebenfalls ausgebildete Malerinnen, waren durch ihre Heirat mit angesehenen Familien in Cremona verbunden. Weniges ist der Nachwelt erhalten geblieben, genug jedoch, um sich bewegende Schicksale der Töchter der Familie Anguissola ausmalen zu können.

Und Sofonisba? Die weitläufigste und bekannteste der Anguissola-Schwestern?

Von ihr lässt sich aufgrund der Zeugniskraft ihrer etwa fünfzig erhaltenen Bilder, darunter Zeichnungen, Porträts, Selbstporträts und einige religiöse Werke, am ehesten ein Bild gewinnen: das einer ambitionierten und erfolgreichen Malerin der Renaissance. Menschen ihrer Zeit an den Adelshöfen in Mantua, in Ferrara, in Parma und Urbino, wo sie überall gern gesehener Gast war, einflussreiche Würdenträger der Kirche sowie viele Kunstschaffende selbst und solche, die über die Kunst schrieben, bewunderten ihre lebendige Malerei. Sie rühmten sie, so wurde berichtet, als vortreffliche Künstlerin, auch als Frau, und nicht wenige wünschten, ein Bild von ihr zu besitzen. Ihrer Kunstfertigkeit verdankte sie schließlich im Jahre 1559 einen ehrenvollen Ruf an den Hof des spanischen Königs Philipp II. (1527-1598) nach Madrid, wo sie sich als herausragende Porträtistin einen Namen machte und der jungen Königin Isabel de Valois (1545-1568) Unterricht im Malen erteilte. Dies verschaffte ihr neben einem hohen Ansehen als Künstlerin auch materielle Sicherheit als alleinstehende Frau.

Weibliche Traditionen

Und sie selbst? Welches Bild hatte sie von sich?

Bis auf einige Briefe ist Schriftliches aus ihrer Feder nicht überliefert, das Aufschluss geben könnte. Schrieb sie nicht gern – was ich mir kaum vorstellen kann, denn Briefe dienten dem Gedankenaustausch zwischen den Menschen jener Zeit wie kein anderes Mittel, und Sofonisba Anguissola war immerhin viel auf Reisen –, oder wurden ihre Briefe unachtsam behandelt und weggeworfen?

Erhalten blieb hingegen eine beeindruckende Zahl an Selbstporträts, die ihre Gedanken und ihr Selbstverständnis als Malerin und als Frau in ihrer Zeit erahnen lassen. Das in der Renaissance wachsende Interesse am Menschen, der Blick auf die eigene Persönlichkeit, förderte auch eine künstlerische Auseinandersetzung mit existenziellen Fragen über das Selbst. Zeugnisse dieser Suche nach Identität haben wir reichlich in den zunehmenden Porträts und Selbstdarstellungen der Malerinnen und Maler dieser Epoche vor Augen. Albrecht Dürer (1471-1528) mag den Reigen der sich selbst porträtierenden Künstler eröffnet haben. Doch niemand im Laufe des 16. Jahrhunderts schuf eine so große Zahl an Selbstbildnissen wie Sofonisba Anguissola. Das allein ist schon bemerkenswert. Aber mehr noch berührt mich die Art, wie sie sich ins Bild setzte und ihre Werke signierte. Auf einem ihrer ersten Selbstbildnisse, einem kleinen Medaillon, machte sie sich als Tochter der angesehenen Familie Anguissola bekannt. Ein weiteres, erstmals 1554 datiertes Selbstporträt zeigt sie mit einem aufgeschlagenen kleinen Buch, das sie wohlüberlegt für ihre Signatur verwendete: »Sophonisba Anguissola virgo se ipsam fecit 1554«, ist dort in schönem Latein zu lesen. Alle Welt sollte wissen: Die Jungfrau Sofonisba Anguissola malte sich 1554 selbst. Das Buch mit der lateinischen Signatur, in das sie sich dauerhaft einschreibt, ist eine für die damalige Zeit einzigartige Bildfindung der Malerin. Sie unterstreicht damit ihre umfassende Bildung, erhebt als *virgo* Anspruch auf ihre Unabhängigkeit, betont ihre Eigenständigkeit als unverheiratete Frau und macht sich zudem als individuelle Künstlerin unvergessen. Sie malte sich als Musizierende, am Spinett spielend, denn zu einer humanistischen Bildung gehörte es, auch in der Musik bewandert zu sein. Mit Bedacht gewährte sie auf einem anderen Selbstbildnis einen Blick in ihre Werkstatt, präsentierte sich inmitten ihrer Malutensilien bei der Arbeit an der Staffelei und hob damit ausdrücklich die Bedeutung ihres künstlerischen Schaffens hervor. Eine solche Darstellung hatte es bislang erst ein einziges Mal gegeben, ebenfalls von einer Frau, der zwanzigjährigen Malerin Catharina van Hemessen aus Antwerpen. »Ego Caterina de Hemessen me pinxi 1548« – »Ich, Catharina van Hemessen, habe mich 1548 gemalt« – so ihre Signatur. Und sie setzt damit unmissverständlich ein Zeichen, verweist in einem Akt der Selbstermächtigung stolz auf ihre Arbeit und verschafft sich unverwechselbar als Malerin Geltung in der Öffentlichkeit. Nicht anders Sofonisba Anguissola. Als einfühlsam und entschieden erlebe ich sie auf ihren Bildnissen. Ihr Blick ist offen, dialogbereit. Stets sind ihre großen Augen ernst und unerschrocken den Betrachtenden zugewandt. Ihre Haltung ist konzentriert, die Kleidung dezent zurückhaltend, mit hochgeschlossenem Kragen und ins Auge fallender weißer Halskrause. Ihr Gesicht ist ruhig und schön.

Es sind faszinierende Selbstzeugnisse. Ausdruck ihres künstlerischen Selbstverständnisses. Sie habe sich *ex speculo*, mithilfe eines Spiegels, gemalt, heißt es in einer Signatur. Mit Hinweisen dieser Art mag sie den Spuren antiker Malerinnen wie Thamar oder Marcia gefolgt sein, die bereits im 1. Jahrhundert durch die *Naturalis historia* Plinius des Älteren (23/24-79 n. Chr.) und vor allem durch Giovanni Boccaccios (1313-1375) Buch *De claris mulieribus – Von den erlauchten Frauen –* (1361/62) Berühmtheit erlangt hatten. In den Miniaturen einer französischen Handschrift dieses Werkes aus dem frühen 15. Jahrhundert sind sie verewigt: Thamar als Malerin eines Marienbildnisses, Marcia als jemand, die ihr Selbstbild mithilfe eines Spiegels anfertigt. Kannte Sofonisba Anguissola das Werk Boccaccios, ein Buch mit mehr als einhundert Porträts berühmter Frauen, das in etlichen gedruckten Ausgaben – seit 1547 auch in einer italienischen Übersetzung – verbreitet war? Hatte sie Christine de Pizans *Livre de la Cité des Dames* gelesen und dort von der meisterlichen Malkunst Thamars oder der Römerin Marcia erfahren? Von Frauen, die ihrer hohen Kunst und ihres Verstandes wegen, aber auch als Vorbild an Tugendhaftigkeit und Ehrbarkeit gerühmt wurden? Wollte sie mit ihrer Anlehnung an unbescholtene wie gepriesene Künstlerinnen der Antike ihren eigenen Anspruch auf Selbstbestimmung und auf Anerkennung als Malerin hervorheben? So wie antike Ideen und Wertvorstellungen für die gesamte Kunst und Kultur der Renaissance eine entscheidende Inspirationsquelle darstellten, so wird es für Sofonisba Anguissola als Malerin der Renaissance und zudem als Frau ebenso bedeutungsvoll wie beglückend gewesen sein, an antike weibliche Vorbilder anknüpfen zu können.

Das Bewusstsein, in einer weiblichen Tradition in der Kunst zu stehen, hat gewiss eine große Wirkung auf ihr Selbstbild gehabt und so manchen Malprozess beeinflusst. Etwa die Entscheidung, sich selbstbewusst an ihrer Staffelei, der antiken Thamar ähnlich, bei der Arbeit an einem Madonnenbildnis mit dem Jesuskind auf dem Schoß darzustellen, das zu malen sie nicht allein dem Evangelisten und legendären Maler Lukas und seinen Nachfolgern, den Künstlern der Sankt-Lukas-Malergilde, überlassen mochte. Oder auch als sie in Mailand, kurz vor ihrer Abreise nach Spanien, ein Selbstbildnis mit Bernardino Campi als Bild im Bild schuf und ihren Lehrer malte, wie er dabei ist, ein Porträt seiner ehemaligen Schülerin Sofonisba anzufertigen – aber eines, bei dem sie, in der Gewissheit eigener Kunstfertigkeit, seine Hand am Malstock führt.

Die Selbstbildnisse ermöglichten ihr, sich als Malerin Geltung zu verschaffen und auf subtile Weise ihr Selbstverständnis als Künstlerin zu artikulieren, wie sie auch geeignet waren, sich ihrer selbst als Frau zu vergewissern. Mit Mitteln ihrer Kunst. Dieser Kunst war sie zeitlebens treu geblieben. Ihr letztes Selbstbild malte sie kurz vor ihrem Tod, etwa um das Jahr 1624: hochbetagt, in einem Lehnstuhl sitzend, einen Finger der linken Hand bedeutungsvoll zwischen zwei Buchseiten gelegt. So mochte sie auf ihr bewegtes Leben und auf weltbewegende Zeiten zurückgeblickt haben – auf Licht- und Schattenseiten des 16. und beginnenden 17. Jahrhunderts.

Licht und Schatten

Das Jahrhundert, in dem der Buchdruck seinen Siegeslauf antrat und Wissen und Meinungen auf bisher nie dagewesene Weise und schneller als je zuvor in Umlauf kamen, läutete auch den Aufbruch zu neuen Ufern, in neue Zeiten und Räume ein. Der Mensch erkundete die Erde, auf der er lebte. Wagemutig und wissbegierig. Ozeane wurden auf unbekannten Seerouten durchsegelt, neue Länder und Kulturen entdeckt. Die Erde wurde kühn umrundet, die sich, allen Zweifeln zum Trotz, in ewigem Gleichmaß um die Sonne als Zentrum bewegt. Die Beobachtung der Gestirne auf der Suche nach den Gesetzmäßigkeiten des Universums paarte sich mit dem Blick in das Innere des menschlichen Körpers. Dem Wissensdrang waren kaum Grenzen gesetzt. Erde und Himmel wurden vermessen, bahnbrechende Entdeckungen gemacht, alles aufs Sorgfältigste dokumentiert. Neue Welt- und Sternenkarten entstanden, auch der erste Globus, anatomische Zeichnungen wurden angefertigt, wissenschaftliche Erkenntnisse durch den Buchdruck bis in weit entlegene Regionen rasch verbreitet. Die Entdeckung der Welt und die Frage des Menschseins in dieser Welt, die Suche nach Vervollkommnung des Menschen, nach Harmonie und Schönheit, nach Gott- und Weltverständnis, all dies fand auch in der Literatur, in einzigartigen Kunstwerken der Malerei, der Bildhauerei sowie in vollendeten Bauwerken der Renaissance seinen Ausdruck.

Aber es gab auch die Schattenseiten: widerstreitende Kräfte, Zweifel, Rivalitäten und Misstrauen, Willkür, Gewalt. Bislang sicher geglaubtes Wissen, Überzeugungen und ein Verständnis der Welt waren ins Wanken geraten. Weltliche und kirchliche Machthaber erkühnten sich, Anspruch auf Länder und Räume zu erheben und darüber zu befinden, was die Menschen dachten, woran sie glaubten und glauben sollten. Die Kirche wachte über die Reinheit ihrer Glaubenslehre und die Wahrung ihrer kirchlichen Autorität. Abweichendes wurde mit unerbittlicher Strenge aufgespürt. Vermeintlich »Irrgläubige« waren von Folter bedroht und wurden erbarmungslos bestraft. Und bald schon gerieten auch sogenannte Hexen in den Verdacht der Ketzerei, denn ein solcher, die Kirche bedrohender Verstoß gegen die Glaubenstreue, selbst geringste Zweifel an der geistlichen Wahrheit konnten in den Augen der Kirchenoberen nur im Bunde mit teuflischen Mächten in Gestalt einer Hexe verursacht worden sein: ein »Teufelspakt«, der sowohl gotteslästerlich als auch gemeinschaftsschädigend war. Der Glaube an Hexen, an die Wirksamkeit von Magie und Zauberei in allen ihren Lebensbereichen, war für die Menschen des 15. und 16. Jahrhunderts allgegenwärtig, er machte selbst vor den Toren der Universitäten nicht halt.

Als Papst Innozenz VIII. (1432-1492) im Jahre 1484 in seiner *Summis desiderantes affectibus*, der sogenannten *Hexenbulle*, bestätigte, dass es allerorts ihr schändliches Unwesen treibende Hexen gäbe – eine Überzeugung, die zuvor als Aberglaube unter Kirchenstrafe gestanden hatte –, und als zwei Jahre später die beiden deutschen Dominikaner Heinrich Institoris (1430-1505) und Jakob Sprenger (1435-1495) ihr Buch *Malleus maleficarum*, bekannt als *Hexenhammer*, veröffentlichten, da waren einer europaweiten Hexenverfolgung Tür und Tor geöffnet. Dieses menschenverachtende Buch, ein Leitfaden für die Strafverfolger im Umgang mit sogenannten Hexen, das genauestens beschrieb, wie diese aufzuspüren, welcher Art von Folter sie zu unterziehen und schließlich, auf welche Weise sie zu bestrafen seien, erfuhr bis ins 17. Jahrhundert hinein dreißig Auflagen. Die Jagd auf die der Hexerei Verdächtigten nahm seit der Mitte des 16. Jahrhunderts unvorstellbare Ausmaße und Formen an. Denunziationen und unter Folter erpresste Geständnisse waren an der Tagesordnung. Alles Unergründliche, Wetter, Schicksalsschläge, Krankheiten, der unerklärliche Tod von Kindern, Missernten und drohende Hungersnöte, alle Unbilden in der Welt wurden ihnen angelastet. Mit dem Satan im Bunde stehenden vermeintlichen Hexen – und das waren damaligem, der Hysterie der Zeit geschuldetem Verständnis nach mehrheitlich Frauen – wurde unterstellt, den Menschen Schaden an Körper und Seele zuzufügen, immer und überall ihre Hände im Spiel zu haben, selbst in Liebesdingen und nicht zuletzt in Glaubensfragen, was als besonders verwerflich galt. Die kirchliche Inquisition und die weltlichen Gerichte arbeiteten Hand in Hand. Das »Teufelstreiben« musste ein Ende haben, und das konnte wirkungsvoll vor allem durch den Feuertod der für schuldig befundenen Angeklagten geschehen. So loderten in großen Verfolgungswellen in verschiedenen Regionen Deutschlands, in Frankreich, in der Schweiz, in England und Schottland die Scheiterhaufen. Bar jeder Vernunft und bar jeden humanistischen Geistes.

Auf der einen Seite die Suche nach Grundlagen moralischen Handelns, der Würde des Menschen verpflichtet, auf der anderen Seite Abgründe menschlicher Seelen, starren Lehrmeinungen verhaftet. Toleranz gegen Intoleranz. Christliche Glaubenskämpfe überschatteten das 16. und noch das 17. Jahrhundert. Kämpfe, die mit Martin Luthers (1483-1546) Formulierung seiner fünfundneunzig Thesen und den Forderungen nach grundlegender innerer Reform der Kirche im Jahre 1517 historisch ihren Anfang genommen hatten und die Christenwelt schließlich in eine katholische und eine protestantische Welt spalteten. Vergeblich das Bemühen um Befriedung, vergeblich der Aufruf, sich duldsam zu zeigen gegenüber Andersdenkenden und Andersgläubigen, Liebe und Barmherzigkeit im Namen Gottes walten zu lassen.

Und als sei es der Bedrängnisse nicht genug, erschien in Rom ein Buch von zweifelhaftem Wert: der Erstdruck des *Index*

Librorum Prohibitorum, der fortlaufend bis ins 20. Jahrhundert hinein immer neue Auflagen erfuhr. Mit diesem erstmals im Jahre 1559 gedruckten *Verzeichnis der verbotenen Bücher* benannte die römische Inquisition jene Bücher und Schriften, die zu lesen für alle katholischen Gläubigen eine schwere Sünde bedeutete. Das für diesen römischen Index verantwortliche *Heilige Offizium* war bereits 1542 durch Papst Paul III. zur Bewahrung der katholischen Glaubenslehre ins Leben gerufen worden, um scheinbare Häretiker und Andersgläubige wirksam bekämpfen zu können und keinen Zweifel am kirchlichen Machtanspruch in Glaubensfragen aufkommen zu lassen. Eine Auflistung unliebsamer Schriften erschien der Kirchenleitung aufgrund des unübersichtlichen Erscheinens von Büchern infolge der rasanten Entwicklung des Buchdrucks dringend geboten, auch weil sie fürchtete, dass das an Universitäten und in einigen Gelehrtenkreisen sich entfaltende und von der kirchlichen Lehrmeinung vermeintlich abweichende Gedankengut ihrer Kontrolle entgleiten könne. Der Ausbreitung »ketzerischer«, vor allem reformatorischer Ideen sollte Einhalt geboten werden. So ist es wenig überraschend, Namen wie die von Martin Luther oder Erasmus von Rotterdam (1466/67-1536) auf diesem Index zu finden. Auch die Namen von Zeitgenossinnen Sofonisba Anguissolas waren verzeichnet: der der Schriftstellerin Veronica Franco (1546-1591) aus Venedig etwa, oder der von Olympia Fulvia Morata (1526-1555), einer italienischen, der Reformation anhängenden Humanistin aus Ferrara, die Dichtungen und Briefe in griechischer, lateinischer und italienischer Sprache hinterließ. Unter den Schriften Olympia Moratas, die gemeinsam mit ihrem lutherischen Ehemann vor der Inquisition nach Deutschland geflohen war, befand sich auch ein lateinischer *Dialog zwischen Theophila und Philotima*, mit dem sie die Bildung von Frauen vehement verteidigte.

War Sofonisba Anguissola vielleicht zu Ohren gekommen, dass die Kirche ihren Landsmann, den Dominikaner, Philosophen und Astronomen Giordano Bruno (1548-1600) aus Venedig, seiner naturphilosophischen Erkenntnisse wegen unnachgiebig

verfolgte? Er war aufgrund seiner Thesen von der Unendlich-
keit und der ewigen Dauer des Universums in den Verdacht der
Ketzerei geraten und sah sich wiederholte Male den Vorwürfen
der römischen Inquisition ausgesetzt, er verbreite gegen den
katholischen Glauben gerichtete Irrlehren. Er teilte mit Nikolaus Kopernikus (1473-1543) die Auffassung, wonach nicht die
Erde, sondern die Sonne das Zentrum des Universums bildete
und die Erde sich um diese bewegte. Nikolaus Kopernikus hatte
noch kurz vor seinem Tod seine Erkenntnisse über die Bewegungen der Himmelskörper drucken lassen. Seine Schriften
gelangten rasch auf den Index der verbotenen Bücher. Aufgrund
einer Denunziation geriet Giordano Bruno in die Hände der
kirchlichen Inquisition. Trotz jahrelanger Kerkerhaft und end-
loser Verhöre durch das Inquisitionsgericht weigerte er sich, seine
Lehren zu widerrufen. Er wurde schließlich im Januar 1600
vom *Heiligen Offizium* der Ketzerei und Magie für schuldig be-
funden und der weltlichen Gerichtsbarkeit überstellt. Das
Todesurteil verhängte der römische Gouverneur. Giordano
Bruno wurde am 12. Februar 1600 in Rom auf dem Scheiterhaufen öffentlich verbrannt, seine Schriften wurden 1603 in den
römischen Index aufgenommen.

»Il merito delle donne« – »Das Verdienst der Frauen« (Moderata Fonte)

Im selben Jahr 1600 erschienen in Venedig die Schriften zweier
Frauen, von Lucretia Marinella (1571-1653) und von Moderata
Fonte (1555-1592). Werke, die mich gedanklich in eine andere
Welt und die Räume von Frauen führen.

Innerhalb der europäischen Debatte über das Wesen der Frau
und ihre Bildungsfähigkeit waren besonders in Italien im 15. und
16. Jahrhundert lateinische wie italienische Schriften erschienen,
die die verschiedenen Positionen, die Pros und Contras in
diesem »Geschlechterstreit« offenlegten. Und schon sehr früh
hatten sich gelehrte Italienerinnen selbstbewusst an dieser
Querelle des femmes beteiligt und sie entscheidend beeinflusst.

Isotta Nogarolas *De pari aut impari Evae atque Adae peccato*, ihr *Dialog über die gleiche oder ungleiche Sünde Evas und Adams* aus dem Jahre 1451, mag einen Aspekt dieser tiefgründigen Auseinandersetzungen vor Augen führen. Andere Gelehrte wie Laura Cerata, eine Verteidigerin der Frauenrechte und Frauenbildung, die viel gelesene Römerin Vittoria Colonna (1492-1547), die Dichterin Gaspara Stampa (1523-1554) aus Padua oder die Mäzenin Elisabetta Gonzaga (1471-1526), die Herzogin von Urbino, verdeutlichen, dass die *Querelle des femmes* in Italien am Ende des 16. Jahrhunderts zweifellos eine große Öffentlichkeit erreicht hatte.

Als 1599 in Venedig eine die Gemüter aufreizende Schmähschrift des Jesuiten Giuseppe Passi mit dem Titel *I donneschi difetti – Die weiblichen Mängel* – erschien, mit der er umfänglich die vermeintliche Lasterhaftigkeit der Frauen aufzeigte, dauerte es nicht lange, bis zwei die Frauen verteidigende Werke aus weiblicher Feder auf dem Buchmarkt waren: Lucretia Marinellas Schrift *La nobiltà et l'eccellenza delle donne, co' diffetti et mancamenti de gli huomini* – übersetzt: *Der Adel und die Vortrefflichkeit der Frauen, mit den Fehlern und Verfehlungen der Männer –*, eine unmittelbare Antwort auf Giuseppe Passis Auslassungen, sowie Moderata Fontes posthum gedrucktes Buch *Il merito delle donne*, womit sie *Das Verdienst der Frauen* in den Blick nahm und darlegte, *warum Frauen würdiger und vollkommener sind als Männer –* so der Untertitel ihres Werkes.

Lucretia Marinella, eine neunundzwanzigjährige erfahrene Schriftstellerin, weist sowohl die schmählichen Verunglimpfungen Giuseppe Passis als auch die Tradition frauen- und ehefeindlicher Haltungen antiker und mittelalterlicher Autoren als böswillige Verleumdungen zurück und entlarvt die den Frauen nachgesagten Schwächen und Verfehlungen als rein männliche, der Missgunst entsprungene Phantasien – hatte nicht Christine de Pizan zweihundert Jahre zuvor ähnlich argumentiert? Und mehr noch, Lucretia Marinella legt die als weiblich geltenden Laster als männliche Schwächen aus, wobei es ihr nicht schwerfällt, anhand genügender Beispiele von Frauen aus der Vergangenheit und Gegenwart den *Adel und die Vortrefflichkeit der Frauen* unter Beweis zu stellen – schon durch die Wahl ihres Buchtitels ließ sie daran keinen Zweifel aufkommen. Ihre Schrift hatte über viele Jahre hinweg ein beachtliches Lesepublikum gefunden. Neue und zum Teil erweiterte Auflagen zwischen 1600 und 1621 bezeugen dies auf beredte Weise. Ob auch Sofonisba Anguissola zum Kreis der Leserinnen gehört hatte?

Anders als der Dialog Lucretia Marinellas war die Schrift Moderata Fontes, deren eigentlicher Name Modesta dal Pozzo de' Zorzi lautet, Jahre vor Erscheinen von Giuseppe Passis Pamphlet entstanden. Moderata Fonte hatte sie allem Anschein nach in den Monaten vor der Geburt ihres vierten Kindes beendet, an deren Folgen sie im Alter von siebenunddreißig Jahren starb. Die Schrift *Il merito delle donne* war ihr letztes Werk. Ob Moderata Fontes Kinder Cecilia und Pietro de' Zorzi die Schrift ihrer Mutter im Jahre 1600 gleichfalls als Antwort auf Giuseppe Passis schmähliches Werk herausgaben, bleibt unergründlich. Aber auch dieses Buch ist ein bedeutender Beitrag zur italienischen *Querelle des femmes*, zur Frage der Würde und weiblichen Selbstbestimmung der Frau.

Moderata Fonte führt ihre Leserinnen und Leser an einen imaginären Ort, in den zauberhaften Garten eines venezianischen Stadtpalais, in dem sich Früchte tragende Orangen- und Zitronenbäume, Buchs- und Granatapfelbäume, Kastanien- und Lorbeerbäume, Sträucher von Jasmin und andere wohlduftende Blumen ein Stelldichein gaben und in dem ein schöner Brunnen mit allegorischen Frauenfiguren inmitten all dieser Pracht das Bild eines vollendeten Renaissancegartens abrundete. Aber das Wichtigste war, und darauf vor allem kam es Moderata Fonte an, dass dieser Garten allein den sieben miteinander befreundeten vornehmen Frauen, den *Gentildonne*, vorbehalten war: Adriana, Leonora, Cornelia, Corinna, Elena, Virginia und Lucrezia. Sie kamen hier an zwei Tagen zusammen, um sich im Schatten der Zypressen ungestört über die Beziehungen von Frau und Mann auszutauschen und um die damit eng verbundene Frage weiblichen Selbstverständnisses und weiblicher Freiheit zu erörtern. Und dies aus der Sicht von Frauen ganz unterschiedlichen Alters und unterschiedlicher Lebenserfahrungen: als gestandene Ehefrau, als Witwe, als Jungvermählte oder unverheiratete Frau. In kunstvollen Dialogen lässt Moderata Fonte zwei konträre Standpunkte aufeinandertreffen: durch drei die Männer anklagende und drei die Männer verteidigende Stimmen der im Garten versammelten Freundinnen. Die Älteste in der Runde, Adriana, war mit der Aufgabe betraut, die Fäden der hin und her fließenden Dialoge in der Hand zu behalten und weiterzuspinnen.

So entstand in heiter gelöster Atmosphäre, im Wechsel von Rede und Gegenrede, ein facettenreiches Gespräch über das widersprüchliche Verhalten der Männer in der Gesellschaft, denen es schlichtweg an Einfühlungsvermögen Frauen gegenüber mangele und die es vor allem an Wertschätzung der Frauen und ihrer unbestreitbaren Verdienste fehlen ließen. Es war ein von allen Anwesenden leidenschaftlich geführter Austausch, der unentwegt die Frage weiblicher Freiheit, ein Recht auf Selbstbestimmung sowie ein Recht auf Bildung umkreiste. Die Frauen als das »schwache« Geschlecht zu bezeichnen und ihnen das Recht auf Selbständigkeit vorzuenthalten, sei Ausdruck von Unvernunft, von mangelnder Gerechtigkeit und Güte und von mangelnder Liebe der Männer. Frauen verdienten es nicht, zwischen Bildern einer sündigen Eva und heiligen Maria zerrieben zu werden. Vielmehr sollten sie selbstbestimmt, innerhalb wie außerhalb der Ehe, in Anerkennung ihrer Würde und Vollkommenheit und angesichts ihrer großen Liebesfähigkeit, so Moderata Fonte, ein vorurteilsfreies, sie bejahendes Leben führen können. Und dieses Leben schließe zweifelsohne die Freiheit zu lernen, den Zugang für Frauen zu jedweder Bildung mit ein. Wie sehr ihr dies am Herzen lag, wird im zweiten Teil ihres Buches deutlich, in welchem sie die Freundinnen – auf der Suche nach Auswegen aus diesem Geschlechterkonflikt – klug und selbstbewusst die Errungenschaften aus allen möglichen Wissengebieten ihrer Zeit erörtern lässt und auf diese Weise ihrer eigenen Bildung sowie der weiblichen Bildungsfähigkeit an sich lebhaft Ausdruck verleiht.

Fraueneigene Räume

Ich versuche, mir Sofonisba Anguissola im Kreise der miteinander debattierenden Freundinnen vorzustellen. Welche eigenen Erfahrungen hätte sie hinzufügen mögen? Was beitragen wollen zu diesem fraueneigenen Raum, diesem erträumten Garten Moderata Fontes? Einem weiblichen Wunschraum, frei von Bedrängnissen einer ungelösten Geschlechterfrage, vielmehr getragen von Freundschaft und weiblicher Solidarität? Hatte nicht auch Sofonisba Anguissola sich freien Herzens ihren eigenen Raum geschaffen, als sie sich entschied, Malerin zu werden und sehr eigene Wege zu gehen? Nicht anders als viele bildungsbewusste Frauen ihrer Zeit, die als Angehörige des Adels oder als Töchter und Frauen angesehener, humanistisch gebildeter bürgerlicher Familien und gleichwohl jenseits divergierender Vorstellungen über Art und Umfang weiblicher Bildung ihr Leben selbstbestimmt in die Hand genommen hatten? Die ein geistig aufgeschlossenes Klima und den Zugang zu Werken der Literatur und Wissenschaften hatten nutzen können, um eigenständig ihre *studia humanitatis*, das Studium der Grammatik, der klassischen Sprachen, der Literatur und Poetik, der Rhetorik, der Geschichte und Philosophie zu betreiben?

Viele machten als humanistische Gelehrte, als Dichterinnen und Schriftstellerinnen von sich reden. Als weltliche Frauen und solche, die sich für ein religiöses Leben entschieden hatten, erfuhren sie Lob und Bewunderung, prägten in Wort und Schrift die weltlichen und theologischen Debatten ihrer Zeit. Deutsche Humanistinnen wie Caritas Pirckheimer (1467-1532) in Nürnberg, Margarete Welser-Peutinger (1481-1552) in Augsburg oder Margarete Blarer (1493-1541) in Konstanz, Reformatorinnen wie Katharina Zell (um 1497-1562) in Straßburg oder Marie Dentière (1490/95-1561) in Genf, Fürstinnen wie Marguerite de Navarre (1492-1549), deren Gedichte die spätere Königin Elisabeth I. von England (1533-1603) aus dem Französischen ins Englische übersetzt hatte, die Schriftstellerinnen Madeleine des Roches (1520-1587) und ihre Tochter Catherine (1542-1587) aus Poitiers oder die Dichterin Louise Labé (1522-1566) – sie

alle waren Zeitgenossinnen von Sofonisba Anguissola und hinterließen bedeutsame Schriften. Sie schrieben als Frauen und vielfach für Frauen als ihre Leserinnen. Schufen fraueneigene
Räume. Sie sind wichtige Stimmen innerhalb einer breiten Bil-
dungsbewegung des 16. Jahrhunderts, in der, nicht zuletzt unter
dem Einfluss der Reformation, der Bildung eines jeden Christen-
menschen zunehmende Aufmerksamkeit entgegengebracht wurde.

Es war ein Anfang gewesen. Für die Entfaltung weiblicher
Bildungsmöglichkeiten, für »Lesestunden« wie Sofonisba Angu-
issola sie bildhaft überlieferte, bedurfte es indes einer neuen
Zeit, neuer Impulse und Visionen.

Literatur

Álvarez, Manuel Fernández: Johanna die Wahnsinnige 1479-1555. Königin und
    Gefangene, aus dem Spanischen übersetzt von Matthias Strobel, München
    2005.

Assel, Jutta/Jäger, Georg: Zur Ikonographie des Lesens. Darstellungen von
    Leser(inne)n und des Lesens im Bild, in: Franzmann, Bodo/Hasemann,
    Klaus/Löffler, Dietrich/Schön, Erich (Hrsg.), Handbuch Lesen. Im Auf-
    trag der Stiftung Lesen und der Deutschen Literaturkonferenz, München
    1999, S. 638-673.

Bayer, Andrea (ed.): Painters of Reality. The Legacy of Leonardo and Cara-
    vaggio in Lombardy, New Haven/London, 2004.

Bejick, Urte: Deutsche Humanistinnen, in: Kleinau, Elke/Opitz, Claudia (Hrsg.),
    Geschichte der Mädchen- und Frauenbildung, Band 1: Vom Mittelalter
    bis zur Aufklärung, Frankfurt a.M./New York 1996, S. 152-171.

Bock, Gisela/Zimmermann, Margarete (Hrsg.): Die europäische Querelle des
    Femmes. Geschlechterdebatten seit dem 15. Jahrhundert, Stuttgart 1997
    (Jahrbuch für Frauenforschung 1997, Band 2), S. 9-38.

Borzello, Frances: Ihre eigene Welt. Frauen in der Kunstgeschichte, aus dem
    Englischen von Cornelia Panzacchi, Hildesheim 2000.

Burke, Peter: Die Renaissance in Italien. Sozialgeschichte einer Kultur zwi-
    schen Tradition und Erfindung, aus dem Englischen von Reinhard Kaiser,
    Berlin 1984.

Burke, Peter: Die europäische Renaissance. Zentren und Peripherien, aus dem
    Englischen von Klaus Kochmann, München 2005 (Oxford 1998).

Chemello, Adriana: Weibliche Freiheit und venezianische Freiheit. Moderata
    Fonte und die Traktatliteratur über Frauen im 16. Jahrhundert, in: Bock,
    Gisela/Zimmermann, Margarete (Hrsg.), Die europäische Querelle des

Femmes. Geschlechterdebatten seit dem 15. Jahrhundert, Stuttgart 1997 (Jahrbuch für Frauenforschung 1997, Band 2), S. 239-267.

Conrad, Anne: »Jungfraw Schule« und Christenlehre. Lutherische und katholische Elementarbildung für Mädchen, in: Kleinau, Elke / Opitz, Claudia (Hrsg.), Geschichte der Mädchen- und Frauenbildung, Band 1: Vom Mittelalter bis zur Aufklärung, Frankfurt a.M. / New York 1996, S. 175-188.

Christadler, Maike: Sofonisba Anguissola – Selbstentwürfe einer Malerin in der frühen Neuzeit, in: Hacke, Daniela (Hg.), Frauen in der Stadt. Selbstzeugnisse des 16. – 18. Jahrhunderts, Ostfildern 2004 (Stadt in der Geschichte, Band 29), S. 187-202.

Fietze, Katharina: Frauenbildungskonzepte im Renaissance-Humanismus, in: Kleinau, Elke / Opitz, Claudia (Hrsg.), Geschichte der Mädchen- und Frauenbildung, Band 1: Vom Mittelalter bis zur Aufklärung, Frankfurt a.M. / New York 1996, S. 121-134.

Fietze, Katharina: Frauenbildung in der »Querelle des femmes«, in: Kleinau, Elke / Opitz, Claudia (Hrsg.), Geschichte der Mädchen- und Frauenbildung, Band 1: Vom Mittelalter bis zur Aufklärung, Frankfurt a.M. / New York 1996, S. 237-251.

Fonte, Moderata: Das Verdienst der Frauen. Warum Frauen würdiger und vollkommener sind als Männer, nach der italienischen Ausgabe von 1600 erstmals vollständig übersetzt, erläutert sowie herausgegeben von Daniela Hacke, München 2002 (2., durchges. Auflage).

Gagel, Hanna: Sofonisba Anguissola (ca. 1535-1625), in: Osols-Wehden, Irmgard (Hrsg.), Frauen der italienischen Renaissance. Dichterinnen, Malerinnen, Mäzeninnen, Darmstadt 1999, S. 145-161.

Grewe, Andrea: Margarete von Navarra (1492-1549), in: Zimmermann, Margarete / Böhm, Roswitha (Hrsg.), Französische Frauen der Frühen Neuzeit. Dichterinnen, Malerinnen, Mäzeninnen, Darmstadt 1999, S. 29-44.

Griffiths, Christina L.: Marie Dentière, »Vor aller Welt das Wort verkünden«, www.frauen-und-reformation.de (Stand 13.9.2016).

Hacke, Daniela (Hg.): Frauen in der Stadt. Selbstzeugnisse des 16. – 18. Jahrhunderts, Ostfildern 2004 (Stadt in der Geschichte, Band 29).

Hanebutt-Benz, Eva-Maria: Die Kunst des Lesens. Lesemöbel und Leseverhalten vom Mittelalter bis zur Gegenwart, Frankfurt a.M. 1989 (2. Auflage).

Hess, Ursula: Lateinischer Dialog und gelehrte Partnerschaft. Frauen als humanistische Leitbilder in Deutschland (1500-1550), in: Brinker-Gabler, Gisela (Hrsg.), Deutsche Literatur von Frauen, Band 1: Vom Mittelalter bis zum Ende des 18. Jahrhunderts, München 1988, S. 113-148.

Hufton, Olwen: Frauenleben. Eine europäische Geschichte 1500-1800, aus dem Englischen von Holger Fliessbach und Rena Passenthien, Darmstadt 1998.

Jacobi, Juliane: Mädchen- und Frauenbildung in Europa. Von 1500 bis zur Gegenwart, Frankfurt a.M./New York 2013.

Jarzin, Marion/Güntner, Joachim: Das Buch vom Buch. 5000 Jahre Buchgeschichte, Hannover 1997 (2., verb. Auflage).

King, Margaret L.: Frauen in der Renaissance, aus dem Englischen von Holger Fliessbach, München 1993.

Kroll, Renate: Das Werk von Autorinnen als Identifikationsraum für Leserinnen. Zur »Entstehung« der Leserin in der Literatur und Kunst der Frühen Neuzeit, in: Rieger, Angelica/Tonard, Jean-François (Hrsg.), Lesende Frauen. Zur Kulturgeschichte der lesenden Frau in der französischen Literatur von den Anfängen bis zum 20. Jahrhundert, Darmstadt 1999 (Beiträge zur Romanistik, Band 3), S.89-110.

Korsch, Evelyn: Selbstdarstellung und Selbstverständnis von Künstlerinnen, in: Kuhn, Annette/Pitzen, Marianne (Hrsg.), Stadt der Frauen. Szenarien aus spätmittelalterlicher Geschichte und zeitgenössischer Kunst, Dortmund 1994, S.208-213.

Marx, Barbara: Vittoria Colonna (1492-1547), in: Osols-Wehden, Irmgard (Hrsg.), Frauen der italienischen Renaissance. Dichterinnen, Malerinnen, Mäzeninnen, Darmstadt 1999, S.35-49.

Nies, Fritz: Bahn und Bett und Blütenduft. Eine Reise durch die Welt der Leserbilder, Darmstadt 1991.

Pieper, Julia: Madeleine (1520-1587) und Catherine (1542-1587) des Roches, in: Zimmermann, Margarete/Böhm, Roswitha (Hrsg.), Französische Frauen der Frühen Neuzeit. Dichterinnen, Malerinnen, Mäzeninnen, Darmstadt 1999, S.81-93.

Pieper, Julia: Louise Labé (1522-1566), in: Zimmermann, Margarete/Böhm, Roswitha (Hrsg.), Französische Frauen der Frühen Neuzeit. Dichterinnen, Malerinnen, Mäzeninnen, Darmstadt 1999, S.95-108.

Rivetto, Nicoletta: Lucretia Marinella (1571-1653), in: Osols-Wehden, Irmgard (Hrsg.), Frauen der italienischen Renaissance. Dichterinnen, Malerinnen, Mäzeninnen, Darmstadt 1999, S.131-143.

Rullmann, Marit: Philosophinnen, Band 1: Von der Antike bis zur Aufklärung, Zürich-Dortmund 1993.

Ruppelt, Georg: Bibliotheken, in: Franzmann, Bodo/Hasemann, Klaus/Löffler, Dietrich/Schön, Erich (Hrsg.), Handbuch Lesen. Im Auftrag der Stiftung Lesen und der Deutschen Literaturkonferenz, München 1999, S.394-431.

Sabin, Stefana: AugenBlicke. Eine Kulturgeschichte der Brille, Göttingen 2019.

Schön, Erich: Geschichte des Lesens, in: Franzmann, Bodo/Hasemann, Klaus/Löffler, Dietrich/Schön, Erich (Hrsg.), Handbuch Lesen. Im Auftrag der Stiftung Lesen und der Deutschen Literaturkonferenz, München 1999, S.1-85.

Schweikhart, Gunter: Boccaccios »De claris mulieribus« und die Selbstdarstellungen von Malerinnen im 16. Jahrhundert, in: Matthias Winner
(Hrsg.), Der Künstler über sich in seinem Werk. Internationales Sympo-
sium der Bibliotheca Hertziana, Rom 1989, Weinheim 1992, S. 113-136.

Sutherland Harris, Ann/Nochlin, Linda: Women Artists: 1550-1950, New
York 1979.

Thiel, Erika: Geschichte des Kostüms. Die europäische Mode von den Anfängen bis zur Gegenwart, 6., verb. u. erw. Auflage, Berlin 1997.

Uhlig, Christian: Buchhandel, in: Franzmann, Bodo/Hasemann, Klaus/Löffler,
Dietrich/Schön, Erich (Hrsg.), Handbuch Lesen. Im Auftrag der Stiftung
Lesen und der Deutschen Literaturkonferenz, München 1999, S. 356-393.

Westphal, Sigrid: Reformatorische Bildungskonzepte für Mädchen und
Frauen – Theorie und Praxis, in: Kleinau, Elke/Opitz, Claudia (Hrsg.),
Geschichte der Mädchen- und Frauenbildung, Band 1: Vom Mittelalter
bis zur Aufklärung, Frankfurt a.M./New York 1996, S. 135-151.

Zimmerli-Witschi, Alice: Frauen in der Reformationszeit, Phil. Diss. Zürich
1981.

Zimmermann, Margarete: Vom Streit der Geschlechter. Die französische und
italienische Querelle des Femmes des 15. bis 17. Jahrhunderts, in: Baum-
gärtel, Bettina/Neysters, Silvia (Hrsg.), Die Galerie der starken Frauen.
Die Heldin in der französischen und italienischen Kunst des 17. Jahrhunderts, Düsseldorf 1995, S. 14-33.

Zimmermann, Margarete: Moderata Fonte (1555-1592), in: Osols-Wehden,
Irmgard (Hrsg.), Frauen der italienischen Renaissance. Dichterinnen,
Malerinnen, Mäzeninnen, Darmstadt 1999, S. 97-109.

Zweig, Stefan: Triumph und Tragik des Erasmus von Rotterdam, Frankfurt a.M. 2014 (1938).

Zweig, Stefan: Castellio gegen Calvin oder Ein Gewissen gegen die Gewalt,
Frankfurt a.M. 2016 (1936).

Pieter Jannssens Elinga (1623-1682), Die lesende Frau.
Öl auf Leinwand, um 1668/70, Höhe 75,5 cm, Breite 63,5 cm.
Alte Pinakothek, München.

8. Stille Lektüre

Aura des Geheimnisvollen

Immer wenn ich das Bild der Lesenden von Pieter Janssens Elinga (1523-1682) betrachte, verspüre ich große Lust, den dargestellten Raum zu betreten, diese Aura des Geheimnisvollen zu ergründen.

Ich stelle mir vor, anzuklopfen und, da ohne Antwort geblieben, leise die Tür zu öffnen. Die Türangel knarrt ein wenig, aber ansonsten bleibt es still. Nichts regt sich. Gedämpftes, warmes Tageslicht empfängt mich, das durch die verglasten Oberlichter der beiden Fenster seinen Weg findet und sich behutsam im Raum ausbreitet. Ein Spiel von Licht und Schatten zeigt sich auf den Fensterrahmen, auf den Wänden, dem Boden, auf Möbeln. Die unteren Fensterläden sind geschlossen. Dies verleiht dem Raum Ruhe und Intimität. Niemandes Blick geht hinaus, niemandes Blick dringt hinein. Wie von weit gelangen Geräusche, Schritte und Stimmen vor dem Haus an mein Ohr. Einzig die Oberlichter verbinden das Auge mit der Welt außerhalb und lenken meinen Blick auf eine gegenüberliegende Hauswand. Ein warmes Ziegelrot leuchtet mir entgegen. Zum Greifen nahe – so eng konnten die Gassen in niederländischen Städten jener Zeit sein.

Ich schaue mich um.

Der Dielenboden und die Holzdecke der einfach ausgestatteten Wohnstube bilden eine wohltuende Einheit. Die hell getünchten Wände sind am Boden mit einer Leiste der in niederländischen Häusern beliebten und vornehmlich aus Delft stammenden blau-weißen Kacheln versehen. Eine große Decke liegt sorgfältig ausgebreitet über einer dunklen Holztruhe an der Wand. Rechts und links davon stehen zwei rot bezogene Stühle. Auf einem der Stühle ist zu meiner Überraschung eine Schale mit Früchten abgestellt. Ein zu Boden gerutschtes Kissen sowie die lässig abgestreiften roten Holzpantinen bringen Bewegung in die stille Ordnung des Raumes. An der Wand zwischen den Fenstern ist ein Spiegel angebracht. Zwei schwarz gerahmte, kleinere Gemälde beleben die Wand oberhalb der Truhe. Kein Zweifel: Ich befinde mich in einer niederländischen Wohnstube des 17. Jahrhunderts.

Meine Aufmerksamkeit wird jedoch von etwas anderem in Anspruch genommen. Mein Blick fällt auf eine lesende Frau. In ihr Buch versunken, den Rücken mir zugewandt, scheint sie mein Eintreten nicht zu bemerken. Sie hat den Stuhl, auf dem sie sitzt, in die Nähe des Fensters gerückt und nutzt auf diese Weise das einfallende Licht für ihre Lektüre. Dieses Licht beleuchtet auch ihr rotes Mieder, ihren bauschigen blauen Rock und vor allem ihre weiße Haube und die ebenso weiße Schürze. Sie trägt rote Strümpfe, flache Hausschuhe.

Ich verharre still. Was, wenn sie sich plötzlich umschaute – erstaunt, erschrocken vielleicht. Wenn unsere Augen sich träfen, wenn sie lächelte. Würden wir ein Gespräch beginnen?

Einen Moment lang sinne ich dieser Vorstellung nach. Nein, ich schließe leise die Tür, trete aus dem Bild heraus, überlasse die junge Frau ihrem Leseglück, bewahre den Zauber dieses Augenblicks.

Mein Interesse indes bleibt. Wer ist diese junge Frau? Und welches Buch nimmt ihre Aufmerksamkeit so sehr in Anspruch, dass nichts um sie herum sie zu stören scheint? Wen suchte der Maler darzustellen? Und mit welcher Absicht? Was bewegte ihn, als er dieses Bild schuf? Vor dreihundertfünfzig Jahren. In einer Zeit, die die Goldene der Niederlande genannt wird.

Ein Goldenes Zeitalter

In Darstellungen zur Geschichte und Kulturgeschichte der Niederlande heißt es, eine Gesellschaft wie die niederländische suche im Europa des 17. Jahrhunderts ihresgleichen. In keinem anderen Land sei der Anteil der in Städten lebenden Menschen so hoch gewesen wie in den Niederlanden. Nirgends sonst habe es so viele Menschen gegeben, die lesen und schreiben konnten. Unvergleichlich seien das politische und soziale Gefüge gewesen. Unvergleichlich auch die Leidenschaft des niederländischen

Menschen, mit Waren zu handeln, Güter aller Art zu kaufen und wieder zu verkaufen, Wohlstand zu erzielen. Denn mehr als die Herkunft habe eine gewisse Wohlhabenheit, habe Vermögen – in einem in den Niederlanden jener Zeit geltenden moralischen Maße – das soziale Ansehen bemessen. Große Regsamkeit, erstaunlicher Erfindungsreichtum und weitgehende religiöse Duldsamkeit habe die Menschen ausgezeichnet und nicht wenig zu einer wirtschaftlichen und kulturellen Blütezeit der Niederlande, dem Goldenen Zeitalter, beigetragen.

Zeugnisse dieser Blüte seien nirgendwo lebendiger und langlebiger zur Anschauung gebracht worden als in der niederländischen Malerei des 17. Jahrhunderts. Hunderte von Malern und auch Malerinnen schufen Hunderttausende von Bildern. Bilder zur Geschichte der Niederlande, biblische Szenen, Bilder mit mythologischem Hintergrund, Landschaften, Porträts, Stillleben und immer wieder die in ihrer Art einzigartigen weltzugewandten Genrebilder. Kaum eine Szene des Alltagslebens, kaum eine Lebensart, kaum ein Lebensgefühl der Menschen jener Zeit, das nicht auf Leinwänden verewigt worden wäre, auch der Umgang mit Büchern und Briefen. Kaum eine Stadt ohne Maler, vor allem in der Provinz Holland. Kaum ein Haushalt ohne Bilder. Die im 17. Jahrhundert besonders in den nördlichen Niederlanden entstehende Malerei habe Herz und Sinn aller Menschen bewegt. Kunstsinnige Bürgerinnen und Bürger liebten es, Bilder um sich zu haben, Bilder ihr Eigen zu nennen. Unabhängig von ihrer sozialen Zugehörigkeit, nicht jedoch von ihrem Geldbeutel. Bilder seien allerorts Schmuck der Häuser und Wohnräume von Wohlhabenden wie weniger Wohlhabenden gewesen, der Handwerker- wie der Bauernfamilien. Sie seien selbst in Werkstätten und Läden zu finden gewesen und hätten zudem einen überaus florierenden Kunsthandel belebt – für die handelsfreudigen Niederlande nicht unbedeutend und kaum überraschend. Diese Wertschätzung der Malerei sei im 17. Jahrhundert ein einzigartiges Phänomen gewesen. Nirgendwo in Europa habe es Vergleichbares gegeben. Mit dem Facettenreichtum ihrer Bildthemen, einem feinen Raffinement in ihrer Malerei und einem nicht selten hintergründigen Sinngehalt ihrer Bilder trafen die Kunstschaffenden den Nerv der Zeit. Die Bilder schienen aus dem vollen Leben der Menschen dieser schmalen Küstenregion Europas zu schöpfen, ohne notwendig ein Spiegelbild dieses Lebens zu sein oder sein zu wollen.

Ein Maler dieses Goldenen Zeitalters war Pieter Janssens Elinga, geboren und aufgewachsen im flandrischen Brügge. Er kam in unruhigen Zeiten zur Welt. Der Augsburger Religionsfriede des Jahres 1555 war nicht von langer Dauer gewesen. Neue, sich stetig zuspitzende Rivalitäten hatten sich zwischen katholischen und protestantischen Landesfürsten in Deutschland und schließlich in weiten Teilen Europas offenbart und sich in einem zermürbenden Krieg zu entladen begonnen. In diesem Dreißigjährigen Krieg (1618-1648) ging es sehr bald nicht mehr allein um Glaubensfragen. Divergierende machtpolitische Interessen erhielten Konturen, spülten neue Feindseligkeiten an die Oberfläche, eskalierten. Nicht zuletzt durch das Eingreifen Dänemarks, Schwedens, Frankreichs und Spaniens war ein unvorstellbarer Flächenbrand entfacht worden, der riesige Landstriche verwüstete und dem Millionen von Menschen zum Opfer fielen, vor allem auf deutschem Gebiet.

Als das Ende dieses Krieges nach Jahren zähen Verhandelns im Westfälischen Frieden zu Münster und Osnabrück im Jahre 1648 besiegelt wurde, war Pieter Janssens Elinga ein junger Mann von dreiundzwanzig Jahren. Er wird erlebt haben, was dieser Friedensvertrag für die Niederlande bedeutete: einmal das Ende eines seit achtzig Jahren andauernden Aufstandes gegen spanisch-habsburgische Machtansprüche und zum anderen die formale Anerkennung der Unabhängigkeit der sieben nördlichen Provinzen der Niederlande von der spanischen Krone. Die in der Utrechter Union bereits seit 1579 verbündeten Provinzen (Holland, Zeeland, Utrecht, Friesland, Groningen, Overijssel und Gelderland) hatten sich durch eine Abschwörungsakte, das *Placcaet van Verlatinghe* (1581), von Spanien losgesagt und als Republik der Vereinigten Niederlande für frei und unabhängig erklärt. Mit diesem beispiellosen Akt hatte ein gesellschaftlicher

Wandel eingesetzt, der das Leben der Menschen in den Niederlanden tiefgreifend veränderte. Von großer Tragweite und für alle Zeiten dauerhaft blieb die Teilung des Landes in die nördlichen, überwiegend protestantischen Niederlande und die mehrheitlich dem katholischen Glauben wie dem spanischen König Philipp II. (1555-1598) treu bleibenden südlichen Niederlande. Große Abwanderungsbewegungen aus dem Süden in die nördlichen Provinzen waren die Folge – des Glaubens wie des wirtschaftlichen Überlebens wegen.

Für die nördlichen Niederlande, die das Elend des Dreißigjährigen Krieges weniger hatten zu spüren bekommen als andere Regionen Europas, bedeutete das 17. Jahrhundert eine Zeit des Aufbruchs, in der Handel und Handwerk, Wissenschaften, Kunst und Kultur im stolzen Bewusstsein errungener politischer Freiheiten und losgelöst von feudalen Herrschaftsformen gediehen, eine Zeit, die die Vereinigten Provinzen der Niederlande sehr bald zur führenden europäischen Handels- und Seemacht werden ließ. Dies begründete einen wachsenden Wohlstand der Bevölkerung, der nicht nur einem vornehmen städtischen Bürgertum zugutekam, sondern auch Frauen und Männer aus kleineren Handwerks- und Gewerbebetrieben in den Städten sowie auf eigenem Grund und Boden wirtschaftende bäuerliche Familien auf dem Land erreichte. Und selbst Menschen, die am Rand der Gesellschaft von Armut und sozialem Elend bedroht und auf Hilfe angewiesen waren, konnten in der Regel auf öffentliche Fürsorge sowie private Mildtätigkeit hoffen, denn Bedürftigen zu helfen, galt in der Republik als christliche Pflicht.

Frei von religiösen Spannungen war diese Zeit dennoch nicht. Im Namen der Glaubensfreiheit hatte die Gesellschaft sehr unterschiedliche religiöse Bekenntnisse hervorgebracht und gleichzeitig erstaunliche Formen der Duldung gefunden. Gleichwohl waren erbitterte Richtungskämpfe nicht ausgeblieben, nicht zwischen Protestanten und Katholiken und auch nicht innerhalb der Reformierten Kirche selbst, zwischen einem strengen Calvinismus auf der einen und einer liberaleren Haltung republikanisch gesinnter protestantischer Glaubensanhänger auf der anderen Seite. Der Glaube bestimmte nicht wenig den Alltag der Menschen bis tief in das Familienleben hinein.

Nicht Samt und Seide

Auch Pieter Janssens Elinga gehörte zu den Menschen, die die südlichen Niederlande verlassen hatten, um im Norden ein neues Glück zu suchen. Als Dreißigjähriger war er von Brügge aufgebrochen, war zunächst in Rotterdam beheimatet, bevor er 1657 in Amsterdam als Maler tätig wurde. Seit 1662 lebte er mit seiner zweiten Frau Jurina Bos und den Kindern in der Breestraat in Amsterdam, in der auch Rembrandt Harmenszoon van Rijn (1606-1669) zeitweilig gewohnt hatte. Amsterdam war als weltumspannende Handels- und Kulturmetropole an die Stelle des einst blühenden Antwerpen getreten und Anziehungspunkt für Menschen aus dem In- und Ausland geworden, die hier Arbeit und ihr Auskommen zu finden hofften. Kaufleute und Bankiers, Gelehrte und Künstler, Handwerker und Buchdrucker, sie alle schätzten die Weltoffenheit dieser Stadt und einen freiheitlichen Geist, der anderswo kaum vorstellbar war. Auch Mädchen und junge Frauen drängte es auf der Suche nach Arbeit in diese aufstrebende Stadt.

Hier wurde mit Waren aus aller Welt gehandelt, mit Getreide, Wein, Holz, Hering und Salz, mit Gewürzen, Zucker und Südfrüchten, mit Tuchen und den begehrten Tulpen, diesen unscheinbaren Zwiebeln, die so wundersame Blumen hervorbrachten, dass der Handel mit ihnen rauschhafte Züge annahm, bis das Fieber erlosch und viele um ihr Hab und Gut brachte. Hier vor allem wurden die holländischen Schiffe gebaut, die über die Weltmeere segelten. Eine größere Geschäftigkeit als im Hafen von Amsterdam mit seinen riesigen Handelsflotten mag es kaum anderswo gegeben haben. Imposanteres als die schmalen, hohen Giebelhäuser der Regenten- und vornehmen Kaufmannsfamilien entlang der Amsterdamer Grachten hatte keine andere Stadt aufzuweisen. Aber auch der Kontrast zum Stadtviertel Joordaan, in dem verschiedene Gewerbe angesiedelt waren, Gerbereien, Seifensiedereien, Brauereien oder Färbereien, in dem Handwerker und Handwerkerinnen von morgens bis abends ihrer beschwerlichen Arbeit nachgingen und mit ihren Familien auf engem und engstem Raum lebten, hätte größer nicht sein können.

Wie kaum eine andere Stadt hatte Amsterdam auf Künstlerinnen und Künstler, Kunsthandwerkerinnen und Kunsthandwerker, Bildhauerinnen und Bildhauer, Malerinnen und Maler eine magische Sogwirkung ausgeübt. Hier war die Nachfrage nach Bildern groß. Hier war ein Kunstmarkt vorhanden und die Wahrscheinlichkeit gegeben, Bilder auch zu verkaufen, um davon leben zu können. Darauf kam es an.

Dem Lebensgefühl der Zeit entsprechend, schuf auch Pieter Janssens Elinga mit Vorliebe Bilder, auf denen er imaginäre Türen von Wohnräumen öffnete und Außenstehenden ungeniert einen Blick in die Innenräume niederländischer Häuser gewährte, in denen Menschen scheinbar unbeobachtet ihren häuslichen Beschäftigungen nachgehen. Er zeigt zumeist Räume, die Gediegenheit ausstrahlen. In denen die Fenster Vorhänge haben, die Böden gefliest sind und Gemälde eindrucksvoll die Wände zieren. In denen fegende Dienstmägde für die den niederländischen Häusern nachgesagte peinliche Sauberkeit sorgen, in denen die Dame des Hauses sich gewissenhaft ihren häuslichen Pflichten widmet, Maler ihr Handwerk ausüben, Mütter ihre spielenden Kinder hüten, Geschäftsabschlüsse getätigt werden – und in denen gelesen wird.

Geheimnisvoll und von besonderer Ausstrahlung erscheint mir Pieter Janssens Elingas Darstellung der Lesenden in ihrer einfach eingerichteten Stube mit den schlichten Holzdielen und vorhanglosen Fenstern. Von all den feinsinnig ausgeführten »Innenleben«, die mir von ihm und anderen Genremalern bekannt sind und die ich alle schätze, ist mir dieses Bild beinahe das liebste. Es unterscheidet sich in mancherlei Hinsicht von anderen Bildern dieser Art. Maler des 17. Jahrhunderts wie Gerrit Dou oder sein Lehrer Rembrandt Harmenszoon van Rijn stellten bevorzugt in der Bibel lesende alte Frauen dar. Künstler wie Gerard Terborch d. J., Gabriel Metsu, Pieter de Hooch und besonders Jan Vermeer richteten ihr Augenmerk gerne auf Briefe lesende Mädchen vornehmer Herkunft und elegant gekleidete, nicht selten von ihrer Dienstmagd umgebene Damen. Anders Pieter Janssens Elinga. Er malte eine junge Frau, die in die Lektüre eines umfangreichen Buches vertieft ist. Und sie ist nicht in Samt und Seide gehüllt. Ihrer Erscheinung nach eine Dienstmagd, wie sie in vielen niederländischen Haushalten zu finden war. Einfach, aber mit Sorgfalt gekleidet, wie Anstand und Sitte es forderten. Ohne modisches Beiwerk. Aus welchem Grund er für ihre Kleidung die Farben Rot und Weiß und Blau wählte – die Farben der Nationalflagge, mit denen die stolzen Schiffe der Holländer auf allen Weltmeeren schon von Weitem erkennbar waren –, ob vielleicht eine republikanische Gesinnung ihn dazu bewegte, seine eigene oder eine dem Dienstmädchen zugeschriebene, dies bleibt sein Geheimnis. Und es ist nicht das einzige Geheimnis, das er in seine Darstellung hineinwebt, dabei mit Wirklichkeiten und Möglichkeiten spielt und auf diese Weise Deutungen in der Schwebe hält. Sicher ist: Er malte ein weltliches Bild. Nichts in seiner Darstellung lässt an ein christliches Heilsgeschehen denken, an die ihren Psalter lesende Maria der Verkündigung etwa.

Lesen für sich allein

Pieter Janssens Elinga lenkt den Blick geradewegs auf die junge Frau. Er zeigt sie allein in einem Raum, aus dem jegliche Geschäftigkeit des Alltags wie ausgeblendet scheint. Sie mag ihre Arbeit beendet, vielleicht auch einfach unterbrochen haben. Vielleicht sogar heimlich unterbrochen? Um rasch in ihrer Lektüre fortfahren zu können? Die abgestreiften Holzpantinen mögen Eile, etwas Drängendes, vielleicht Unerhörtes andeuten, aber einer klaren Festlegung gehen sie selbstsicher aus dem Weg. Nicht fegend oder anderweitig mit häuslicher Arbeit beschäftigt, sondern lesend zeigt er sie und offensichtlich gerne lesend. Und

er zeigt sie in Rückenansicht, so, als wolle er sie vor zudring-
lichen Blicken schützen und vor der Außenwelt verborgen halten, was sie in ihrem Innern bewegt, was sie gedacht oder gefühlt haben mag. Gleichwohl lässt er die Betrachtenden über
ihre Schultern hinweg auf die aufgeschlagenen Buchseiten mit
den halbwegs lesbaren Anfangsbuchstaben »Malo« oder »Male«
schauen – kunsthistorischer Annahme nach eine mögliche An-
spielung des Malers auf ein damals in den Niederlanden beliebtes
tes und bis ins 19. Jahrhundert hinein nachgedrucktes Volks-
buch, das wohl erstmals im Jahre 1556 bei dem Buchdrucker Jan
van Ghelen in Antwerpen erschienen war und den Titel trug:
Die schoone hystorie van malegijs.

Pieter Janssens Elinga zeigt das Dienstmädchen also nicht beim
Lesen etwa der Bibel oder bei der Lektüre eines ungeduldig
erwarteten Briefes. Er gab ihm auch nicht den vor allem Frauen
ans Herz gelegten *Houwelijk* zu lesen. Dieser volkstümliche
Ratgeber in Ehe- und Familiendingen des in den Niederlanden
verehrten Dichters Jacob Cats (1577-1660) erschien seit 1625 in
immer neuen Auflagen und Ausgaben: für eine wohlhabende
Kundschaft aufwendig mit Kupferstichen, ansonsten bescheiden
mit einfachen Holzschnitten versehen – das Buch sollte für eine
möglichst große Leserinnenschaft in weiten Teilen der Bevölkerung erschwinglich sein. Es stand der Beliebtheit der Bibel in
jener Zeit in nichts nach.

Nein, Pieter Janssens Elinga zeigt die junge Frau in die aben-
teuerlichen Geschichten des zauberkundigen Ritters Malegijs
und der Fee Oriande vertieft, und zwar so tief, dass sie darüber
Zeit und Raum zu vergessen scheint. »Leichtfertige« Bücher
dieser Art galten in streng calvinistischen Kreisen an sich schon
als verwerflich, vom Lesen allein des Vergnügens wegen einmal
abgesehen. Suchte sich der Maler mit seiner Darstellung über
diese moralisierende Haltung hinwegzusetzen? Nahm er sich
die Freiheit zu zeigen, wie sehr das Lesen im Leben der Niederlande zum Alltag gehörte? Dass es von großem Nutzen war,
Kenntnisse und Bildung ermöglichte? Dass es der religiösen
Andacht, aber auch der Unterhaltung dienen und einfach

Vergnügen bereiten konnte? Wollte er daran erinnern, dass das Lesen selbstverständlich zur Lebenswelt der Frauen gehörte – auch zu der eines Dienstmädchens?

Er wird seine Gründe gehabt haben, gerade eine Dienstmagd lesend, und zwar einen weltlichen Roman lesend, darzustellen. Mit einer gewissen Andacht dazu, vielleicht sogar Selbstvergessenheit, aber weit entfernt von etwaigen Befürchtungen, dies könne ins Verderben führen. Im Gegenteil. Sie scheint sich ruhig und ohne Arg über mögliche Vorbehalte ihrer Lektüre gegenüber hinwegzusetzen und durch ihre Haltung deutlich zu machen, dass ihr wie jeder anderen Frau ein Recht auf Selbstbestimmung zukomme, auch in der Wahl ihrer Lektüre.

Wollte Pieter Janssens Elinga das zum Ausdruck bringen?

Wollte er darauf anspielen, dass die Hingabe an ein Buch, dass ein Lesen für sich allein auch ein Glücksmoment bedeuten konnte? Ein Moment der Freiheit, der gedanklich über die eigene Wirklichkeit hinaus zu neuen, unerwarteten Erkenntnissen führen konnte?

Oder sollte das Dargestellte ein warnender Fingerzeig sein, eine Mahnung gegen allerlei Laster, wie es den Genrebildern in der Kunstbetrachtung gerne als Motiv zugeschrieben wird? Kam das Lesen der Dienstmagd in dieser Lesart einer gewissen Grenzüberschreitung gleich? Sollte sie über die Lektüre ihre Pflichten vernachlässigt haben? Frönte sie etwa einem »Müßiggang«, der ihr nicht anstand und deshalb zu tadeln war?

Die Antwort kann nur der Maler selbst geben. Er schuf ein Sinnbild der Wirklichkeit, vielleicht ein Bild eigener Befindlichkeiten, eigener Sehnsüchte. Oder der Erinnerungen? Rührte die Entscheidung, dem Dienstmädchen gerade den *Malegijs* zu lesen zu geben, daher, dass die Wurzeln dieses Werkes im flämischen Sprachraum, in seiner Heimat also, lagen und es vor allem dort seit dem 14. Jahrhundert verbreitet war? War ihm diese Lektüre besonders vertraut und lieb? Wir wissen es natürlich nicht.

Gewiss ist, er schuf ein Bild, dem eine tiefer liegende, aber nicht zwingend erkennbare Bedeutung eigen war. Und gerade darin, in dieser Unbestimmtheit, in diesem Spiel mit Andeutungen, einem Spiel mit Ungesagtem und Mitgemeintem, in diesen unscharfen Sinnebenen wird der besondere Reiz eines Bildes wie dem von Pieter Janssens Elinga gelegen haben. Damals wie heute. Die Entscheidung, ob das Lesen der jungen Frau als Tugend oder eher als Laster zu bewerten sei, überlässt der Maler aus guten Gründen den Betrachtenden selbst.

Schönschreiben und mehr

Ich suche indes ein Bild von der Wirklichkeit der Frauen in den Niederlanden zu gewinnen. Von ihren Lebenswelten in dieser Zeit. Ihren Wünschen. Ihren Möglichkeiten und Grenzen.

Wer waren die Frauen auf den holländischen Genrebildern? Diese zumeist aus einer männlichen Perspektive wahrgenommenen und dargestellten Niederländerinnen? Die Dienstmädchen, Fischverkäuferinnen und Marktfrauen, die Hausvorsteherinnen und umsichtigen Mütter, die lesenden oder musizierenden, fröhlichen Gesellschaften sich anschließenden Frauen und stolzen Bürgerinnen, die sich in ihren vornehmen Kleidern porträtieren ließen, manchmal in Schwarz und streng puritanisch mit weißer Spitzenkrause, wie es sich geziemte, manchmal in farbenprächtiger, seidenglänzender Aufmachung. Frauen unterschiedlichen Standes wie unterschiedlichen Glaubens.

Wer war das Dienstmädchen auf Pieter Janssens Elingas Bild?

Gehörte es zum Haushalt der Elingas und ging seiner Frau Jurina Bos zur Hand? Hatte wirtschaftliche Not ihre Arbeit als Dienstmagd erzwungen? War sie vom Land in die Stadt gezogen? Oder von einem Stadtteil in den nächsten, um in einer anderen Familie in Haushaltsdingen unterwiesen zu werden? So lange etwa, bis sie heiraten und einen eigenen Hausstand würde gründen können? Oder würde sie, wie manch andere Magd, zeit ihres Lebens in Diensten einer Familie bleiben?

Wie hatte ihr Bildungsweg ausgesehen?

In einem Land, das unter dem Einfluss der Reformierten Kirche das Lesen, und das meinte allem voran das Lesen der Bibel, zu fördern suchte und aus diesem Grund großen Wert auf

eine solide Schulausbildung der Kinder legte, und zwar in allen
Schichten der Bevölkerung? War die eigene Mutter ihre umsichtige Lehrmeisterin gewesen, in schulischen Dingen wie in
den Dingen des täglichen Lebens? Hatte sie vielleicht in einer
der Dorf- oder Volksschulen, den sogenannten kleinen Schulen,
elementare Kenntnisse im Lesen, Schreiben und Rechnen
erworben und Katechismusunterricht bei einer Schulmeisterin
oder einem Schulmeister erhalten?

Hatte sie sich vielleicht auch im Schönschreiben hervorgetan,
einer Leidenschaft, die sich in den Niederlanden mit Beginn des
17. Jahrhunderts zu einer wahren Kunst entwickelt hatte und
von so hohem Ansehen war, dass die Besten unter den Schön-
schreiberinnen und Schönschreibern in einem jährlich statt-
findenden Schreibwettbewerb ermittelt und geehrt wurden?
Schön und stilvoll schreiben zu können, galt in allen Kreisen der
Bevölkerung, bei Jung und Alt, als erstrebenswert, war nützlich
für den beruflichen Alltag, in wirtschaftlichen und politischen
Angelegenheiten und vorteilhaft für das Schreiben persönlicher
Briefe, für den Gedankenaustausch mit anderen oder auch, wenn
es etwa darum ging, um jemandes Liebe zu werben. Das Briefe-
schreiben war so beliebt geworden, dass sehr bald kalligraphische
Übungsbücher und etliche Bücher mit Musterbriefen aller Art
auf dem Markt waren, die bei Bedarf individuell zu Rate gezogen werden konnten. Bereits 1607 war in Delft eine solch
löbliche Schriftensammlung, das Handbuch *Tooneel der loflijcke
schrijfpen*, der Kalligraphin und Schulleiterin Maria Strick (1577-
1625) erschienen, die selbst einmal Preisträgerin eines Wettbewerbs im Schönschreiben gewesen war. Es gab mehrere ausdrücklich an Frauen gerichtete Handbücher zum Schreiben.
Und es mag deshalb kaum verwundern, dass wir ihnen so häufig
als Briefleserinnen und -schreiberinnen auf vielen Genrebildern
des 17. Jahrhunderts begegnen.

Dass Mädchen eine über das Grundwissen hinausgehende
»höhere« Bildung erhielten, war im niederländischen Schulwesen
dieser Zeit nicht vorgesehen. Die städtischen Lateinschulen mit
dem Fach Latein an erster Stelle, gefolgt vom Unterricht in

Religion und Schönschreiben, in Griechisch, Rhetorik und Logik waren in erster Linie den Jungen vorbehalten. So ist wohl nicht anzunehmen, dass das lesende Mädchen auf Pieter Janssens Elingas Darstellung eine weiterführende Schule besucht hat.Von gelehrten Frauen, von Schriftstellerinnen und Dichterinnen, von Malerinnen, Kalligraphinnen, Kupferstecherinnen, Übersetzerinnen und Pädagoginnen in den Niederlanden, deren Namen überliefert oder durch frauenhistorische Forschung wieder ans Licht geholt wurden, wird gleichwohl berichtet, dass ihnen als Töchter angesehener, zumeist wohlhabender Familien eine Weiterbildung durch privaten Unterricht ermöglicht wurde. Eine von ihnen, die ihrer überragenden Gelehrsamkeit wegen gerühmte Deutsch-Niederländerin Anna Maria van Schurman (1607-1678), war überdies einen für ihre Zeit ungewöhnlichen Weg gegangen: Sie hatte dank der Förderung durch den Utrechter Theologen Gisbert Voetius (1589-1676) die dortige Universität besuchen können. Dies war ein absolutes Novum gewesen. Weil jedoch ihr Beispiel keinesfalls Nachahmerinnen finden sollte, war sie gehalten, in den Räumen der Universität nicht in Erscheinung zu treten. Die Professoren der 1636 gegründeten Universität zu Utrecht hatten verfügt, dass sie den Vorlesungen der theologischen Fakultät ausschließlich von einer eigens für sie eingerichteten vergitterten Loge aus folgen dürfe. Obwohl neu gegründet und weltoffenen Geistes – auch an der Utrechter Universität war die Frage der Befähigung und des Zugangs von Frauen zu wissenschaftlichen Studien eine sehr ambivalente gewesen. Nicht anders als in der *Querelle des femmes* im übrigen Europa. Es gab allenthalben Stimmen, die weibliche Bildung förderten, und solche, die sie fürchteten, vor allem in der männlichen Gelehrtenwelt. Die Tore der Universitäten sollten sich den Frauen nicht so ohne Weiteres öffnen. Der Türspalt, durch den Anna Maria van Schurman hatte schlüpfen können, war denkbar schmal gewesen. Und Frauen hatten in Zukunft noch viel Mut, Zielstrebigkeit und Beharrlichkeit aufzubringen, wollten sie in der Frage ihrer wissenschaftlichen Bildung ein Umdenken bewirken.

Im Namen der Gleichheit

Anna Maria van Schurman war es denn auch, die die Frage weiblicher Gelehrsamkeit in den Niederlanden in die Öffentlichkeit brachte. Sie war die Tochter einer reformierten wohlhabenden, mütterlicherseits aus Deutschland, väterlicherseits aus Antwerpen stammenden Familie, die seit 1615 in Utrecht lebte. Ungewöhnlich begabt, hatte sie in ihrem Elternhaus neben einer religiösen Erziehung eine wahrlich umfassende humanistische Bildung erhalten, die ihr Ruhm und Bewunderung einbrachte. Neben Deutsch und Niederländisch sprach sie Englisch, Französisch, Italienisch, Griechisch, Hebräisch, Arabisch, Syrisch und natürlich Latein. Sie war Theologin, Philosophin, Naturforscherin, Dichterin, Kunsthandwerkerin, Musikerin und Malerin – seit 1641 gehörte sie der Utrechter Sankt-Lukas-Gilde an. Eine Universalgelehrte schlechthin. Und sie führte einen regen Briefwechsel mit gelehrten Frauen und Männern aus den Niederlanden wie den europäischen Nachbarländern. Im Briefaustausch mit dem Leidener Theologen André Rivet (1572-1651) etwa oder der französischen Schriftstellerin und Philosophin Marie de Jars de Gournay (1565-1645), die ihrerseits eine entschiedene Verfechterin umfassender weiblicher Bildung war und mit ihrer Abhandlung *Egalité des hommes et des femmes* (1622) den Nachweis der geistigen Ebenbürtigkeit von Frau und Mann erbrachte, erörterte Anna Maria van Schurman ausgiebig die Frage eines wissenschaftlichen Studiums von Frauen.

Ihre Argumente fasste sie schließlich in einer lateinisch geschriebenen, erstmals 1638 in Leiden und drei Jahre später in Paris erscheinenden *Dissertatio* zusammen, wonach Frauen nicht nur die Fähigkeit zum Studium der Geistes- und Naturwissenschaften sowie der Künste besäßen, sondern auch ein Anrecht darauf hätten, denn sie seien von Natur aus gleich begabt wie das männliche Geschlecht – und gleich vor Gott. Ihre in mehreren Ausgaben erschienene *Dissertatio* war zuletzt unter dem Titel *Num foeminae Christianiae conveniat studium litterarum?* – ob also der christlichen Frau das Studium zukomme – in ihr Gesamtwerk *Opuscula* aufgenommen worden (1648). Darin entwickelt sie, dass humanistische Studien sowie ein gründliches Bibelstudium Frauen vor allerlei weltlichen Gefahren, dem Müßiggang etwa, bewahre, sie zu moralischem Handeln leite und letztlich zur tieferen Erkenntnis Gottes führe. Anna Maria van Schurmans Verständnis und ihrem christlichen Lebensbild nach war dies das eigentliche Ziel allen wissenschaftlichen Strebens. Sie hatte bei ihren Ausführungen vor allem unverheiratete, zumindest von den Lasten des Alltags befreite und finanziell unabhängige Frauen vor Augen, eine kleine Minderheit also, der sie selbst angehörte. Ob sie sich über die Bildungsmöglichkeiten für Mädchen und junge Frauen im Allgemeinen Gedanken gemacht, ob sie mehr Bildungsgerechtigkeit für alle gefordert hatte, ob sie sich hat vorstellen können, dass vielleicht auch ein Dienstmädchen den Wunsch verspürte, eine Chance zu mehr Bildung zu erhalten und mehr als das Notwendige zu lernen, ist nicht überliefert. Anna Maria van Schurman, die freiwillig ehelos blieb und ein materiell unbeschwertes Leben hatte führen können, stellte die gesellschaftlichen Verhältnisse und eine traditionelle Frauenrolle nicht grundsätzlich infrage. Sie war nicht so weit gegangen, die Forderung einer wissenschaftlichen Ausbildung von Frauen mit dem Anspruch zu verbinden, diese zu öffentlichen Ämtern, etwa in der Politik oder der Kirche, zuzulassen. Auch wenn sie in späteren Jahren ihre *Dissertatio* zu hinterfragen begann, sich einer frühpietistischen Bewegung anschloss und ihre fromme Lebensweise weltabgewandte Züge annahm, so bleibt doch ihr Name mit der Geschichte der Frauenbildung verbunden. Sie war eine bedeutende weibliche Stimme des 17. Jahrhunderts. Und sie war nicht die einzige.

Ein Kaleidoskop weiblicher Lebensentwürfe

Selbstbewusste Frauen prägten die niederländische Gesellschaft.

Unverheiratete, Ehefrauen, Mütter und Witwen. Als Handwerkerinnen und Händlerinnen, Schulmeisterinnen, Dichterinnen, Musikerinnen, Malerinnen und Kunsthandwerkerinnen, Spitzenklöpplerinnen, Näherinnen, Hausmädchen, Wohltäterinnen

und Hebammen. Als Liebhaberinnen der Künste und der Literatur, als aufständische, manchmal zornige Frauen, die zur Feder
und notfalls zur Waffe griffen. Selbstbewusste Bürgerinnen waren
sie, fromme Frauen, wohlhabende sowie bedürftige Frauen,
tugendhafte und vermeintlich weniger tugendhafte. Wäre ich
Malerin, ich malte ein Gruppenbild niederländischer Frauen. Ein
Kaleidoskop, ein Farbenspiel weiblicher Lebensentwürfe.

Ich würde eine Auswahl treffen müssen.

Vielleicht beginnen mit Kenau Simonsdochter Hasselaer
(1526-1588), die als Witwe und Mutter von vier Kindern den
Schiffbaubetrieb ihres Ehemanns in Haarlem selbstständig weiterführte. Sie hatte als mutige Anführerin einer Fraueneinheit ihre
Stadt gegen die übermächtigen Angriffe spanischer Truppen
während der Belagerung in den Jahren 1572 bis 1573 verteidigt.
Dass sie später ihre eigenen Rechte als Unternehmerin wiederholte Male selbstbewusst vor Gericht durchzusetzen vermochte,
zeigt nur eine weitere Facette dieser unerschrockenen Haar-
lemerin, deren Name seit dem Ende des 16. Jahrhunderts in
Darstellungen zur niederländischen Geschichte zu finden ist.

Ähnlich unerschrocken zeigten sich Frauen auch andernorts,
wenn es darum ging, Übel von ihrer Stadt abzuwenden. Von
Vorkommnissen dieser Art im Jahre 1577 in s'Hertogenbosch
etwa oder in Dordrecht berichtete der Arzt und Autor Johan
van Beverwijck (1594-1647) in seinem Werk mit dem beach-
tenswerten Titel *Van de Wtnementheyt des Vrouwelicken Geslachts*.
Dieses Buch über die *Vortrefflichkeit des weiblichen Geschlechts* war
erstmals 1639 erschienen und niemand anderem als Anna Maria
van Schurman gewidmet. Darin gibt der Autor seiner Überzeugung Ausdruck, dass Frauen zu mehr als der Führung des Haushaltes befähigt seien, dass sie allenthalben Umsicht und Sachkenntnis in den Belangen des Handels und Handwerks bewiesen
und etliche sich selbst den Künsten und Wissenschaften mit
Erfolg widmeten – nur dürfe ihnen eine entsprechende Bildung
nicht vorenthalten werden. Inwiefern sein Wort Wirkung zeigte?
Als Regent seiner Heimatstadt Dordrecht und als Verfasser eines
viel gelesenen medizinischen Ratgebers *Schat der Gesontheyt*

(1636) war Johan van Beverwijck nicht ohne gesellschaftlichen Einfluss. In die zweite Auflage seines *Schatzes der Gesundheit* (1643) nahm er ein Gedicht der jungen Poetin Charlotte de Huybert (um 1622-nach 1644) auf. Diese Dichterin der Frauenrechte, deren poetische Sprachkraft in literarischen Kreisen großes Echo fand, sang ein Loblied auf die gesellschaftliche Bedeutung der Frauen. Es sei nicht mehr als recht und billig, schrieb sie, Frauen auch politische Ämter bekleiden zu lassen. Habe nicht die englische Königin Elisabeth I. (1533-1603) die Fähigkeit dazu genügend bewiesen?

Charlotte de Huybert erhielte auf meinem Frauenbild Gesellschaft von den Schwestern Anna Visscher (1584-1652) und Maria T. Visscher (1594-1649). Bewunderte Dichterinnen, Musikerinnen, Übersetzerinnen und prägender Mittelpunkt literarisch-philosophischer Gesellschaften in Amsterdam, freundschaftlich verbunden mit bekannten Schriftstellerinnen und Schriftstellern ihrer Zeit, auch mit Anna Maria van Schurman. Ihnen war eine Bildung zuteil geworden, bei der klassische Sprachen und Geschichte nicht gefehlt und die Unterweisungen in Musik, in Malerei und Zeichenkunst, in Kalligraphie, in Glasgravur und Stickerei keineswegs als Nebensache gegolten hatten. In allem entwickelten sie eine hohe Kunstfertigkeit und blieben zeitlebens tonangebende Stimmen in künstlerischen Kreisen der niederländischen Gesellschaft.

Diesem Reigen der Dichterinnen auf meinem Bild sollte auch Catharina Questiers (1631-1669) angehören. Sie hatte aus Anlass des Todes der von ihr verehrten Maria T. Visscher als Achtzehnjährige ihr erstes Gedicht verfasst. Diese vielseitige Künstlerin wurde vor allem als Bühnenschriftstellerin bekannt. Ihr erstes Theaterstück *Den geheymen minnaar* – *Der geheime Liebhaber* – feierte im Januar 1655 an der Schouwburg in Amsterdam Premiere. Gewidmet hatte sie es der Königin Christina von Schweden (1626-1689), einer großen Freundin des Theaters und der Kunst, einer Frau, die friedensstiftend auf die Verhandlungen zur Beendigung des Dreißigjährigen Krieges eingewirkt hatte. Als bald darauf ein weiteres Theaterstück von Catharina Questiers zur

Aufführung kam, bei dem die erste Berufsschauspielerin in den Niederlanden, Ariana Nozeman (1626/28–1661), mitwirkte, löste dies stürmische Debatten aus, denn Frauenrollen waren bis dahin von männlichen Darstellern verkörpert worden. War schon das Theater an sich in den Augen streng calvinistischer Prediger eine fragwürdige Einrichtung und für die charakterliche Bildung gänzlich ungeeignet, so musste eine Frau auf der Bühne geradezu als unehrenhaft gelten. Es kam einem Angriff auf die Würde des Menschen gleich.

Wo der Name Catharina Questiers genannt wird, fällt zumeist auch der Name der Dichterin Cornelia van der Veer (1639–1704). Diese beiden Freundinnen schrieben einander und gemeinsam Gedichte, die sie in ihrem viel beachteten Gedichtband *Lauwer-strjt* (1665), einem *Lorbeer-Wettstreit*, veröffentlichten. Cornelia van der Veer, von der ein umfangreiches lyrisches Werk überliefert ist, war in späteren Jahren auch eine enge Freundin von Katharina Lescailje (1649–1711), der Dritten im Bunde dieser erfolgreichen niederländischen Literatinnen des späten 17. Jahrhunderts. Sie war in Amsterdam von Haus aus mit der Welt des Buchdrucks und des Buchhandels sowie der Welt des Theaters bestens vertraut, hatte in jungen Jahren begonnen, Gedichte zu schreiben, bevor sie französische Theaterstücke übersetzte und bearbeitete, die bis ins 18. Jahrhundert hinein an der Schouwburg in Amsterdam aufgeführt wurden, was letztlich ihren Ruhm begründete. Und sie hatte nicht nur gemeinsam mit ihrer Schwester Aletta den Buchhandel des Vaters nach dessen Ableben (1679) gewinnbringend weitergeführt, sondern war auch die erste Frau in den Niederlanden, deren Werk in einer Gesamtausgabe publiziert wurde – zwanzig Jahre nach ihrem Tod (1731).

Dass Frauen als Töchter oder Witwen die Familienbetriebe selbstständig leiteten, zeigt auch das Beispiel der Druckerin und Zeitungsverlegerin Margaretha van Bancken (um 1628–1694) aus Haarlem, auf die ich auf meinem Gruppenbild nicht verzichten würde. Als dreiundfünfzigjährige Witwe erhielt sie vom Magistrat der Stadt die Erlaubnis, die Stadtdruckerei ihres verstorbenen Ehemannes sowie die Herausgabe der Zeitung *Haer-lemsche Courant* weiterzuführen, was sie bis zum Ende ihres Lebens mit Erfolg tat.

Von Erfolg gekrönt war auch die Arbeit einer anderen Frau aus Haarlem, der Malerin Judith Leyster (1609-1660). Auf-gewachsen in einer kinderreichen Brauereifamilie, scheint sie bei dem Haarlemer Porträtmaler Pieter Fransz de Grebber (1600-1652/53) in die Lehre gegangen zu sein und wohl auch in der Werkstatt des ebenfalls in Haarlem tätigen Malers Frans Hals (1580/85-1666) gearbeitet zu haben, jenem Maler, dem später fälschlicherweise (!) einige ihrer Bilder zugeschrieben wur-den. Bereits im Alter von zwanzig Jahren hatte sie begonnen, ihre Werke zu datieren und zu signieren, wurde 1633 als erste Frau Mitglied der Sankt-Lukas-Gilde, besaß eine eigene Werk-statt, in der sie selbst Lehrmeisterin war. Sie heiratete 1636 den Genremaler Jan Miense Molenaer (1610-1668), und obwohl sie fortan eine wachsende Familie zu versorgen hatte, gilt heute als gesichert, dass sie ihre Arbeit als Malerin fortsetzte. Ihr Blick auf Szenen des Alltags, ihre Porträts, darunter ein erfrischendes Selbst-bildnis als Malerin, ihre Genrebilder mit Kindern und Frauen sowie ihre Stillleben sind heute, nach ihrer Wiederentdeckung im 19. Jahrhundert, in Museen in Den Haag, in Leiden und Amsterdam, in London, Paris, Stockholm und Washington D.C. zu finden.

Judith Leyster würde auf meinem Kaleidoskop in Begleitung von anderen Malerinnen des Goldenen Zeitalters der Nieder-lande zu sehen sein. So von Clara Peeters (um 1594 – nach 1657) aus Antwerpen, die bereits als Vierzehnjährige ihr erstes Werk datierte. Diese flämische Künstlerin, deren Lebensweg noch immer Rätsel aufgibt, betrachtete Dinge des täglichen Lebens nicht mehr als Beiwerk einer religiösen Darstellung oder eines Porträts, sondern machte sie zum Gegenstand ihrer Malerei selbst. Ihre durch und durch weltlich anmutenden Stillleben sind kunstvolle Arrangements von glänzendem Tafelgeschirr und Porzellanen, von eleganten Vasen und kostbaren Gläsern, von leuchtenden Blumenbouquets, von Jagdvögeln, Fischen, Krebsen

und seltenen Muscheln, von Insekten, überquellenden Obstkör-
ben und Zuckerwerk. Dies derart wirklichkeitsgetreu, dass der
Eindruck entsteht, nur zugreifen zu müssen, um in den kulina-
rischen Genuss exotischer Früchte und Gemüse, der Fische und
Meeresfrüchte, deftiger Käse, wohlschmeckender Oliven, von
Brot und einem guten Wein zu gelangen. Mit Stolz vielleicht,
und selbstgewiss sicherlich, verewigte sich Clara Peeters auf
einigen ihrer Stillleben durch kleine kunstvolle Selbstporträts als
Malerin, die sich auf den glänzenden Oberflächen prunkvoller
Metallgefäße widerspiegeln. Es sind feinsinnige Signaturen einer
vollendeten Stilllebenmalerin und Wegbereiterin einer Kunstform,
deren Entfaltung und Beliebtheit in den Niederlanden gerade
auch ihrem Wirken und ihrer Originalität zu verdanken ist.

Auch Maria van Oosterwijck (1630-1694), Tochter einer
Pfarrersfamilie aus Nootdorp nahe Delft, prägte durch ihre
anspielungsreichen Vanitas-Stillleben die Kunst der Stillleben-
malerei. Sie war nach Amsterdam gekommen, um ihre Studien
bei dem Maler Willem van Aelst (1625/26-1683) zu vertiefen.
Ihre farbenfrohen Tulpen, duftenden Rosen und Maiglöckchen
werden von Insekten und Schmetterlingen bevölkert und sind
in den großen Museen eine Zeiten überdauernde Augenweide.
Diese ambitionierte Künstlerin hatte ihrem Dienstmädchen
Geertje Pieters (1636-1712) Malunterricht erteilt und ihm auf
diese Weise zu einem Beruf als Malerin von Blumenstillleben
verholfen. Beide Malerinnen würden auf meinem Bild einen
ehrenvollen Platz einnehmen. Seite an Seite mit Gesina Terborch (1631-1690), der Schwester des Malers Gerard Terborch d. J.
(1617-1681). Für seine Gemälde mit Briefe lesenden oder
schreibenden jungen Frauen hatte sie ihm wiederholte Male
Modell gestanden. Mehr Zeichnerin als Malerin, hatte sie den
Weg in die Öffentlichkeit nicht gescheut und ihre Schön-
schriften, Gedichte und kleinen Alltagsgeschichten, die sie
eigenhändig illustrierte, in mehreren Alben erscheinen lassen.

Ihr würde ich die Kupferstecherin Geertruid Roghman
(1625-1657) zur Seite stellen. Sie war in einer Amsterdamer
Familie von Künstlern und Künstlerinnen aufgewachsen und

hinterließ in ihrer kurzen Lebenszeit ein beachtliches Werk an Radierungen und Kupferstichen. Eine anrührende Serie von fünf Kupferstichen zeigt Frauen bei verschiedenen häuslichen Tätigkeiten: ernst, mit großem Selbstverständnis beugen sie sich über Näharbeiten, bedienen den Spinnrocken, während sie Kinder beaufsichtigen, wenden sich der beschwerlichen Arbeit des Kochens zu – oder eben auch der stillen Lektüre als Teil ihrer Lebenswelt. Dieser Darstellung einer lesenden Frau fügte Geertruid Roghman Symbole der Vergänglichkeit hinzu: eine Wanduhr und einen Totenschädel. Lagen in ihren Augen das Lesen, die Suche nach Erkenntnis, nach Glück vielleicht, und die Endlichkeit des Lebens so nah beieinander?

Und schließlich sollte auch Rachel Ruysch (1664-1750) aus Amsterdam auf meinem Bild nicht fehlen, eine ungemein erfolgreiche Malerin und ein Glücksfall für die Kunstgeschichte. Ihre prall gefüllten Blumen- und Früchtestillleben scheinen unnachahmlich. Auch Rachel Ruysch datierte ihre ersten Werke in jungen Jahren, war wie Judith Leyster mit einem Maler verheiratet, war Mitglied der Malergilde, hatte eine große Familie zu versorgen – sie brachte zehn Kinder zur Welt – und blieb doch ihrem künstlerischen Beruf bis ins hohe Alter hinein treu.

Eine solche Treue bewies auch Catharina Schrader (1656-1746), durch die ein gänzlich anderes Lebensbild zutage tritt: In Deutschland geboren, mit einem Arzt aus Leiden verheiratet, stand sie im Alter von fünfunddreißig Jahren als Witwe und Mutter von sechs Kindern vor der schwierigen Aufgabe, ihre Familie allein versorgen zu müssen. So begann sie, ihr medizinisches Wissen und die Kenntnisse in der Geburtshilfe zu nutzen und als Hebamme zu arbeiten – bis zum Ende ihres Lebens und mit großer Hingabe. Vrouw Schrader aus der kleinen friesischen Stadt Dokkum wurde Ansehen und Respekt entgegengebracht, was angesichts einer grundsätzlich misstrauischen und auch missgünstigen Haltung der Ärzteschaft den angeblich wenig sachkundigen Hebammen gegenüber keineswegs selbstverständlich war. Was Catharina Schrader so einzigartig macht, ist, dass sie ihrer verantwortungsvollen Arbeit als Hebamme nicht nur mit

ebenso viel Sachkenntnis wie Anteilnahme nachging, sondern
diese auch über einen Zeitraum von zweiundfünfzig Jahren, vom
Jahre 1693 an bis kurz vor ihrem Tod im Jahre 1745, minutiös
aufzeichnete und mit ihrem *Memory Boeck van de Vrouwens* ein
aufschlussreiches medizinisches Zeitdokument schuf. Sie hatte
mehr als dreitausend Kindern auf die Welt geholfen, hatte mit
den Müttern Höhen und Tiefen durchlebt, von der Freude über
die glückliche Geburt eines Kindes bis hin zu Momenten, in
denen der Ausgang einer Geburt mit leidvollen Erfahrungen
verbunden war, und hatte mit diesem *Tagebuch der Entbindungen*
zugleich ein Dokument hinterlassen, dass sowohl den Kenntnis-
stand der Medizin in der Geburtshilfe jener Zeit wiedergibt als
auch die vielseitige Arbeit einer Hebamme, ihr gesellschaftliches
Ansehen und ihre Verdienstmöglichkeiten offenlegt. Catharina
Schrader war achtundachtzig Jahre alt, als sie ein letztes Mal eine
Geburt leitete und den letzten Eintrag in ihr Tagebuch vor-
nahm. Sie verstarb im darauf folgenden Jahr.

Sie würde auf meinem Bild in Begleitung von Clara van
Spaerwoude (1529-1615) und Agneta Deutz (1633-1692) erscheinen, zwei Frauen, die stellvertretend für viele mildtätige
und beherzt vorgehende Frauen genannt seien, die aus Verantwortung dem Gemeinwohl und besonders dem Wohl der
Frauen gegenüber handelten – denn soziales Elend der Armen
und Bedürftigen gab es auch im Goldenen Zeitalter der Niederlande zuhauf. Clara van Spaerwoude, die ihr Vermögen selbstlos
armen Menschen stiftete, ist der Stadt Delft bis heute als Wohltäterin in Erinnerung geblieben. Ihr Name wird nicht nur mit
einem beinahe vierhundert Jahre bestehenden Waisenhaus für
Mädchen, dem Delfter *Meisjeshuis* (1578-1954), in Verbindung
gebracht, sondern vor allem mit einem von ihr gestifteten
Heiratsfond für mittellose junge Brautpaare, der bis ins 20. Jahrhundert hinein seinen guten Zweck erfüllte. Auf Clara van
Spaerwoude war ich bei meinem Besuch der *Oude Kerk* in Delft
gestoßen, wo ihr zum Andenken ein eindrucksvolles Grabmal
errichtet worden war. Ein anderes bis heute sichtbares Zeugnis
der Mildtätigkeit hinterließ die Witwe Agneta Deutz. Sie ver-

fügte in ihrem Testament die Errichtung eines *hofjes* an der Prinsengracht in Amsterdam, das nach ihr benannte *Deutzen-hofje*, welches für den Lebensabend bedürftiger alter Frauen und alter Dienstmädchen bestimmt war. Das seit 1695 bestehende *Deutzenhofje* mit seinen neunzehn Wohneinheiten wird bis heute aus der Agneta-Deutz-Stiftung finanziert und noch immer von älteren Damen bewohnt.

Und wieder: die lesende Frau

Mein Gruppenbild niederländischer Frauen des 17. Jahrhunderts mag unvollständig sein, gleichwohl nährt es die Vorstellung vom vielfältigen Wirken der Frauen innerhalb der niederländischen Gesellschaft. Diese Frauen – auch alle nicht genannten und die namenlos gebliebenen – sind Teil einer Geschichte dieses Landes. Zu dieser Geschichte zähle ich auch die Lesende auf dem Bild von Pieter Janssens Elinga. Und ich würde nicht zögern, sie ins Zentrum meines Kaleidoskops zu stellen, denn von ihr war meine Suche nach den niederländischen Frauen des Goldenen Zeitalters ausgegangen.

Ich traf auf einen großen Reichtum weiblicher Lebensentwürfe, auf Vertrautes wie Einzigartiges.

Auf Frauen, die selbstbestimmt ihr Leben gestalteten, innerhalb ihrer Familien wie in der gesellschaftlichen Öffentlichkeit. In den Städten, den Dörfern, in allen Schichten der Bevölkerung. Mit einer unübersehbaren Präsenz und einem beachtlichen Handlungsspielraum. Beherzt und selbstbewusst seien sie, klug, ehrbar und rechtschaffen – und ungemein ordnungsliebend. So jedenfalls wurden sie von einigen Reisenden der Niederlande beschrieben. Was bei diesen großes Erstaunen hervorrief, war die Offenherzigkeit und Ungezwungenheit, mit der Frauen sich in der Öffentlichkeit bewegten. Sowohl allein als auch in Gesellschaft anderer Frauen. Geselligem Zeitvertreib nicht abgeneigt, so wird berichtet, verschmähten sie weder das Tabakrauchen noch einen guten Tropfen und nähmen sich durchaus die Freiheit, sich noch des Nachts dem Vergnügen des Schlitt-

schuhlaufens auf den in den frostigen Wintern regelmäßig zu-
gefrorenen Seen und Grachten hinzugeben. All dies schien
keineswegs anrüchig zu sein, weshalb sie gewisse Freizügigkeiten
auch ihren heranwachsenden Töchtern nicht gänzlich vor-
enthielten.

So sahen es Außenstehende.

Und die Frauen selbst?

Wie sahen sie sich – oder welches Bild wünschten sie, dass
man es von ihnen habe?

Worüber tauschten sie sich in Gesprächen aus, mit Freundinnen, in der Verwandtschaft, in der Nachbarschaft?

Was vertrauten sie ihrem Tagebuch an? Diese Bücher mit
leeren Seiten für das tägliche Festhalten von Gedanken und Er-
lebnissen waren erstmals im Goldenen Zeitalter der Niederlande
auf den Markt gekommen. Welche Ereignisse waren ihnen
wichtig, als Erinnerung niedergeschrieben zu werden? Oder in
Briefen mit anderen auszutauschen? Und was bewegte sie, ihre
Texte, ihre Gedanken, vielleicht Geheimstes, drucken zu lassen
und einem größeren Lesepublikum zugänglich zu machen?

Wie nahmen sich die Niederländerinnen als Lesende wahr –
in einem Land, in dem sich, anders als in den vom Dreißigjährigen Krieg verwundeten Ländern, der Buchmarkt und die
Kunst des Buchdrucks während des 17. Jahrhunderts zu großer
Blüte entfalten konnten und in dem selbst in Puppenhäusern,
diesen Zeugnissen gehobener bürgerlicher Wohnkultur, eigens
Räume für Bücher vorgesehen waren?

Erlebten sie sich als Frauen, die regelmäßig und gerne lasen?
Die Bücher liebten? Die mit dem Lesen von Romanen und
Gedichten, von wissenschaftlichen Abhandlungen, Reiseliteratur
und Sachbüchern vertraut waren, die Ratgeber-Bücher, Kalen-
der, Zeitungen und Zeitschriften zur Hand nahmen und für die
ebenso religiöse Bücher, die Bibel und Heiligengeschichten
zum Lebensalltag gehörten? Waren ihnen die Mütter ein vertrautes Bild, die ihre Kinder mit den Anfangsgründen des Lesens
und Schreibens bekannt machten, wo es an Schulen fehlte? Dass
Frauen der Lesefähigkeit große Bedeutung beimaßen, zeigt sich

beispielsweise darin, dass sie sich in den Dörfern zusammen-
schlossen, um sich beim Lesenlernen gegenseitig zu unterstützen: Es sind dies Zeichen weiblicher Solidarität, im Geiste sozialer Verantwortung und getragen vom Bewusstsein, dass der
Lebensweg eines Mädchens, einer jeden Frau, wesentlich auch
von der Art und dem Umfang seiner Erziehung und Bildung
abhing.

War die Lesende von Pieter Janssens Elinga vielleicht von
diesen Gedanken beseelt? War sie deshalb mit dieser Feierlich-
keit, mit diesem Ernst, wie mir scheint, bei ihrer Lektüre verblieben? Ahnte sie, dass Lesen Selbstbewusstsein schaffen, dass es
lesenden Frauen zu mehr Unabhängigkeit und zu individueller
Lebensgestaltung verhelfen konnte? Dass es bereichernd war?
Träumte sie sich in andere Lebensentwürfe hinein? War sie
eilig – Altes sinnbildlich abstreifend – aus ihren Pantinen ge-
schlüpft, um Neues zu erkunden? Um in eine neue Zeit auf-
zubrechen? Gehörte sie zu den Frauen, die sich eigene Wege
der Bildung zu erschließen begannen? Die nach gleichberech-
tigter Teilhabe an Wissen und Bildung drängten und zu einem
Recht auf weibliche Selbstbestimmung?

Wie würde das nachfolgende Jahrhundert, die Zeit der Vernunft und Aufklärung, auf diese Wünsche, auf die Forderungen
von Frauen antworten? Wie den lesenden Frauen begegnen?

Literatur

Borzello, Frances: Ihre eigene Welt. Frauen in der Kunstgeschichte, aus dem
Englischen von Cornelia Panzacchi, Hildesheim 2000.

Brandes, Ute: Studierstube, Dichterklub, Hofgesellschaft. Kreativität und kultureller Rahmen weiblicher Erzählkunst im Barock, in: Brinker-Gabler,
Gisela (Hrsg.), Deutsche Literatur von Frauen, Band 1: Vom Mittelalter
bis zum Ende des 18. Jahrhunderts, München 1988, S. 222-247.

Brown, Christopher: Holländische Genremalerei im 17. Jahrhundert, Aus
dem Englischen von Johannes Erichsen und Kathrin Blohm, München
1984.

Buchholz, Elke L.: Künstlerinnen. Von der Renaissance bis heute, München/
Berlin/London/New York 2003.

Das goldene Zeitalter der niederländischen Kunst. Gemälde, Skulpturen und
    Kunsthandwerk des 17. Jahrhunderts in Holland, Rijksmuseum Amster-
    dam, Ausstellungskatalog, Stuttgart 2000.

Driessen, Christoph: Geschichte der Niederlande. Von der Seemacht zum
    Trendland, Regensburg 2009.

Driessen, Christoph: Kleine Geschichte Amsterdams, Regensburg 2010.

Eikemeier, Peter: Bücher in Bildern, in: Horodisch, Abraham (Hrsg.), De Arte
    et Libris. Festschrift Erasmus 1934-1984, Amsterdam 1984, S. 61-67.

Gössmann, Elisabeth: Für und wider die Frauengelehrsamkeit: Eine euro-
    päische Diskussion im 17. Jahrhundert, in: Brinker-Gabler, Gisela (Hrsg.),
    Deutsche Literatur von Frauen, Band 1: Vom Mittelalter bis zum Ende
    des 18. Jahrhunderts, München 1988, S. 185-197.

Haase, Annegret/Duijvestijn, Bob W. Th./De Smet, Gilbert A. R./Bentzinger,
    Rudolf (Hrsg.): Der deutsche Malagis. Nach den Heidelberger Hand-
    schriften CPG 340 und CPG 315. Unter Benutzung der Vorarbeiten von
    Gabriele Schieb und Sabine Seelbach, Berlin 2000 (Deutsche Texte des
    Mittelalters, Band LXXXII).

Halbe-Bauer, Ulrike/Neumeister-Taroni, Brigitta: Ich mache es auf meine
    Art. Bedeutende Künstlerinnen, Stuttgart 2011

Hammer-Tugendhat, Daniela: Der unsichtbare Text. Liebesbriefe in der Hol-
    ländischen Malerei des 17. Jahrhunderts, in: Wenzel, Horst/Seipel, Wil-
    fried/Wunberg, Gotthart (Hrsg.), Audiovisualität vor und nach Guten-
    berg. Zur Kulturgeschichte der medialen Umbrüche, Wien 2001 (Schriften
    des Kunsthistorischen Museums 6), S. 159-174.

Irwin, Joyce: Anna Maria van Schurmann – eine Gelehrte zwischen Huma-
    nismus und Pietismus, in: Kleinau, Elke/Opitz, Claudia (Hrsg.), Geschichte
    der Mädchen- und Frauenbildung, Band 1: Vom Mittelalter bis zur Auf-
    klärung, Frankfurt a. M./New York 1996, S. 309-324.

Jensen Adams, Ann: »Der sprechende Brief«. Kunst des Lesens, Kunst des
    Schreibens. Schriftkunde und *schoonschrijft* in den Niederlanden im 17. Jahr-
    hundert, in: Schulze, Sabine (Hrsg.), Leselust. Niederländische Malerei von
    Rembrandt bis Vermeer, Ausstellungskatalog Schirn Kunsthalle Frank-
    furt a. M./Stuttgart 1993, S. 69-92.

Jongh, E. de: Die »Sprachlichkeit« der niederländischen Malerei im 17. Jahr-
    hundert, in: Schulze, Sabine (Hrsg.), Leselust. Niederländische Malerei
    von Rembrandt bis Vermeer, Ausstellungskatalog Schirn Kunsthalle
    Frankfurt a. M./Stuttgart 1993, S. 23-34.

King, Margaret L.: Frauen in der Renaissance, aus dem Englischen von Hol-
    ger Fliessbach, München 1993.

Lorenz, Angelika (Hrsg.): Renaissance und Barock im Westfälischen Landes-
    museum für Kunst und Kulturgeschichte Münster, Münster 2000.

Niemeyer, Beatrix: Ausschluss oder Ausgrenzung? Frauen im Umkreis der Universitäten im 18. Jahrhundert, in: Kleinau, Elke/Opitz, Claudia (Hrsg.), Geschichte der Mädchen- und Frauenbildung, Band 1: Vom Mittelalter bis zur Aufklärung, Frankfurt a.M./New York 1996, S. 275-294.

North, Michael: Das Goldene Zeitalter. Kunst und Kommerz in der niederländischen Malerei des 17. Jahrhunderts, Köln/Weimar/Wien 2001.

Rijksmuseum Amsterdam. Höhepunkte der Sammlung, Amsterdam 1995.

Rullmann, Marit: Philosophinnen, Band 1: Von der Antike bis zur Aufklärung, Zürich/Dortmund 1993.

Schama, Simon: Überfluß und schöner Schein. Zur Kultur der Niederlande im Goldenen Zeitalter, aus dem Englischen von Elisabeth Nowak, Frankfurt a.M. 1988.

Schenkeveld-van der Dussen, Maria Adriana: Niederländische Literatur im Goldenen Zeitalter, in: Schulze, Sabine (Hrsg.), Leselust. Niederländische Malerei von Rembrandt bis Vermeer, Ausstellungskatalog Schirn Kunsthalle Frankfurt a.M./Stuttgart 1993, S. 55-68.

Schneider, Cornelia: Leseglück im Spiegel der Kunst. Eine Spurensuche, in: Bellebaum, Alfred/Muth, Ludwig (Hrsg.), Leseglück. Eine vergessene Erfahrung?, Opladen 1996, S. 115-150.

Schön, Erich: Geschichte des Lesens, in: Franzmann, Bodo/Hasemann, Klaus/Löffler, Dietrich/Schön, Erich (Hrsg.), Handbuch Lesen. Im Auftrag der Stiftung Lesen und der Deutschen Literaturkonferenz, München 1999, S. 1-85.

Schulze, Sabine (Hrsg.): Innenleben. Die Kunst des Interieurs. Vermeer bis Kabakov, Ausstellung Städelsches Kunstinstitut und Städtische Galerie, Ostfildern/Ruit 1998.

Sello, Gottfried: Malerinnen aus vier Jahrhunderten, Hamburg 1997.

Sutherland Harris, Ann/Nochlin, Linda: Women Artists: 1550-1950, New York 1979.

Thiel, Erika: Geschichte des Kostüms. Die europäische Mode von den Anfängen bis zur Gegenwart, 6., verb. u. erw. Auflage, Berlin 1997.

Vrouwenlexicon: Digitaal Vrouwenlexicon van Nederland (DVN, Juli 2018).

Wiesner-Hanks, Merry: Ausbildung in den Zünften, in: Kleinau, Elke/Opitz, Claudia (Hrsg.), Geschichte der Mädchen- und Frauenbildung, Band 1: Vom Mittelalter bis zur Aufklärung, Frankfurt a.M./New York 1996, S. 91-102.

Zumthor, Paul: Das Alltagsleben in Holland zur Zeit Rembrandts, aus dem Französischen übersetzt von Kerstin Henning, Leipzig 1992.

Maurice Quentin de La Tour (1704-1788),
Mademoiselle Ferrand meditiert über Newton.
Pastell, 1752, Höhe 73 cm, Breite 60 cm.
Alte Pinakothek, München.

9. Élisabeth Ferrand meditiert über Newton

Liebe zur Wissenschaft

Die Augen von Madame Ferrand waren es, die mich aufmerken ließen, wach und freundlich, und diese leise Andeutung eines Lächelns um ihren Mund, dazu ein Anflug von Melancholie, vielleicht. Ihr Gesicht, makellos und ruhig. Ihre Haltung entspannt, ohne jede Geziertheit. Ihr linker Arm ruht auf dem Lesepult, die Hand scheint den Kopf ein wenig stützen zu wollen. Ihre Kleidung, ein seidenglänzendes, mit kostbarer Spitze und Schleifen aufwendig gestaltetes Hauskleid mit dem dazugehörigen Häubchen, zeigt nicht nur, dass sie sich in der Abgeschlossenheit ihrer privaten Räume befindet, sondern wie viele vornehme Damen der französischen Gesellschaft die Annehmlichkeit zu schätzen weiß, für die Morgenstunden ein bequemes, aber deshalb nicht minder feudales, dem Modestil der Zeit entsprechendes elegantes Hausgewand anzulegen.

Hinter ihr fällt ein großformatiges Buch ins Auge mit deutlich erkennbaren Buchstaben, die offenlegen, worauf ihre Studien gerichtet waren. »De Newton« ist auf der rechten Seite des Folianten zu lesen.

Sie scheint ihre Lektüre unterbrochen zu haben. Um sich porträtieren zu lassen? Um in ein Gespräch über das Gelesene, die naturphilosophischen Erkenntnisse Isaac Newtons (1643-1727) einzutreten?

Élisabeth Ferrand (1700-1752) war eine gelehrte Frau, Philosophin, Naturwissenschaftlerin, belesen. Als solche ließ sie sich in ihrem letzten Lebensjahr von dem Maler Maurice Quentin de La Tour (1704-1788) darstellen. Diesem erfolgreichen Pariser *Prince de Pastellistes* kam seinerzeit zugute, dass die venezianische Malerin Rosalba Carriera (1675-1757) die Pastelltechnik für die Porträtmalerei auf einzigartige Weise verfeinert und der neuen Malweise auch in Frankreich zu großem Ansehen verholfen hatte. Sie schuf Porträts von ungemein zarter Eleganz, häufig von Frauen, und bezauberte damit die Pariser Gesellschaft. An diesen Ruhm, der ihr während ihres Aufenthaltes in Paris in den Jahren 1720 bis 1721 am Hof des französischen Königs wie in Kunst- und Gelehrtenkreisen zuteilwurde, konnte Maurice Quentin de La Tour mühelos anknüpfen. Er porträtierte die königliche Familie, König Ludwig XV. (1710-1774) sowie die Königin Marie Leczinska (1703-1768), Männer und Frauen des Adels, Männer und Frauen der französischen Aufklärung, der Philosophie, der Wissenschaften, der Kunst und Literatur. Menschen der »besten Gesellschaft« also, die in den Pariser Salons, vornehmlich in denen der *Salonnières*, zu Hause waren, tonangebend, einflussreich. So überrascht es nicht, dass auch Élisabeth Ferrand wünschte, gerade von diesem Maler porträtiert zu werden.

In ihrem Appartement im Erdgeschoss des Klosters Saint-Joseph in der Rue Saint-Dominique in Paris, in dem auch ihre enge Freundin Madame La Comtesse de Vassé (1710-1768) eine Wohnung besaß und wo ihre Nachbarin Madame du Deffand (1697-1780) in ihrem Salon Gelehrte und Literaten der französischen Gesellschaft sowie Gäste aus dem Ausland empfing, pflegte sie einen regen intellektuellen Gedankenaustausch: aufgeklärte Philosophen, Mathematiker und Naturforscher, etwa Hélvetius, Condillac und Réaumur, Cramer, Maupertuis, Clairaut und d'Alembert gehörten zu ihrem Kreis. Auf diese Weise trug sie wesentlich zur Erweiterung des Wissens und zur Vertiefung naturphilosophischer Erkenntnisse ihrer Zeit bei, war geistreich, aufgeschlossen, erkenntnishungrig, eine kluge und geschätzte Gastgeberin.

Das Porträt von Maurice Quentin de La Tour zeigt sie beim Studium der *Élements de la philosophie de Newton*, eines Werkes, das unter dem Namen des Philosophen und Schriftstellers der französischen Aufklärung François-Marie Voltaire (1694-1778) und mit der Absicht veröffentlicht wurde, die Naturphilosophie Isaac Newtons einem breiten Lesepublikum, ausdrücklich auch Frauen, näherzubringen. Dieses umfangreiche Buch, erstmals 1738 in Amsterdam und in weiteren Ausgaben in den Jahren 1745 und 1750 erschienen, war der Marquise du Châtelet (1706-1749) gewidmet. Denn ihr vor allem, so Voltaire in seinem Vorwort, sei die Verwirklichung dieses Vorhabens zu verdanken. Das Werk beruhe wesentlich auf Ergebnissen ihrer Arbeit und ihrer Darlegung der Newtonschen Philosophie – »Lady Newton« nannte Voltaire sie deshalb gerne.

Gabrielle-Emilie le Tonnelier de Breteuil, Marquise du Châtelet-Lomont, gilt als eine der gelehrtesten Frauen ihrer Zeit, die alle Vorzüge einer großen Begabung, einer außerordentlichen Zielstrebigkeit und glücklicher Lebensumstände auf sich vereinigte. Mathematikerin, Physikerin, Philosophin, Ehefrau, Mutter dreier Kinder, Geliebte und Liebende. Eine bemerkenswerte Frau, geistreich, unkonventionell und leidenschaftlich. Sie machte den Landsitz Cirey-sur-Blaise in Lothringen für sich und ihren Lebensgefährten Voltaire für lange Jahre zu einem produktiven Lebensmittelpunkt, der auch anderen Begeisterten der Newton'schen Wissenschaft ein willkommener Ort geistigen Austausches wurde und zudem mit abendlichen Theater- und Musikdarbietungen glanzvolle Abwechslungen zu bieten hatte.

Emilie du Châtelet schrieb philosophische Abhandlungen, Briefe, Bücher. Ihre *Dissertation sur la nature et la propagation du feu* (1737), worin sie dem Wesen des Feuers auf den Grund geht, ist die erste von der französischen Akademie der Wissenschaften veröffentliche Schrift einer Frau. Ihre *Institutions de physique* (1740) war als Lehrbuch der Physik für ihren Sohn entstanden. Ihr *Discours sur le bonheur* (1747), eine kleine Abhandlung über das Glück, ist die bislang einzige ins Deutsche übersetzte Schrift von Emilie du Châtelet. Und bis zu ihrem Tod – sie starb im Jahre 1749 nach der Geburt einer Tochter an Kindbettfieber – arbeitete sie an einer Übersetzung von Newtons Hauptwerk, seiner lateinisch verfassten *Philosophiae naturalis principia mathematica* (1687). Es ist die erste und bis heute maßgebende Übersetzung Newtons ins Französische, mit der sie die mathematischen Prinzipien seiner Naturphilosophie einer breiteren, nicht lateinischsprachigen Leserschaft, namentlich auch Frauen, zugänglich machte. Ein großes Vermächtnis einer großen Gelehrten, deren Leben vor allem eines kennzeichnete: ihre leidenschaftliche Liebe zum Leben wie ihre leidenschaftliche Liebe zur Wissenschaft.

»Discours sur le bonheur« – *»Rede vom Glück«* (Emilie du Châtelet)

Ob sich Emilie du Châtelet und Élisabeth Ferrand jemals begegnet sind?

Denkbar ist es. Denn immerhin waren beide in denselben philosophisch-künstlerischen Kreisen zu Hause. Und beide Frauen gehörten jener einflussreichen Gelehrtengesellschaft an, die sich begeistert der Naturphilosophie Newtons zugewandt hatte. So war es ganz im Sinne Emilie du Châtelets und durchaus ihr Verdienst, dass der junge Venezianer Francesco Algarotti (1712-1764) das Gespräch mit ihr suchte und auf ihrem Landsitz in Cirey sein Werk über die physikalischen Erkenntnisse Newtons, über das Licht, die Entstehung der Farben und die Phänomene der Optik, beendete. Sein Buch *Il Newtonianismo per le dame*, ein Newtonianismus für die Damen also, war im Jahre 1737 in Mailand erschienen, wurde sogleich ins Französische und alsbald in mehrere andere Sprachen übersetzt und fand in ganz Europa einen großen Kreis von Leserinnen und Lesern.

»Élisabeth Ferrand meditiert über Newton« – eine treffliche Bildunterschrift für ein Porträt, mit dem sie selbstbewusst als Newtonianerin eine Lebensspur hinterließ. Sie gehört zu den gelehrten Frauen, deren wissenschaftliche Arbeiten der Nachwelt vor allem deshalb in Erinnerung blieben, weil ihre Leistungen etwa in den Vorworten bedeutender Werke lobende Erwähnung fanden oder auch, weil sie als *Salonnière* den Schriftstellern, Philosophen, Künstlern, Männern wie Frauen, ein Forum für den fruchtbaren Austausch von Gedanken und Ideen der Aufklärung boten: Madame de Lambert (1647-1733), Madame de Tencin (1682-1749), Madame Geoffrin (1699-1777) oder Mademoiselle de Lespinasse (1732-1776) sind Namen, die in diesem Zusammenhang häufig genannt werden. Diese Frauen hinterließen seltener eigene Werke. Ihre Domäne war die Konversation, die gelehrte Disputation, das gesellige Gespräch, der Dialog, der in Briefwechseln seine Fortsetzung finden konnte – Briefe, die heute wertvolle Zeugnisse der Frauengeschichte sind. Auch von Élisabeth Ferrand sind keine Schriften bekannt. Aber ihr kommt, wie anderen aufgeklärten *Salonnières*, das große Verdienst zu, die Wissenschaften und Künste ihrer Zeit gefördert zu haben – und zwar nach eigenen Maßgaben. Davon lese ich in den Augen Élisabeth Ferrands, in ihrem Blick, den ich so unverwandt auf mich gerichtet fühle.

Ob sie je den *Discours sur le bonheur* gelesen hatte? Hatte diese Abhandlung vielleicht auch in ihrem Salon zu leidenschaftlichen Debatten geführt?

Gedruckt wurde die Schrift erst dreißig Jahre nach Emilie du Châtelets Tod. Gelesen wurde sie dennoch, das Manuskript ging von Hand zu Hand interessierter Leserinnen und Leser. Denn in der Zeit der Aufklärung, der Zeit des vernunftbegabten, selbstbestimmten, mündigen Menschen hatte die Frage nach dem individuellen Glück des Einzelnen außerordentlich große Beachtung gefunden. Über das Glück wurde viel geschrieben und noch mehr debattiert. Hatte sich Élisabeth Ferrand die Frage gestellt, was Glück bedeutete? Was es für sie selbst bedeutete? Worin ihr eigenes Lebensglück bestand? Wie es zu erlangen war und auf welche Weise es erhalten werden konnte?

Emilie du Châtelet war von eigenen Lebenserfahrungen ausgehend der Frage nach den Möglichkeiten eines glücklichen Lebens nachgegangen und hatte ihre Erkenntnisse in allgemeine Lebensregeln münden lassen. Sie maß den Leidenschaften und der Liebe als tiefgründigste der Leidenschaften größte Bedeutung bei, ohne ein vernunftgeleitetes Handeln, eine Balance zwischen Leidenschaft und Vernunft, aus dem Auge zu verlieren. Leidenschaften zu haben, schrieb sie, sei eine Voraussetzung zum glücklichen Leben. Aber hören wir sie selbst und wie sie ihre *Rede vom Glück* endigt: »Versuchen wir also, es uns gut gehen zu lassen, keinerlei Vorurteile zu hegen, Leidenschaften zu haben und sie unserem Glück dienlich zu machen, unsere Leidenschaften durch Neigungen zu ersetzen, mit größter Sorgfalt unsere Illusionen zu bewahren, tugendhaft zu sein, niemals zu bereuen, uns von traurigen Vorstellungen fernzuhalten. [...] Denken wir schließlich daran, unsere Neigung für die Wissenschaft zu pflegen, diese Neigung, die das Glück vollkommen in unsere eigenen Hände legt. Nehmen wir uns vor dem Ehrgeiz in acht und vor allem seien wir uns im klaren, was wir sein wollen; entscheiden wir uns für den Weg, den wir für unser Leben einschlagen wollen, und versuchen wir, ihn mit Blumen zu säumen.«

Eigene Wege gehen. Und diesen Weg mit Blumen säumen. So lautet ihre Botschaft.

Bildung und weibliches Selbstverständnis

Sich entscheiden, selbstbestimmt handeln, unbeirrt eigene Wege gehen.

Nicht immer waren die Wege mit Blumen gesäumt. Sie waren bestimmt durch die Zeit, in der Frauen lebten, durch das Land, in dem sie beheimatet waren. Bestimmt durch ihre soziale Zugehörigkeit, durch gesellschaftliche Normen und nicht zuletzt durch ihre Bildungsmöglichkeiten. Für Frauen im 17. Jahrhundert waren die Lebensumstände andere als für jene im 18. Jahrhundert, für Frauen in Frankreich anders als für Frauen in England, in den Niederlanden, in Italien oder in Deutschland. Anders für die englische Philosophin Lady Anne Conway (1631-1679) als für die Schriftstellerinnen Madame de La Fayette (1634-1693) in Paris oder Mary Astell (1666/68-1731) in London, anders für die Physikerin und Philosophin Laura Maria Bassi (1711-1778) in Bologna als für die Ärztin Dorothea Christiane Erxleben (1715-1762) im mitteldeutschen Quedlinburg, anders für die Verteidigerinnen der Rechte der Frauen, Olympe de Gouges (1748-1793) in Paris oder Mary Wollstonecraft (1759-1797) in London und anders auch für die deutschen Schriftstellerinnen Sophie La Roche (1730-1807) oder Therese Huber (1764-1829). Es lässt sich schwerlich von *der* Frau oder *den* Frauen sprechen. Gleichwohl sind die Lebenswege einzelner Frauen Signaturen. Teil einer Geschichte von Frauen. Zeugnisse weiblichen Selbstverständnisses.

Ein solches Zeugnis haben wir auch in der Dichterin Christiane Mariane von Ziegler, geb. Romanus (1695-1760) vor Augen, einer Zeitgenossin von Élisabeth Ferrand und Emilie du Châtelet. Eine *Salonnière* aus Leipzig, die im Jahre 1733 von der Universität Wittenberg zur *poeta laureata*, zur lorbeergekrönten Dichterin gekürt wurde. Christiane Mariane von Ziegler, die den Tod ihres Ehemannes und ihrer Kinder zu beklagen hatte, war zu Lebzeiten ihrer Dichtkunst wegen, aber auch als Verfasserin poetischer und allgemein lebenspraktischer Abhandlungen zu Ruhm und Ehren gelangt. Sie war eine Förderin deutschsprachiger Literatur und galt als Zierde der »Deutschen Gesellschaft« in Leipzig, die mit ihr zum ersten Mal eine Frau in ihren literarischen Zirkel aufgenommen hatte (1730). Sie übersetzte Texte aus dem Französischen ins Deutsche, unter anderem ein Werk der Romanschriftstellerin Madeleine de Scudéry (1607-1701), die nicht nur in Frankreich viel gelesen wurde. In ihr sah Christiane Mariane von Ziegler ein Vorbild weiblicher Gelehrsamkeit − es war eines ihrer Herzensthemen gewesen. Der Frage weiblichen Schreibens und der eines grundsätzlichen Rechtes von Frauen auf Bildung widmete sie denn auch große Aufmerksamkeit. An Verstandeskräften mangele es den Frauen nicht, so wenig wie an Fähigkeiten zur Dichtkunst, und es gäbe keinen Grund, ihnen die Wissenschaften vorzuenthalten. Denn Bildung, so die Humanistin, führe zu einem untadeligen Lebenswandel und wirke sich segensreich auf alle Lebensbereiche der Frauen aus.

Ihr war in dieser Zeit der frühen Aufklärung große Bewunderung entgegengebracht worden. Sie hatte Frauen durch ihr Beispiel ermutigen wollen, eigene Lebenspläne nicht aus dem Auge zu verlieren − und ja, auch selbst zur Feder zu greifen. Vielleicht ließ sich die ebenfalls in Leipzig lebende, etwas jüngere Luise Adelgunde Viktoria Gottsched, geb. Kulmus (1713-1762) auf diese Weise inspirieren. Sie gehört heute zu den frühen deutschsprachigen Schriftstellerinnen und ist vor allem als Dramendichterin und Übersetzerin bekannt geworden. Als siebzehnjährige, sorgfältig gebildete und selbstbewusste junge Frau hatte sie einen ausgiebigen Briefwechsel mit ihrem späteren Ehemann Johann Christoph Gottsched (1700-1766), Professor

der Leipziger Universität und Reformer der deutschen Sprache,
begonnen – seinem Wunsch folgend nicht mehr in der für den
Adel wie das gebildete Bürgertum damals bevorzugten französischen, sondern in deutscher Sprache, die anstelle des gelehrten
Lateins auch als Sprache der Wissenschaften und der Literatur in
Gebrauch kam. Das Schreiben von Briefen, die Mitteilung von
Gedanken, die Erörterung von Wissen und Wissenswertem gehörte zu den alltäglichen Gepflogenheiten der Gesellschaft des
18. Jahrhunderts – es war beinahe eine Tugend zu nennen. Und
es waren gerade Frauen, die diese Form des Dialogs besonders
wertschätzten und darin besondere Vollkommenheit entwickelten.

Luise A. V. Gottsched schrieb vollendete Briefe, sicher im Stil,
klar in ihrer Intention und unabhängig von gängigen Regel-
büchern zum Abfassen von Briefen. Als J. Ch. Gottsched, der
ihre Kunst des Briefschreibens bewunderte und der in ihr bereits eine Nachfolgerin Christiane Mariane von Zieglers erblickte, ihre Briefe öffentlich zu machen gedachte, was zu dieser
Zeit nicht unüblich war – private Briefe wurden durchaus
weitergereicht, gerne auch in Gesellschaften vorgelesen oder
publiziert –, stellte sie sich seinem Vorhaben entgegen. Sie wird
ihre Gründe gehabt haben. Ähnlich der von ihr geschätzten
Christiane Mariane von Ziegler verkörperte sie das Bild vollen-
deter weiblicher Gelehrsamkeit, gleichwohl sah sie sich mit den
Erwartungen und Tugendvorstellungen einer sich bildenden
bürgerlichen Gesellschaft konfrontiert, die Frauen in der literarischen Öffentlichkeit mit wachsendem Argwohn begegnete. Dass
sie gehalten war, den Rhetorikvorlesungen J. Ch. Gottscheds
hinter einer angelehnten Tür zu folgen, wird mehr als befrem-
dend gewesen sein für eine künstlerisch ambitionierte Frau, die
eigene Dramen schrieb, die wichtige französische und englische
Literatur ins Deutsche übersetzte und so die Gedanken der Aufklärung verbreitete. Als noch unverheiratete junge Frau hatte sie
eine Schrift der französischen Salonnière Madame de Lambert,
die *Réflexions nouvelles sur les femmes* (1727) ins Deutsche übersetzt und unter dem Titel *Betrachtungen über das Frauenzimmer*
1734 in Leipzig in Druck gegeben. Sie hatte die Reformbestre-

bungen und literarischen Arbeiten ihres Ehemannes umfänglich unterstützt. Kaum eines ihrer Werke trug jedoch ihren Namen, J. Ch. Gottsched hatte sie zumeist anonym veröffentlicht. Es war ihr anscheinend nicht gegeben, sich dagegen aufzulehnen, nicht gegen ihre Rolle als »Gehilfin« ihres Ehemannes und nicht gegen ein Frauen zunehmend einengendes Weiblichkeitsbild ihrer Zeit. Waren Wunsch und Wirklichkeit auseinandergefallen? Ihren umfangreichen Briefwechsel gab schließlich zehn Jahre nach ihrem Tod ihre langjährige Brieffreundin, die Dichterin Dorothee Henriette von Runckel (1724-1800), heraus.

Möglichkeiten, aber auch Grenzen weiblicher Lebensgestaltung werden sichtbar.

Dies blieb nicht unwidersprochen. Ambitionierte Frauen formulierten ihre Wünsche nach Anerkennung, nach Bejahung eigener Lebenspläne und vor allem nach Verbesserung ihrer Bildungsmöglichkeiten. Dieses Begehren zieht sich wie ein roter Faden durch viele überlieferte Zeugnisse weiblichen Schreibens. Es findet sich in erhaltenen Briefen, in Abhandlungen, in Romanen und Novellen, in Zeitungsbeiträgen wie in Gedichten – Bildung als ein Weg zur Mündigkeit und zu einem eigenverantwortlichen Leben. Christine de Pizan (um 1365-1430) hatte den Anfang gemacht, mit ihr hatte zu Beginn des 15. Jahrhunderts eine europaweit geführte Debatte um die Wesenhaftigkeit der Frau, ihre Rolle in der Gesellschaft, innerhalb wie außerhalb der Ehe, und um die Frage ihrer Erziehung und Bildung begonnen. Diese bereits mehrfach zitierte *Querelle des Femmes*, in der auch männliche Gelehrte, Philosophen, Pädagogen und Theologen – teils frauenfreundlich, teils frauenfeindlich – mit ihren Schriften Partei ergriffen hatten, setzte sich im aufgeklärten pädagogischen 18. Jahrhundert unvermindert fort. Und Frauen hatten allen Grund, sich in der Frauenfrage immer wieder zu Wort zu melden, ein Recht auf Wissen und Erkenntnis geltend zu machen, auf Möglichkeiten, die Welt zu begreifen und mitzugestalten.

Zu diesen Frauen gehörte auch Dorothea Christiane Erxleben, geb. Leporin (1715-1762) aus Quedlinburg. Weil ihr allzu große

Steine in den Weg gelegt wurden und die Universität Halle ihr
als Frau – anders als ihrem Bruder und ungeachtet der Tatsache,
dass sie die gleichen Voraussetzungen zum Studium der Medizin
mitbrachte wie er – die Immatrikulation verweigerte, fertigte
sie eine *Gründliche Untersuchung der Ursachen, die das Weibliche
Geschlecht vom Studiren abhalten* an. Mit dieser zweihundert-
vierzig Seiten umfassenden Schrift, die auf Drängen ihres Vaters,
einem praktischen Arzt in Quedlinburg, 1742 veröffentlicht
wurde, legte sie Schritt für Schritt dar, dass alle Zweifel am
weiblichen Bildungsvermögen auf nichts anderem beruhten als
auf zeitgenössischen Vorurteilen. Sie seien allesamt unbegrün-
det und unvernünftig, was im Übrigen durch Erfahrungen und
die Geschichte von Frauen der Vergangenheit zur Genüge bewiesen sei. Ein Unrecht sei es deshalb, den Frauen Bildung,
dieses hohe menschliche Gut, vorzuenthalten. Sie forderte eine
gründliche Erziehung der Mädchen, und zwar in öffentlichen
Einrichtungen. Sie mochte den Zugang zur Bildung nicht dem
Zufall der Geburt und einer häuslichen Unterweisung allein
überlassen. Weibliche Bildung sollte auch ein akademisches Studium für Frauen nicht ausschließen, und selbstverständlich sollte
ihnen die Ausübung eines Berufes nicht verwehrt sein.

So entschlossen, wie sie an Verbesserungen für die Frauenbildung festhielt und Reformen forderte, so entschlossen hielt
sie an ihren eigenen Lebensplänen fest. Und sie fand darin
wohlwollende Unterstützung ihr nahestehender Menschen. Im
Jahre 1754 wurde sie als erste Frau in Deutschland an der Universität Halle zur Doktorin der Medizin promoviert. Da war sie
längst der Missgunst ärztlicher Kollegen zum Trotz praktizie-
rende Ärztin in Quedlinburg, hatte die Praxis ihres Vaters über-
nommen und führte zudem als Ehefrau und Mutter einen
kinderreichen Haushalt. Diese Aufgabe hatte ebenso wie ihre
Arbeit als Ärztin gleichermaßen zu ihrem Leben gehört. Be-
harrlich und mit Leidenschaft hatte sie sich diesen Weg erkämpft.
Mit eben der Leidenschaft vielleicht, die Emilie du Châtelet im
weit entfernten Paris in ihrem *Discours sur le bonheur* als Voraussetzung zum Glück bezeichnet hatte. Ob Dorothea Christiane

Erxleben davon Kenntnis hatte? Sie war unbeirrt ihren Weg gegangen. Es hatte ihr Glück gebracht, sie hatte ihren Weg mit Blumen gesäumt.

»Les Conversations d'Emilie« – »Aemiliens Unterredungen« (Louise d'Epinay)

In ebendem Todesjahr von Dorothea Christiane Erxleben und dem von Luise Adelgunde Gottsched, 1762, erlebte Louise d'Epinay (1726-1783) in Paris, dass Jean-Jacques Rousseau (1712-1778) mit seinem Erziehungsroman *Émile ou De l'éducation* und seiner Idee einer »natürlichen Erziehung« des Kindes einiges Aufsehen erregte. Das in Amsterdam gedruckte Werk wurde wegen der fehlenden königlichen Druckerlaubnis kurz nach Erscheinen verboten, war jedoch noch im selben Jahr in einer anonymen Übersetzung ins Deutsche mit dem Titel *Emile oder Über die Erziehung* herausgebracht worden.

Madame d'Epinay war eine Frau der Aufklärung, eine unabhängige Denkerin und Autorin, eine wache Beobachterin der gesellschaftlichen Wandlungen ihrer Zeit. Sie war Rousseau zeitweilig freundschaftlich verbunden gewesen, ebenso Philosophen aus dem Kreis der Enzyklopädisten, Denis Diderot (1713-1784) etwa, dem Herausgeber der großen *Encyclopédie* (seit 1751), oder Friedrich Melchior Grimm (1723-1807), der mit seiner *Correspondance litteraire* (1753-1790) Leserinnen und Leser an europäischen Fürstenhöfen mit kulturellen, gesellschaftlichen und wissenschaftlichen Neuigkeiten aus Paris versorgte. Die *Correspondance* war eine einflussreiche, zur Umgehung der Zensur grundsätzlich handgeschriebene Zeitschrift, für deren kontinuierliches Erscheinen Louise d'Epinay gemeinsam mit Diderot zeitweise verantwortlich war.

Im Bewusstsein ihrer eigenen, mehr der Tugendbildung und den Erfordernissen einer aristokratischen Gesellschaft geschuldeten Erziehung, die sie in Schriften und Briefen wiederholt beklagte, richtete Louise d'Epinay als erwachsene Frau ihr Augenmerk umso leidenschaftlicher auf die Frage weiblicher

Erziehung und Bildung. Nichts sei dringlicher und von mehr
Bedeutung für das Selbstbild eines Mädchens und die Möglichkeiten, sich eigene Handlungsräume zu erschließen, als eine
gründliche Bildung und solide Kenntnisse auf allen Wissensgebieten. Nicht mangelnde Geisteskraft, sondern die den Frauen
vorenthaltene Bildung sei die Ursache für ihre scheinbare Un-
mündigkeit und schließe sie zu Unrecht aus großen Teilen des
gesellschaftlichen Lebens aus. Mädchen seien jedoch in gleicher
Weise erkenntnis- und urteilsfähig wie die Jungen, argumentierte auch sie.

Erziehung zu Mündigkeit und weiblicher Selbstbestimmung.
Davon war bei Rousseau nicht die Rede gewesen. Im fünf-
ten Buch seines *Émile*, im Buch *Sophie ou la femme (Sophie oder
das Weib)*, mündeten seine Ideen zur weiblichen Erziehung in
der Feststellung, dass die Frau ihrer Natur nach zur liebenden
Gattin und Mutter ihrer Kinder bestimmt sei und dass die Bildung des Mädchens darauf gerichtet sein solle, sie zur sorgfäl-
tigen Erfüllung dieser Aufgabe zu befähigen. Mehr sei von wenig allgemeinem Nutzen. Nicht Mündigkeit und individuelle
Entfaltung der Persönlichkeit, nicht Gleichheit und ein Recht
auf Bildung – die Postulate der Aufklärung – hatten hier die
Feder geführt, sondern ein auf das Wohl der Gesellschaft wie des
Mannes gerichtetes Bild von Weiblichkeit.

Für Louise d'Epinay war dies Anlass genug, ihre eigenen
Anschauungen zu Papier zu bringen, sich der Erziehung ihrer
kleinen Enkelin Emilie anzunehmen und die *Conversations
d'Emilie* zu schreiben. Eine Antwort auf Rousseau? Auf seine
Ideen zur Erziehung, die auf die Pädagogik des 19. Jahrhunderts
und die Herausbildung weiblicher, an häuslicher und frommer
Lebensweise orientierter Erziehungsvorstellungen in Deutschland so folgenreich Einfluss nehmen sollten? Widersprach das
Mädchen Emilie in aller Öffentlichkeit dem Jungen Émile? Ihre
Gespräche mit Emilie waren im Jahre 1774 erschienen – mehr
als dreißig Jahre nach Dorothea Christiane Erxlebens Schrift.
Sie wurden in mehrere Sprachen übersetzt. Eine deutsche Aus-
gabe mit dem Titel *Aemiliens Unterredungen* war bereits 1775 in

Leipzig gedruckt worden. Kurz vor Ende ihres Lebens, 1783, verlieh ihr die *Académie Française* für dieses Erziehungsbuch den *Prix d'utilité*. Für ein Werk, mit dem sie den Anspruch auf eine verbesserte Mädchenbildung und weibliche Gelehrsamkeit formuliert hatte, ohne Ehe- und Familienpflichten als Teil weiblicher Lebenswelten aus dem Blick zu verlieren. Verstand und Gefühl seien auszubilden, es komme den Frauen wie der Gesellschaft zugute.

Auch Louise d'Epinay waren die in der zweiten Hälfte des 18. Jahrhunderts zunehmend fühlbaren Ressentiments gelehrten Frauen gegenüber nicht entgangen – »Schöngeister« hatte Rousseau sie genannt. Trotz Aufklärung und der Erkenntnis des vernunftbegabten Menschen waren Vorbehalte dieser Art »salonfähig« geworden. Sie gründeten in Vorstellungen vom Wesen der Frau und ihrer »weiblichen Natur«. Das Verhältnis von Frau und Mann sei nicht ein gottbestimmtes, sondern ein von der Natur vorgegebenes. Und die Natur sei es, die Frau und Mann unterschiedliche Lebensfelder zuweise: ihm im öffentlichen Raum, ihr im häuslichen Umfeld, der Liebe und Fürsorge der Kinder und ihr anvertrauter Menschen hingegeben. Eine solch einseitige, allein auf Haus- und Erziehungsarbeit festgeschriebene Lebenswirklichkeit mochten sich Frauen wie Louise d'Epinay nicht zu eigen machen. Sie hatten andere Vorstellungen von Leben und Arbeiten, und immer mehr begannen, dies auf unterschiedliche Weise zu artikulieren.

Briefe

Die Unbefangenheit, mit der Christiane Mariane von Ziegler in ihren *Moralischen und Vermischten Send=Schreiben* des Jahres 1731 noch freimütig hatte bekunden können, ihr Briefwechsel sei unschuldig und alle Welt könne wissen, was sie der Feder anvertraue, war bei Frauen in der zweiten Hälfte des 18. Jahrhunderts einer vorsichtigen Zurückhaltung gewichen. Dennoch, die Feder legten sie nicht aus der Hand. Im Gegenteil. Für viele und immer mehr Frauen wurde das Schreiben von Briefen eine

lebenswichtige Erfahrung. Diese schriftliche Konversation ge-
währleistete die Teilhabe am gesellschaftlichen Leben, war eine
Form der Selbstvergewisserung auch. Von dieser Form des weiblichen Schreibens hatten Frauen seit jeher Gebrauch gemacht.

Neu war für Frauen des 18. Jahrhunderts in Deutschland, dass
das Schreiben von Briefen in ihrer Muttersprache, der Sprache,
die sie täglich benutzten, sich durchzusetzen begann und die
Gewohnheit des Adels wie des gebildeten Bürgertums, für ihre
Korrespondenzen das höfische Französisch zu verwenden –
selbst zwischen Familienangehörigen und selbst zwischen Mutter und Tochter –, langsam aus der Mode geriet. Das änderte
viel. Schuf neue Möglichkeiten, neue Formen der Briefkultur.
Aber für wen? Vornehmlich für Frauen einer bildungsbewussten
Gesellschaft? Für Frauen, die wohlhabend genug waren und
über genügend Muße verfügten, das Briefschreiben zu kultivie-
ren? Oder ließ das Schreiben in der Muttersprache nicht vielleicht auch Frauen zu Papier und Tinte greifen, die im Schreiben eher ungeübt waren und erst langsam ertastend diese
Möglichkeit für sich zu entdecken begannen? Auch wenn erhal-
tene Frauenbriefe des 18. Jahrhunderts und andere schriftliche
Dokumente wie Tagebücher und Erinnerungen vor allem aus
der Feder von Frauen des Adels und des Bildungsbürgertums
geflossen waren, spiele ich gleichwohl mit dem Gedanken, dass
auch weniger begüterte Mädchen und Frauen, die Töchter und
Ehefrauen von Handwerkern oder Kaufleuten etwa, Briefe
schrieben, weil sie – wie jede andere Frau auch – darin eine
Möglichkeit fanden, sich mitzuteilen oder einfach über alltägliche Begebenheiten zu berichten. Und die Marktfrauen, die
Bäuerinnen, die Dienstmädchen? Dass von ihnen so gut wie
nichts Schriftliches erhalten blieb, bedeutet nicht, dass es Zeugnisse wie Briefe oder kleine Mitteilungen nicht gab. Sie aufzuheben war vielleicht nie erwogen worden?

Anderes war der Dichterin Anna Luise Karsch (1712-1791)
beschieden. Sie war die Tochter eines Gastwirts, in ärmlichen
Verhältnissen aufgewachsen, kaum gebildet, aber reich an poetischer Sprachkraft. Sie ging, weil ihre Poesie und glückliche

Umstände es fügten, als ein Wunder natürlicher Dichtkunst der Lyrikgeschichte nicht verloren. Überliefert hat sich, dass sie dreißig Jahre lang, bis zu ihrem Tod, Briefgespräche mit dem befreundeten Dichter Wilhelm Ludwig Gleim (1719-1803) führte. Er hatte 1764 einen ersten Gedichtband von ihr herausgebracht. Ein Glücksfall der Überlieferungsgeschichte, meine ich.

Frauen jedenfalls waren es, die die Kunst des Briefschreibens im 18. Jahrhundert zum Aufblühen brachten. Und sie zeigten darin Geist und Sprachgewandtheit, Kreativität, Unabhängigkeit und viel Phantasie. Gleich, ob sie sich bedeutende französische Briefschreiberinnen des 17. Jahrhunderts, etwa die in Deutschland viel gelesene Madame de Sévigné (1627-1696), die ihnen die Reformer der deutschen Literatur und Befürworter weiblicher Briefkultur wärmstens empfahlen, zu Herzen nahmen oder nicht. Die Briefschreiberinnen des 18. Jahrhunderts verliehen dem privaten, persönlichen Brief als eigenständige Literaturform bleibende Bedeutung. Er ermöglichte ihnen Austausch und freundschaftliche Beziehungen, war ihnen Quelle von Wissen und Bildung. Gefühle der Liebe und der Leidenschaft fanden hier ihren Ort, beinahe alles Erlebte, alles Erträumte ließ sich in Worte fassen. Der Brief schuf Momente des Innehaltens, schuf neue Horizonte, führte zu neuen Erkenntnissen.

Romane

Und Frauen waren schließlich frei genug, das Schreiben von Briefen auch als ein Hineingleiten in literarisches Schreiben zu nutzen. Sophie La Roche (1730-1807), eine wahre Briefkünstlerin, war eine von ihnen. Sie schrieb den ersten deutschsprachigen, von einer Frau verfassten Roman – einen Roman in Briefform. Ihre *Geschichte des Fräuleins von Sternheim* erschien 1771 anonym. Als Herausgeber trat ihre frühere Jugendliebe und ihr vertrauter Freund, der Dichter Christoph Martin Wieland (1733-1813), in Erscheinung, der in seiner Vorrede bekundete, die Veröffentlichung des Romans ohne ihr Wissen betrieben zu haben, wiewohl er nicht verbarg, dass das Werk von einer Frau geschrieben worden war – eine »Freundin der Sternheim« nannte er sie. Doch ihren eigenen Namen unter ihr Werk zu setzen, das sie mit Herzblut und – so viel ist heute gewiss – in der Absicht geschrieben hatte, es auch gedruckt zu sehen – es wäre wohl ihrem, vielleicht auch seinem Dafürhalten nach zur damaligen Zeit ein zu kühner Schritt gewesen. Versicherte sich Sophie La Roche für den Schritt in die Öffentlichkeit des Schutzes und Namens eines in der literarischen Welt anerkannten Mannes? Brauchte sie als schreibende Frau anfangs diese Rechtfertigung? Auch, weil sie mit ihrem von einer Frau verfassten Briefroman in der deutschen Literaturlandschaft etwas Neues aus der Taufe gehoben hatte? Fürchtete sie nicht nur den Tadel als Frau, sondern auch den der Kunstwelt an ihrem Werk an sich? Oder war es ganz einfach ein Maskenspiel?

Sophie La Roche hatte die Form des Briefromans gewählt. Wie bereits im 17. Jahrhundert die englische Schriftstellerin Aphra Behn (1640-1689) in ihren *Love Letters between a Nobleman and his Sister* (1683). Wie später der Engländer Samuel Richardson (1689-1761) in seinen Romanen *Pamela* (1741) und *Clarissa Harlowe* (1748) oder auch Jean-Jacques Rousseau in *Julie ou La Nouvelle Héloïse* (1761). Es waren Romane, die eine große Lesebegeisterung, besonders unter den Frauen, entfacht hatten. Und nicht nur unter den Frauen des gehobenen Bürgertums. Diese Romane in Briefform, in denen Menschen ihr Innerstes enthüllten, in denen sie ihre Gedanken und Seelenregungen offenbarten, ließen Leserinnen und Leser unmittelbar Anteil nehmen an den Empfindungen ihres Herzens und den Beweggründen ihres Handelns. Das war neu, und es löste in dieser »Zeit der Empfindsamkeit« eine Welle der Begeisterung aus.

Diese Welle traf auch auf die *Geschichte des Fräuleins von Sternheim*. Sophie La Roche ließ ihr Lesepublikum in das Herz des Fräuleins von Sternheim schauen, sich einfühlen in die schicksalhaften Verwicklungen und seelischen Erschütterungen dieser jungen Frau und ließ sie schließlich die Herausforderungen ihres Lebens, seelisch gefestigt, auch meistern sehen. Sie hatte eine sorgfältig gebildete Frau entworfen, ein Vorbild weiblicher

Tugendhaftigkeit: rechtschaffen, liebenswürdig, bescheiden und empfindsam, die Grenzen des Schicklichen stets wahrend. Eine junge Frau, die innerhalb dieser Grenzen so besonnen wie entschlossen ihr Leben in die Hand nahm, auch wenn sie diesen ihr als Frau zugedachten Handlungsraum als schmerzhaft einengend und konfliktreich erfahren musste.

Die *Geschichte des Fräuleins von Sternheim* wurde ein großer Erfolg. Übersetzungen in mehrere Sprachen folgten. Französische, englische, holländische und russische Leserinnen griffen zu dieser Lektüre. Vielleicht hatte auch Louise d'Epinay die *Mémoires de Mademoiselle de Sternheim* gelesen? Das Schicksal des Fräuleins von Sternheim jedenfalls war in aller Munde. Und Sophie La Roche, nach kurzer Zeit als Autorin des Romans entdeckt, wurde bald mit ihrer Hauptfigur in eins gesetzt — sie wurde zur »Sternheim« selbst, was sie nicht war und auch nicht hat sein wollen. Sie gelangte zu literarischem Ruhm.

Und dieser Erfolg beflügelte. Es war der Beginn ihrer schriftstellerischen Arbeit, mit der sie, für eine Frau des Bildungsbürgertums durchaus nicht »standesgemäß«, zum Lebensunterhalt ihrer in wirtschaftliche Bedrängnisse geratenen Familie beitrug. Weitere Romane entstanden, moralische Erzählungen, Reisebeschreibungen und ausgedehnte Briefwechsel, und Sophie La Roche gehörte zu den ersten Frauen, die eine eigens an eine weibliche Leserschaft gerichtete Zeitschrift herausgaben.

»... entworfen von einem Frauenzimmer« (Anna Maria Sagar)

Sophie La Roche hatte den ersten Frauenroman geschrieben. Und beinahe scheint es, als habe es dieses Signals bedurft, um in der zweiten Hälfe des 18. Jahrhunderts eine entscheidende Bewegung anzustoßen: das Schreiben und vor allem das Lesen von Romanen. Noch im Jahr des Erscheinens der *Sternheim* kam ein weiterer Roman aus der Feder einer Frau auf den Buchmarkt: Anna Maria Sagars (1727-1805) *Die verwechselten Töchter, eine wahre Geschichte, in Briefen entworfen von einem Frauenzimmer.*

Ihren Namen verriet auch sie nicht, doch gab sie sich bereits im Titel ihres Werks selbstbewusst als schreibende Frau zu erkennen. Eine Tür schien weit geöffnet. Und ich war mehr als erstaunt zu lesen, dass für den Zeitraum von 1770 bis 1810 etwa fünfhundert Romane von nahezu achtzig Autorinnen nachgewiesen werden konnten: überwiegend Briefromane, die zumeist anonym oder unter einem (nicht selten männlichen) Pseudonym versteckt ein waches, lesehungriges Publikum erreichten. Begehrte, viel gelesene Romane, in denen Lebenswege und -schicksale von Frauen thematisiert, Familien-, Ehe- und Erziehungsfragen beleuchtet wurden. Es ist vor allem engagierten Literaturwissenschaftlerinnen zu verdanken, dass Licht in diese Zeit weiblichen Schreibens gelangen konnte und heute viele Namen von Schriftstellerinnen des ausgehenden 18. und beginnenden 19. Jahrhunderts bekannt sind. Namen wie Friederike Helene Unger, geb. von Rothenburg (1741-1813), Marianne Ehrmann, geb. Brentano (1755-1795), Christiane Benedikte Naubert, geb. Hebenstreit (1756-1819), Friederike Sophie Karoline von Wolzogen, geb. von Lengefeldt (1763-1847), Caroline Auguste Fischer, geb. Venturini (1764-1842), Wilhelmine Karoline Wobeser, geb. von Rebeur (1769-1807) oder Sophie Mereau, geb. Schubart (1770-1806).

Bücher zu schreiben und zu veröffentlichen, gehörte damaligen Vorstellungen nach nicht zu den »natürlichen« Bestimmungen einer Frau. Diejenigen »schriftstellernden Frauen«, die ihre Feder dennoch nicht ruhen ließen, sondern frei und selbstbestimmt an ihren Schreibplänen festhielten, fanden Mittel und Wege, ihre Tugendhaftigkeit und Moral unter Beweis zu stellen: Sie führten in den Vorreden zu ihren Romanen wiederholt ihr Schreiben rechtfertigende Gründe an und beteuerten einfallsreich, über ihre Schreibarbeit keine ihrer »eigentlichen« Pflichten als Frau zu vernachlässigen. Das Schreiben sei beileibe nicht ihre Hauptbeschäftigung, und ihre Romane dienten mehr der Erziehung und Belehrung als dem unterhaltenden Zeitvertreib. Viele gaben sich ihren Leserinnen namentlich nicht zu erkennen, doch viele hinderte zugleich nichts daran, sich selbst-

bewusst als schreibende Frau, als »Verfasserin«, als »ein Frauenzimmer« oder vielfach auch als »Sternheim« auszuweisen – sie
war zu einem bevorzugten Pseudonym geworden. Diese wohl-
überlegten Bekenntnisse der Autorinnen enthielten zweifellos
eine wichtige Botschaft für die Leserinnen: Es ist eine Frau, die
schreibt. Nicht namentlich, aber als schreibende Frauen konnten
sie auf diese Weise literarisch Spuren hinterlassen, ihrer weiblichen Stimme Gehör verschaffen.

Die Lust zu lernen – Therese Huber

Wie schwer es angesichts der Auffassungen von der »weiblichen
Natur« für Frauen im ausgehenden 18. Jahrhundert durchaus war,
nicht im Spannungsfeld eigener und fremder Lebensentwürfe
zerrieben zu werden, ihren Bildungshunger, die Lust zu lernen,
nicht gesellschaftlichen Erwartungen und Tugendvorstellungen
zu opfern, mag am Beispiel Therese Hubers (1764-1829) deutlich werden. Sie vertraute als Achtzehnjährige einer Freundin –
und nur ihr – in einem Brief die Art ihrer Lektüre an: eine
Kirchengeschichte vom Ende des 17. Jahrhunderts. Doch ver-
lör sie bei niemandem sonst auch nur ein einziges Wort darüber, denn um alles in der Welt wolle sie nicht als »gelehrt«
erscheinen. Obwohl als Tochter des Göttinger Universitäts-
professors Christian Gottlob Heyne in einem aufgeklärt-bürger-
lichen Elternhaus aufgewachsen, war ihre Schulbildung zunächst
nicht über das für eine »höhere« Tochter geltende Maß hinaus-
gegangen. Französisch hatte dazu gehört und natürlich der
obligatorische Musik-, Tanz- und Zeichenunterricht. Dies alles
sollte Mädchen befähigen, sich in der bildungsbürgerlichen Gesellschaft zu bewähren.

Aber Therese Huber verlangte es nach mehr, und so begann
sie zu lesen. Sie hatte die Bibliothek ihres Vaters entdeckt und
»las, las, las«, wie sie als Zweiundfünfzigjährige rückblickend in
einem Brief bekundete. Denn Lesen war eine, oftmals die einzige Möglichkeit für Frauen dieser Zeit, sich weiterführende
Bildung und Wissen anzueignen. Therese Huber gehörte zu den

Frauen im Umkreis einer Universität, die von den ihnen zugänglichen Bildungsmöglichkeiten reichlich Gebrauch gemacht hatten.

Doch sie schwieg darüber. Weil zu viel auf dem Spiel stand?
Mögliche Heiratschancen und eine materielle Versorgung? Und
wer wollte sich schon der Lächerlichkeit preisgeben? Als hoch-
trabend und eitel gelten? In einer bürgerlichen Gesellschaft, die
dem Bildungsbegehren der Frauen in ebendem Maße Raum zu
geben bereit war, wie dies der »weiblichen Bestimmung« angemessen schien und sofern es – und das war von besonderer
Bedeutung – den Geltungsanspruch des Mannes in der Gesellschaft unangetastet ließ. Diesen Bedrängnissen standzuhalten, der
inneren Stimme zu folgen – es erforderte von Frauen Eigensinn
und Selbstvertrauen. Und viel Mut.

Das eine tun, und das andere nicht lassen? Auch Therese
Huber war gesellschaftlicher Vorbehalte wegen lange Jahre hin-
durch darauf bedacht gewesen, als Autorin nicht namentlich in
Erscheinung zu treten – sowohl als Mitarbeiterin ihres ersten
Ehemannes, des Völkerkundlers und Reiseschriftstellers Georg
Forster (1754-1794), für den sie Übersetzungsarbeiten anfertigte,
als auch in der Zusammenarbeit mit dem Schriftsteller und
Redakteur Ludwig Ferdinand Huber (1764-1804), ihrem zwei-
ten Ehemann. Unter seinem Namen oder anonym erschienen
ihre ersten Beiträge des Jahres 1793 für die Frauenzeitschrift
Flora. Teutschlands Töchtern geweiht von Freundinnen und Freunden
(1793-1803), desgleichen spätere Erzählungen und Romane.

Dennoch, das Schreiben wurde ihre Passion. Sie trug damit
zu Lebzeiten ihres Mannes und über dessen Tod hinaus zum
Lebensunterhalt ihrer Familie bei. Wirtschaftliche Sorgen waren
im Spiel. Doch vor allem: Sie liebte das Schreiben und war ihm
oftmals nächtens und unter großen Anstrengungen nachgegangen. Denn auch das gehörte zu ihrem Leben: eine große Haushaltung und die Erziehung ihrer Kinder. Zehn hatte sie zur Welt
gebracht, vier davon erreichten das Erwachsenenalter.

Noch 1811 ließ sie eine Reisebeschreibung, ihre *Bemerkungen
über Holland aus dem Reisejournal einer deutschen Frau*, nur mit den
Anfangsbuchstaben ihres Namens erscheinen. Erst im Jahre 1819,

im Alter von nunmehr fünfundfünfzig Jahren, veröffentlichte sie erstmals eine Arbeit unter ihrem vollen Namen. Da war sie bereits eine anerkannte Schriftstellerin, deren Identität längst durch eine Indiskretion an die Öffentlichkeit gelangt war. Und sie war verantwortliche Redakteurin des *Morgenblattes für gebildete Stände*. Diese im Cotta'schen Verlag seit dem 1. Januar 1807 erscheinende Kulturzeitung, für die sie seit der Gründung regelmäßig Beiträge geschrieben hatte, bot einem schnell wachsenden Kreis bildungsbewusster Leserinnen und Leser täglich neueste Nachrichten aus Gesellschaft, Kultur und Wissenschaft. Sieben Jahre lang, von 1816 bis 1823, verantwortete Therese Huber das Erscheinen dieses Nachrichtenblattes. Und sie tat dies mit großem Erfolg.

Therese Huber war Anhängerin der Französischen Revolution gewesen und hatte an die Ideen der Vernunft und der politischen Freiheit geglaubt. Ihr Herz schlug republikanisch. Als wache und zeitkritische Beobachterin der gesellschaftlichen Verhältnisse wollte sie mit ihrem Schreiben nicht allein unterhalten, sondern aufklären und moralisch anleiten und hatte dabei besonders Leserinnen vor Augen. Sie stellte in späteren Jahren ein traditionelles Weiblichkeitsbild ihrer Zeit nicht grundsätzlich infrage, gleichwohl blickte sie selbst auf ein unkonventionelles, beruflich erfolgreiches Leben zurück, in dem Ehe und Mutterschaft und literarische Ambitionen keinen Widerspruch gebildet hatten. Und sie war nicht die Einzige, die dies von sich sagen konnte.

Die Lust zu lesen

Und die lesenden Frauen?

Sie hinterließen in der Regel keine Zeugnisse ihrer Lesefertigkeit, weshalb es deutlich schwieriger ist, sich von ihnen ein Bild zu machen. Doch wie nie zuvor in der Geschichte trat die lesende Frau in das Bewusstsein dieses von Vernunft und Aufklärung geprägten Jahrhunderts, in dem die Erziehung des Menschen, seine Erkenntnisfähigkeit und Mündigkeit, sein Wohlergehen und Glück das Denken bestimmten. Der tugendhafte, moralisch handelnde Mensch war das Ziel. Tugend und Vernunft waren die Zauberworte. Um diese Eigenschaften befördern zu helfen, waren in Deutschland bereits zu Beginn des 18. Jahrhunderts, nach englischem Vorbild, die ersten Moralischen Wochenschriften wie *Der Vernünftler* (1713-14), *Der Patriot* (1724-26), *Vernünftige Tadlerinnen* (1725-27) oder *Die Matrone* (1728-30) entstanden, deren Erscheinen von Lesern, aber vor allem von Leserinnen des gebildeten Bürgertums von Woche zu Woche mit Ungeduld erwartet wurde. Viele der Wochenschriften wandten sich bevorzugt an Frauen, suchten sie zum Lesen und auch zum Schreiben von Beiträgen anzuregen. Anhand von umfänglichen Bücherlisten, den *Frauenzimmer-Bibliotheken*, wurde den Leserinnen eine bestimmte Auswahl an Literatur ans Herz gelegt: eine Vielfalt an Themen aus der Kultur und den Wissenschaften der Zeit, Sachbücher, Lexika, Historisches, Naturkundliches, Philosophisches und Schöngeistiges. Tugendhaft und geistreich sollten Frauen sein. Gute Lektüre diene der moralischen Erziehung und solle vor allem der bislang vernachlässigten weiblichen Bildung zugutekommen – so das Credo einiger früher Aufklärer.

Diese Entwicklung ging einher mit einer allmählichen Zunahme der Lesefähigkeit bis in weite Bevölkerungskreise hinein sowie der Entstehung einer bürgerlichen Gesellschaft, die wesentlich Trägerin eines kulturellen Aufblühens dieser Zeit war. Anstrengungen, das Schulwesen zu fördern, die Bildung der Bevölkerung zu verbessern, das heißt, wenigstens elementare Kenntnisse im Lesen, Schreiben und Rechnen zu vermitteln und vor allem eine christliche Erziehung zu gewährleisten, hatte es vermehrt seit Luthers Zeiten gegeben. Kirchen- und Schulordnungen beider Konfessionen des 16. und 17. Jahrhunderts legen Zeugnis davon ab. Den Kirchen war an guten Christinnen und Christen, den weltlichen Landesfürsten an tüchtigen Frauen und Männern gelegen. All diese Bemühungen, selbst die Einführung einer allgemeinen Unterrichtspflicht für Mädchen und Jungen zwischen sechs und vierzehn Jahren in Preußen (1717), hatten nicht die erhofften Früchte getragen. Es mangelte an vielem.

Es fehlten Lehrerinnen und Lehrer, es fehlten Räumlichkeiten, und es fehlte an Geld. Aber ein Funke war entzündet, der im 18. Jahrhundert aufzuleuchten begann – mit unterschiedlicher Intensität. Unterschiedlich von Region zu Region, in Städten anders als auf dem Land, in protestantischen Gebieten anders als in katholischen und anders für Jungen als für Mädchen.

Das aufgeklärte 18. Jahrhundert hatte eine neue bürgerliche Gesellschaft hervorgebracht, die politisch keineswegs unabhängig war, deren Selbstverständnis jedoch nicht mehr auf ständischer Zugehörigkeit, auf Herkunft und Besitztum gründete, sondern vor allem auf individueller Leistung, auf Tüchtigkeit, Ansehen und wirtschaftlichem Erfolg durch eigener Hände Arbeit. Dies erfüllte mit Genugtuung und Stolz. Dies schuf ein ausgeprägtes Selbstbewusstsein, besonders im städtischen Bürgertum, führte zu einer großen Wertschätzung von Bildung und entfachte eine bisher nicht gekannte Leselust – auch in Kreisen eines neuen bürgerlichen Mittelstandes und darüber hinaus, bei Jung und Alt und eigens auch bei den Frauen dieser Zeit.

Ein wachsendes Lesebedürfnis, eine langsam sich ausbreitende Lesefähigkeit sowie ein ständig und rasch sich erweiternder Buchmarkt – diese Phänomene gingen Hand in Hand.

Neu erscheinende Tageszeitungen, eine wahre Flut von Wochen- und Monatsschriften, Nachschlagewerke, allgemeinverständliche Werke zur Philosophie und den Naturwissenschaften, Erziehungsschriften, Reisebeschreibungen, selbst Kinderbücher – denn das 18. Jahrhundert hatte auch das Kind »entdeckt« – und insbesondere die »Schöne Literatur«, das heißt Erzählungen, Gedichte, Schauspiele und nicht zuletzt Romane, fanden großen Anklang bei einer neuen, vor allem weiblichen Leserschaft. In der zweiten Jahrhunderthälfte war denn auch bald von »Lesesucht« und »Lesewut« die Rede. Nie sei mehr geschrieben und mehr gelesen worden, hatte Christoph Martin Wieland 1779 in seinem *Teutschen Merkur* verlauten lassen.

Um das Jahr 1800 habe annähernd ein Viertel der deutschsprachigen Bevölkerung insgesamt über elementare Lesekenntnisse verfügt, so die Leseforschung. Sie hebt in diesem Zusammenhang die Lesefähigkeit der Mädchen und Frauen ausdrücklich hervor. Ein Lesen im heutigen Sinne und die Teilhabe an einem im 18. Jahrhundert sich erstmals entwickelnden Literaturbetrieb sei jedoch vorerst noch einem Bürgertum vorbehalten geblieben, das über ausreichende Bildung, ausreichend wirtschaftliche Mittel und über genügend freie Zeit für die Lektüre verfügt habe. Sein Anteil an der Bevölkerung habe am Ende des Jahrhunderts kaum mehr als zehn Prozent betragen, wobei die Lesenden innerhalb dieses Bürgertums mehrheitlich weiblich gewesen seien.

Sicher ist, dass das Angebot an Büchern, Zeitungen und Zeitschriften von Jahr zu Jahr zunahm, dass die in den Katalogen der Leipziger und Frankfurter Buchmessen verzeichneten jährlichen Neuerscheinungen sich um ein Vielfaches erhöhten, wobei das Erscheinen religiöser Literatur hinter dem Erscheinen weltlicher und vor allem schöngeistiger Literatur immer deutlicher zurücktrat. Dies war dem aufgeklärten, religionskritischen Zeitgeist geschuldet. Unübersehbar gab es ein an Bildung interessiertes bürgerliches Lesepublikum, das darauf brannte, über tagespolitische Ereignisse und Neuheiten aktuell und ausreichend informiert zu sein. Zeitungsleserinnen und -leser hatte es bereits im 17. Jahrhundert gegeben – im letzten Drittel des Jahrhunderts bestanden fünfzig bis sechzig deutschsprachige Zeitungen nebeneinander. Damals schon wurden Zeitungen durchaus gemeinschaftlich abonniert, es wurde gemeinschaftlich gelesen und über das Gelesene debattiert. Und wer nicht lesen konnte, dem wurde vorgelesen. Diese Idee des gemeinsamen Abonnierens von Journalen fand ihre Fortsetzung in den etwa seit 1740 entstehenden bürgerlichen Lesegesellschaften. Hier gab es ein breites Angebot an Zeitungen und Zeitschriften sowie eine große Auswahl an Literatur und Sachbüchern zu allen möglichen Wissensgebieten der Zeit. Die mehr der Bildung als der Unterhaltung verpflichteten Lesegesellschaften boten ihren Mitgliedern Raum für geselligen Gedankenaustausch und, ganz im aufklärerischen Sinne, Möglichkeiten der Bildung und Weiterbildung. Da Bücher und Journale auch für viele Lesende des Bildungsbürgertums eine kostspielige Angelegenheit waren und der Buchmarkt nicht immer und überall mit dem wachsenden Lese- und Bildungsbedürfnis Schritt halten konnte, fanden zumindest diejenigen, die die nicht unerheblichen Mitgliedsbeiträge aufbringen konnten, in den Lesekabinetten alles vor, was ihr Herz begehrte. Ausgenommen davon waren Studenten – und Frauen. Ihnen blieben nahezu alle Türen der etwa vierhundertdreißig zwischen 1760 und 1800 in Deutschland gegründeten Lesegesellschaften verschlossen.

Diejenigen Leserinnen und Leser, für die eine Mitgliedschaft in einer Lesegesellschaft weder möglich noch erschwinglich war, mochten in einer der gegen Ende des Jahrhunderts überall entstehenden Leihbibliotheken ihr Glück finden, die sich mehr der unterhaltenden Lektüre verschrieben hatten. Dies verschaffte den Bibliotheken großen Zulauf lesehungriger Bürgerinnen und Bürger – auch aus Kreisen des gebildeten Bürgertums, wenngleich gerade diese den Leihbibliotheken ihres nachgesagten »trivialen« Literaturangebotes wegen einen zweifelhaften Ruhm bescheinigten.

Das Blatt indes begann sich zu wenden.

Das Lesen geriet allmählich in die Kritik. Diese richtete sich vor allem gegen das übermäßige Lesen von Romanen des späten 18. Jahrhunderts und damit besonders gegen das Lesen von Frauen, deren angebliche »Lesesucht« sie nicht nur von ihrer Haushaltung abhalte, nicht nur über Gebühr viel Zeit in Anspruch nehme und finanzielle Ausgaben verursache, sondern vor allem ihrer Tugend abträglich sei. Ein Lesen einzig des Vergnügens wegen verstoße gegen den weiblichen Anstand. Und vor allem: Die erdachte Welt der empfindsamen Romane, die allein der schriftstellernden Phantasie entströmt war, entfremde die Leserinnen ihrer eigenen Lebenswirklichkeit und führe sie auf moralisch fragwürdige Abwege.

»Lesende Frauenzimmer«

Ob sich die ambitionierten Leserinnen der ersten Moralischen Wochenschriften je haben vorstellen können, dass wenige Jahrzehnte später lesende, bildungsbewusste Frauen ihrer vermeintlichen »Lesewut« wegen einer missbilligenden Kritik ausgesetzt waren?

Frauen der Frühaufklärung in der ersten Hälfte des 18. Jahrhunderts hatten sich noch zum Lesen und zur Bildung ermuntert gefühlt, hatten die Empfehlungen der *Frauenzimmer-Bibliotheken* ernst genommen. Im ausgehenden Jahrhundert jedoch war die Bildungsoffenheit Frauen gegenüber einem Weiblichkeitsideal gewichen, das die Ehe und Mutterschaft als wahre Lebenserfüllung der Frau festschrieb. Dieser Wandel des Frauenbildes wird auch augenscheinlich an zwei verschiedenen Ausgaben des *Nutzbaren, galanten und curiösen Frauenzimmer-Lexicons* der Jahre 1715 und 1773. Lexika dieser Art boten den Leserinnen gleichermaßen Wissenswertes zur Allgemeinbildung und literarische Unterhaltung. Auf belehrende wie unterhaltende Weise suchten sie, Ideen der Aufklärung zu verbreiten. Und sie waren gerade für Frauen eine ersehnte Möglichkeit, sich durch Lesen weiterzubilden.

Dieser Selbstbildung des »lesenden Frauenzimmers« Genüge zu tun, war denn auch das erklärte Ziel des erstmals 1715 erschienenen *Frauenzimmer-Lexicons* mit seinem breiten Spektrum an Themen. Nicht wenige interessierte Leserinnen des Lexikons werden mit Genugtuung zum Beispiel auf die Namen von annähernd dreitausend weiblichen Gelehrten und Künstlerinnen vergangener Jahrhunderte und verschiedener Länder gestoßen sein, erhielten vielleicht anhand dieser Lektüre erstmals Kenntnis von deren Lebenszusammenhängen. Von Humanistinnen, von Frauen der Reformation, der Barockzeit und der Aufklärung war die Rede. Eine vorbildliche Geschichte der Frauen offenbarte sich den Leserinnen, eine wahre Fundgrube weiblicher Gelehrsamkeit.

Von diesem Geist war sechzig Jahre später in der Ausgabe des *Frauenzimmer-Lexicons* von 1773 wenig übrig geblieben. Weibliche Bildung sollte maßvoll sein. Und maßvoll auch das Lesen. Vor einem Zuviel und vor allem der »falschen« Lektüre, insbesondere dem Lesen von Romanen, wurde gewarnt. Das *Frauenzimmer-Lexicon* von 1773 sparte nicht mit Leseempfehlungen, stellte jedoch eine »geeignete«, dem neuen Weiblichkeitsideal geschuldete Auswahl an Büchern bereit.

Aber auch sonst wurden Stimmen laut: unter Pädagogen und aufgeklärten Philosophen − denen die weibliche »Vielleserei«, vor allem das stille Lesen für sich, dieses bodenlose Versinken in die Romanlektüre, ein Dorn im Auge war − und nicht zuletzt in Kreisen junger Dichter, die selbst Romane zu schreiben begannen und dabei Frauen als Leserinnen vor Augen hatten. Sie alle schienen genaue Vorstellungen davon zu haben, welche Lektüre der Tugendbildung der Mädchen und Frauen zuträglich war und welche nicht. Waren im Weltbild der umtriebigen Literaten des »Sturm und Drang«, die ihrerseits nach Unabhängigkeit und freier Selbstentfaltung strebten und überkommene bürgerliche Moralvorstellungen hinter sich ließen, gebildete, eigenständige und urteilsfähige Frauen an ihrer Seite nicht denkbar? Maßen sie mit zweierlei Maß? Und sollte an der Beziehung der Geschlechter keinesfalls gerührt werden?

Die Zeit war durchtränkt von Versuchen, das weibliche Lesen zu lenken.

Lesen als individuelle Erfahrung, als Möglichkeit der Selbstfindung, als Erfahrung von Glück − würde es nicht die weibliche Tugend und Moral untergraben?

Cornelia Goethe (1750-1777), gleich gebildet und begabt wie ihr Bruder, hatte zeit ihres kurzen Lebens unter einem Mangel an Selbstbestimmung und der stetigen Einflussnahme von außen gelitten. Sie solle keine Romane mehr lesen, oder nur solche, die er erlaube, hatte der junge Johann Wolfgang Goethe (1749-1832) seiner Schwester einst geschrieben. Vernünftig und als ein liebenswertes Mädchen wolle er sie sehen. Sie sah es anders und las − heimlich − auch Bücher, die er nicht empfahl. Dass sie, schriftstellerisch ambitioniert, anderes als eine konventionelle Ehe im Sinn gehabt hatte, bezeugen einige überlieferte

Briefe an ihre Freundin Katharina Fabricius, aber besonders ein geheimes, an ebendiese Freundin adressiertes Brieftagebuch, ihre *Correspondance Secrete* der Jahre 1768 bis 1769. Es ist ein Glücksfall, dass dieses in französischer Sprache geschriebene Tagebuch erhalten blieb. Alle von Cornelia Goethe an ihren Bruder Johann Wolfgang gerichteten Briefe wurden später von ihm verbrannt.

Hatte Cornelia Goethe vielleicht auch zu den begeisterten Leserinnen der *Geschichte des Fräuleins von Sternheim* gehört? Dass immer mehr Frauen sich als respektable Schriftstellerinnen einen Namen machten, dass sie schließlich eigene Journale herausgaben, hat Cornelia Goethe nicht mehr erlebt. Sie war erst sechsundzwanzig Jahre alt, als sie kurz nach der Geburt ihrer zweiten Tochter starb. Erschöpft und kraftlos. Ihr Lebensentwurf, ihre nur im Geheimen ausgesprochenen Wünsche und Hoffnungen hatten sich nicht erfüllt.

Journale von Frauen für Frauen

Allen Maßregeln, allen Erziehungsversuchen zum Trotz ließen Frauen sich ihre Lust, zu lesen und zu lernen, nicht nehmen. Und einige machten auf ungewöhnliche Weise von sich reden: Engagiert und selbstbewusst traten sie mit ersten Journalen für Frauen an die Öffentlichkeit. Als Roman-Schriftstellerinnen, als Autorinnen und Mitarbeiterinnen verschiedener Zeitschriften waren Frauen keine Seltenheit mehr. Nun aber verantworteten sie ihre eigenen Zeitschriften für eine ausdrücklich weibliche Leserschaft. Die ersten beiden Journale erschienen 1779. *Für Hamburgs Töchter* kam unter männlichem Pseudonym auf den Markt, das *Wochenblatt für's Schöne Geschlecht* gab eine »anonyme Verfasserin« heraus. Die ersten großen Erfolge waren Sophie La Roches *Pomona für Teutschlands Töchter* – die Zeitschrift erschien unter ihrer Federführung Monat für Monat, zwei Jahre lang, von 1783 bis 1784 – und schließlich, nach der Französischen Revolution, Marianne Ehrmanns *Amaliens Erholungsstunden. Teutschlands Töchtern geweiht* (1790 bis 1792) beschieden.

Nicht immer von langer Lebensdauer, besaßen dennoch alle Journale öffentliche Wirksamkeit. Alle suchten Literarisches mit Informativem, Allgemeinbildendes mit unterhaltsamer Lektüre, Wissenswertes mit moralischer Erziehung zu verbinden. Sie wollten belehren und unterhalten, boten eine Vielfalt an Themen aus Kunst und Literatur und widmeten sich mit Vorliebe besonders den Frauenthemen ihrer Zeit. Alle Journale hatten als Leserin die bildungsbürgerliche, ihr Hauswesen und die Erziehung der Kinder verantwortende Frau vor Augen. Auch Sophie La Roche in ihrer *Pomona*. Sie wollte ihnen zu mehr Bildung, zu mehr Kenntnissen auf verschiedenen Wissensgebieten, zu mehr Selbstbewusstsein verhelfen. Selbst in der literarischen Öffentlichkeit eine viel beachtete Schriftstellerin, die über ihre Reisen in die Schweiz, die Niederlande, nach England und Frankreich und über gelehrte Frauen der Vergangenheit in diesen Ländern berichtete, blieb sie einem traditionellen Weiblichkeitsbild treu. Sie verhehlte nicht, jungen Frauen eine umsichtige Ratgeberin in allen lebenspraktischen, ihr zukünftiges Dasein betreffenden Fragen sein zu wollen, als sie in ihren *Briefen an Lina* Ratschläge und Mahnungen zur Tugendbildung erteilte und so das Idealbild der empfindsamen, von Vernunft und Gefühl geleiteten Frau entwarf. Gleichwohl ist Sophie La Roche zugutezuhalten, ein eigenes, an Frauen adressiertes Journal herausgegeben zu haben. Sie schuf durch die »Leserinnenbriefe« in ihrer *Pomona* eine neue Form der Kommunikation, gab Frauen die Möglichkeit, öffentlich das Wort zu ergreifen – vielleicht zum ersten Mal –, mit anderen Frauen Erfahrungen auszutauschen und dabei ein Gefühl von weiblicher Solidarität zu erleben. Es lässt sich heute schwerlich ermessen, was diese Form der gegenseitigen Wahrnehmung und des Austausches, wozu auch die Gründung von eigenen Lesezirkeln und Formen des geselligen Lesens gehören, für Frauen jener Zeit bedeutet haben mag. Einer Zeit, die Frauen in ihren Entfaltungsmöglichkeiten Grenzen zu setzen suchte und sie in Bedrängnis brachte, sollten sie etwa ein Recht auf Bildung, auf Mitsprache und Selbstbestimmung geltend machen wollen.

Dennoch, Frauen ließen sich nicht entmutigen, sie blieben ambitionierte Leserinnen.

Für sie bedeutete Lesen Teilhabe an der Welt und am Leben. Sie beanspruchten Freiheiten für sich und verlangten danach, dass es gerechter zugehen müsse in der Gesellschaft und in der Beziehung zwischen Frau und Mann.

Avantgarde des femmes

Szenenwechsel.

Eben zu der Zeit, als Sophie La Roche in Deutschland ihre *Pomona* herausgab, begann in Paris Olympe de Gouges (1748-1793) ihre ersten literarischen Arbeiten zu veröffentlichen. Sie sollte wenig später zu den mutigen, widerständigen Frauen gehören, die sich im Nachbarland Frankreich zu Wort meldeten. Streitbare und freiheitlich gesinnte Frauen wie Théroigne de Méricourt, Pauline Léon oder Claire Lacombe und andere. Frauen, die an einen politischen Wandel geglaubt, die auf verschiedene Weise ein gesellschaftliches Umdenken angemahnt und die Verbesserung ihrer materiellen wie rechtlichen Lebensbedingungen gefordert hatten. Sie waren Teil revolutionärer Erhebungen in Paris, bei denen die Frauen des Volkes eine führende Rolle gespielt hatten.

Um diese Frauen zu verstehen, müssen wir unser Augenmerk dorthin lenken, wo sie lebten und arbeiteten, hart arbeiteten, denn nicht nur lag die Ernährung und Versorgung der Familie sowie die Erziehung der Kinder in ihrer Verantwortlichkeit, sondern sie waren auch da, wo das Einkommen nicht reichte, gehalten, durch Arbeit außer Hauses entscheidend zum Lebensunterhalt der Familie beizutragen. In den engen Gassen von Paris, in den Mietshäusern und Vororten ging es nicht um die Frage, ob Frauen über ihre Familienarbeit hinaus einem anderen Beruf würden nachgehen können oder wollen, ob dies der »weiblichen Natur« angemessen sei oder nicht. Diese Frauen hatten keine Wahl, die Fischverkäuferinnen und Marktfrauen, die Straßenhändlerinnen, die Tabak und Seife, Hüte und Bänder,

Tee und Kaffee, Obst und Gemüse, allerlei Küchengeräte, ge-
brauchte Kleidung und sonstige Dinge feilboten. Ferner die
Wäscherinnen, Schneiderinnen, die Spinnerinnen, Köchinnen
und Dienstmägde. Die Kunsthandwerkerinnen, die Schmuck und
Borten, Knöpfe und Tabakdosen herstellten. Frauen, die Schuhe
und Handschuhe aus Leder fertigten, die Papier und Lettern für
den Buchdruck herstellten oder als Buchbinderinnen arbeiteten. Sie alle bevölkerten die Märkte und Straßen, tagein, tagaus.
Und sie wurden für ihre Arbeit schlechter bezahlt als die Männer. Nicht viel anders gestaltete sich die Lage der Frauen in
bäuerlichen Familien. Auch auf ihr Hinzuverdienst durch außer-
häusliche Arbeit konnte selten verzichtet werden. Das Wohlergehen der Familien hing wesentlich vom Findungsreichtum
der Frauen und von ihrer Hände Arbeit ab. Es war nicht selten
eine Frage des Überlebens.

Ob auf dem Land oder in den Städten: Immer waren es die
Frauen der unteren Volksschichten, die wirtschaftliche Notlagen,
jede Versorgungskrise, jede Teuerung, jeden Mangel an Brot am
unmittelbarsten und auf leidvolle Weise zu spüren bekamen.
Das Brot war im Frankreich des 18. Jahrhunderts die wichtigste
Nahrungsgrundlage für die unteren Bevölkerungsschichten. Fehlte
das tägliche Brot, weil Mehl- und Getreidelieferungen ausblieben oder weil die Brotpreise ins Unermessliche stiegen, war
den Menschen jegliche Lebensgrundlage genommen. Die Angst
vor Hunger lauerte wie ein Gespenst vor jeder Tür.

An der sich seit dem Sommer 1789 verschärfenden »Brot-
frage« entzündeten sich letztlich die Widerstandskraft und die
Wut gerade der Frauen des Volkes gegen Vorrechte des Adels
und des Klerus, gegen alles Obrigkeitsstaatliche, in dessen Miss-
wirtschaft sie den Grund ihrer sich zuspitzenden Misere erblick-
ten. Frauen waren es, die stundenlang und oftmals vergeblich
vor den Bäckerläden nach Brot angestanden hatten. Sie hatte die
Not zu verzweifelten Protestaktionen gegen Getreidelieferanten
und Bäcker getrieben. Sie waren im August und September
1789 immer wieder in großen Prozessionszügen zur Kirche der
Sainte-Geneviève, der Schutzpatronin von Paris, gezogen, um

anschließend vor dem Rathaus von Paris öffentlich die Verbesserung ihrer sozialen Lage zu fordern. Sie waren es, die in gemeinsamen Eingaben an die Vertreter der Pariser Stadtverwaltung nach Abhilfe der Notlage verlangt hatten. Und sie waren es schließlich, die, nachdem alle Maßnahmen praktisch wie politisch folgenlos geblieben waren, am 5. Oktober 1789 zu Tausenden nach Versailles zogen, um den König zur Verantwortung zu rufen, um Brot und ihr Recht auf ein menschenwürdiges Leben einzuklagen. Sie hatten die Initiative zum Handeln ergriffen, waren den Truppen der Pariser Nationalgarde vorangegangen und hatten die Revolutionsbewegungen neu entfacht. Ihr innerer Aufruhr war in offene Revolte umgeschlagen. Von Hunger, aber auch von der Furcht vor einer Verschwörung des Adels und der Missbilligung durch antirevolutionäre Kräfte getrieben, waren ihre Forderungen und ihr Auftreten in der Sitzung der Nationalversammlung im Schloss von Versailles auch Ausdruck ihrer politischen und gesellschaftlichen Verantwortung. Einzelne Gruppen von Frauen hatten – im starken Bewusstsein einer Tradition frauenpolitischen Handelns – das Wort ergriffen und die entscheidende Wende in diesem revolutionären Prozess eingeleitet.

Wie groß müssen der Zorn und die Verzweiflung der Frauen gewesen sein, dass sie, nachdem sie zuvor das Rathaus von Paris gestürmt und sich bewaffnet hatten, in strömendem Regen einen fünfstündigen Fußmarsch nach Versailles, viele von ihren Kindern begleitet, auf sich nahmen, um die Abgeordneten der Nationalversammlung und den König zum Handeln zu zwingen, damit ihrer Not und dem politischen Stillstand endlich ein Ende bereitet werde. Es waren vor allem die selbstbewussten »Damen der Hallen« und Frauen der Pariser Marktviertel, die Handwerkerinnen, Händlerinnen, Hausangestellten und Arbeiterinnen gewesen, die sich auf diese Weise Gehör verschafften. Aber auch Frauen des Pariser Bürgertums, ob freiwillig oder von der Entschlusskraft Tausender Frauen einfach mitgerissen, hatten sich dieser *Avantgarde des femmes* angeschlossen.

Alle diese Frauen hatten Brot gefordert. Ein Recht auf Leben Und viele hatten in einem Akt der Selbstermächtigung auch ihren Willen und ihre Fähigkeit zur Teilhabe am politischen Leben ihrer Zeit bezeugt, bereit, die Ziele der Revolution zu verteidigen und soziale Verantwortung zu übernehmen. An dem Willen zur gesellschaftlichen Veränderung hielten sie auch nach ihrer Rückkehr nach Paris fest, wohin sie die königliche Familie am folgenden Tag in einem triumphalen Zug geleitet hatten. Im öffentlichen Leben, auf den Straßen und Märkten, bildeten Frauen soziale Netzwerke. Hier waren sie mehrheitlich als arbeitende Frauen präsent. Hier trafen sie auf Nachbarinnen, Freundinnen, Gleichgesinnte wie Widersacherinnen. Hier tauschten sie Nachrichten und Neuigkeiten aus, solidarisierten sich, lasen gemeinsam die Zeitung. Hier wurden Streitigkeiten, manchmal auf handfeste Weise, ausgefochten. Und nicht selten wurden Diskussionen abends in Wirtshäusern fortgesetzt. Wachsam beobachteten sie die politischen Ereignisse, besuchten revolutionäre Veranstaltungen, verfolgten und kommentierten von den Tribünen aus die Debatten der Generalversammlungen in den Pariser Stadtvierteln. Ein Stimmrecht zur Wahl dieser Volksvertretungen besaßen sie als Bürgerinnen nicht.

»Femme, réveille-toi!« − *»Frau, erwache!«*
(Olympe de Gouges)

Nicht wenige Frauen, vor allem solche des Mittelstandes, hatten bereits 1790 begonnen, eigene Frauenklubs zu gründen, die sich über die anfängliche Wohltätigkeitsarbeit hinaus rasch der politischen Vereinsarbeit zuwandten. Hier wurden revolutionäre Schriften und Zeitungen gelesen, wurde debattiert, hier fand politische Meinungsbildung statt, die unter den Frauen ganz und gar nicht einhellig verlief. Gleichwohl wurden Forderungen nach politischer Anerkennung von Frauen, nach ihren staatsbürgerlichen Rechten, immer drängender.

Als *Citoyennes* mit eigener Stimme zu sprechen, lag denn auch in der Absicht von Pauline Léon und Claire Lacombe, die eine

Schokoladenmacherin, die andere Schauspielerin. Diese beiden
Pariser Revolutionärinnen hatten im Mai 1793 die *Société Répu-
blicaine Révolutionnaire* ins Leben gerufen, hatten durch Petitionen und politische Aktionen, zum Beispiel die Forderung, dass
auch Frauen die patriotische Kokarde tragen sollten, von sich
reden gemacht und heftigen Widerstand geerntet. Nur wenige
Monate nach seiner Gründung wurde der *Klub der Revolutionären Republikanerinnen* am 30. Oktober 1793 vom National-
konvent aufgelöst. Gleichzeitig wurden auch alle bestehenden
Frauenvereinigungen aufgehoben und die Bildung neuer verboten. Von politischer Mitsprache sollten Frauen ausgeschlossen
bleiben. Ihr Freiheits- und Gleichheitsanspruch wurde mit dem
bekannten Argument der »natürlichen« Differenz von Frau und
Mann zurückgewiesen. Es war die Zeit der »Schreckensherr-
schaft«, der politischen Radikalisierung rivalisierender revolutionärer Parteien. Der *terreur* hatte begonnen, sich wie ein Spuk
auszubreiten. Dieser politische Fanatismus mündete in einer
Spirale von Willkür und Gewalt.

Am 3. November 1793, nur wenige Tage nach dem Verbot
aller Frauenklubs, bestieg eine Frau die Guillotine, die zwei
Jahre zuvor in einem revolutionären Akt die Rechte der Frau
und Bürgerin formuliert hatte. Olympe de Gouges hatte die
Menschenrechtserklärung vom 26. August 1789, die *Droits de
l'Homme et du Citoyen*, auf der die neue Verfassung vom 3. September 1791 basierte, als Erklärung der Rechte einzig von
Männern entlarvt und – im Namen der Gleichheit der Geschlechter – ihre eigene *Déclaration des Droits de la Femme et de
la Citoyenne* dagegen gehalten. Die Frau sei frei geboren und
dem Manne gleich an Rechten, heißt es im ersten Artikel
ihrer Erklärung, und Olympe de Gouges markiert damit ihre
Grundhaltung, die sich durch alle Artikel ihrer Frauenrechtserklärung zieht. Eine Gesellschaft könne nur so sozial, so
human und so gerecht sein, wie sie die Rechte der Frauen
mitdenke und den Gleichheitsanspruch, das Recht auf Freiheit
und Gerechtigkeit in gleichem Maße auch für Frauen an-
erkenne.

Als junge Witwe war sie mit ihrem kleinen Sohn aus dem Süden Frankreichs nach Paris gekommen und hatte sich hier ihren neuen Lebensmittelpunkt geschaffen. Sie eignete sich Bildung an, gab sich den Namen Olympe de Gouges, begann zu schreiben. Im Alter von sechsunddreißig Jahren veröffentlichte sie ihren autobiographisch begründeten Briefroman *Mémoire de Madame Valmont* (1784). Noch im selben Jahr folgten die ersten einer ganzen Reihe von Theaterstücken, die Olympe de Gouges' sozialkritische Haltung und ihr waches Bewusstsein im Hinblick auf die Frauenfrage offenbarten, etwa wenn sie die Gründung eines *Théâtre National* vorschlägt, das ausschließlich der Aufführung von Theaterstücken von Frauen vorbehalten bleiben soll. Bereits 1788 füllten ihre literarischen Werke eine dreibändige, von ihr selbst herausgegebene Gesamtausgabe.

Der Schritt hin zu einer politischen Schriftstellerin und Journalistin war getan, als sie nicht nur wachen Auges die revolutionären Ereignisse beobachtete, sondern sich leidenschaftlich in das Geschehen einmischte. Sie informierte, appellierte, klagte an. In Aufrufen und Zeitungsartikeln, in Broschüren, in Schmähschriften, auf Flugblättern oder Plakaten, die sie in Paris anschlagen ließ. »Femme, réveille toi!« – »Frau, erwache! Die Sturmglocke der Vernunft durchhallt das Universum, erkenne Deine Rechte« – diese Worte hatte die Bürgerin Olympe de Gouges im Schlusswort ihrer *Déclaration* den Frauen entgegengerufen. Die Vernunft gebiete die Rechtsgleichheit von Frau und Mann. Nicht politischen Strömungen, ihrer eigenen Stimme war sie unbeirrt gefolgt. Und war doch allen eine unbequeme Aufwieglerin, eine unberechenbare Unruhestifterin.

Am 20. Juli 1793 wurde sie verhaftet, konterrevolutionärer Umtriebe verdächtigt, als Feindin der Republik vom Revolutionstribunal am 2. November 1793 zum Tode verurteilt. Einen Tag später wurde sie enthauptet – wie zwei Wochen zuvor die französische Königin Marie Antoinette (1755-1793), der Olympe de Gouges ihre Frauenrechtserklärung gewidmet und von der sie Unterstützung in der Sache der Frauen erhofft hatte.

Olympe de Gouges wurde durch ihre Hinrichtung zum Schweigen gebracht.

Nicht jedoch ihre Botschaft, ihr Appell an die Vernunft. Ihre Frauenrechtserklärung blieb als frauengeschichtliches Vermächtnis erhalten und bis in unsere Gegenwart wirksam. So wirksam wie auch andere frauengeschichtliche Zeugnisse dieser Zeit, die Stimmen von Frauen der Aufklärung und der Französischen Revolution. Einige von ihnen kamen hier zu Wort, unterschiedlichen Zeitströmungen angehörend. Welten liegen zwischen Élisabeth Ferrand und Olympe de Gouges, der gelehrten aufgeklärten *Salonnière* und der patriotischen *Citoyenne*, am Beginn und am Ende dieses bewegenden 18. Jahrhunderts. Würde Élisabeth Ferrand so gelassen – wie auf dem Porträt abgebildet – in ihrer Meditation über Newtons naturphilosophische Erkenntnisse fortgefahren sein, hätte sie die Aufwerfungen der Französischen Revolution und den gesellschaftlichen Bruch vor Augen gehabt? Was beide Frauen eint und mit anderen verbindet, ist der Versuch, selbstbestimmt eigene Lebenswege zu gehen. Der Wunsch, sich Bildung anzueignen und auf vielfältige Weise soziales Leben zu gestalten, in Politik und Gesellschaft, in der Kunst und den Wissenschaften.

Das konnte nicht immer gelingen. Ambivalenzen, Widersprüche, Zweifel, Hoffnungen, Glück und Trauer hatten dazugehört. Aber ihr Anspruch auf Gleichheit und Gerechtigkeit überdauerte, blieb als Sehnsucht bestehen, wenngleich die Aufklärung und schließlich die Französische Revolution über die Rechte von Frauen hinweggingen. Dass Frauen im 19. Jahrhundert begannen, ihre Lebenswirklichkeiten, ihre Erfahrungen als Frau erneut zur Grundlage ihres Handelns zu machen, sich erneut in den entflammenden Freiheitsbewegungen zu Wort zu melden, eine weibliche Öffentlichkeit herzustellen und schließlich die Frage weiblicher Bildung und politischer Mündigkeit zur dringendsten Aufgabe einer neuen Frauenbewegung zu machen, verdanken sie nicht zuletzt den Frauen des 18. Jahrhunderts, ihrer Vision einer geschlechtergerechten Zukunft, ihrer Hoffnung auf Freiheit und Frieden.

Literatur

Alic, Margaret: Hypatias Töchter. Der verleugnete Anteil der Frauen an der Wissenschaft, aus dem Englischen von Rita Peterli, Zürich 1991.

Baader, Renate: Streitbar und unzeitgemäß: die Moralistik der Marie de Gournay, in: Baader, Renate/Fricke Dietmar (Hrsg.), Die französische Autorin vom Mittelalter bis zur Gegenwart, Wiesbaden 1979, S. 77-88.

Becker-Cantarino, Barbara (Hrsg.): Sophie von La Roche, Geschichte des Fräuleins von Sternheim, Stuttgart 1983 (Reclam 7934 [5]).

Becker-Cantarino, Barbara: Der lange Weg zur Mündigkeit. Frau und Literatur (1500-1800), Stuttgart 1987.

Böhmer, Ursula: Konversation und Literatur: zur Rolle der Frau im französischen Salon des 18. Jahrhunderts, in: Baader, Renate/Fricke Dietmar (Hrsg.), Die französische Autorin vom Mittelalter bis zur Gegenwart, Wiesbaden 1979, S. 109-129.

Brandes, Helga: Das Frauenzimmer-Journal: Zur Herausbildung einer journalistischen Gattung im 18. Jahrhundert, in: Brinker-Gabler, Gisela (Hrsg.), Deutsche Literatur von Frauen, Band 1: Vom Mittelalter bis zum Ende des 18. Jahrhunderts, München 1988, S. 452-468.

Brandes, Helga: Der Frauenroman und die literarisch-publizistische Öffentlichkeit im 18. Jahrhundert, in: Gallas, Helga/Heuser, Magdalene (Hrsg.), Untersuchungen zum Roman von Frauen um 1800, Tübingen 1990, S. 41-51.

Brandes, Helga: Die Entstehung eines weiblichen Lesepublikums im 18. Jahrhundert. Von den Frauenzimmerbibliotheken zu den literarischen Damengesellschaften, in: Goetsch, Paul (Hrsg.), Lesen und Schreiben im 17. und 18. Jahrhundert. Studien zu ihrer Bewertung in Deutschland, England, Frankreich, Tübingen 1994 (Script Oralia 65), S. 125-133.

Châtelet, Emilie du: Rede vom Glück, übersetzt und herausgegeben von Iris Roebling, Berlin 1999.

Conrad, Anne: »Jungfraw Schule« und Christenlehre. Lutherische und katholische Elementarbildung für Mädchen, in: Kleinau, Elke/Opitz, Claudia (Hrsg.), Geschichte der Mädchen- und Frauenbildung, Band 1: Vom Mittelalter bis zur Aufklärung, Frankfurt a.M./New York 1996, S. 175-188.

Conrad, Anne: Weibliche Lehrorden und katholische höhere Mädchenschulen im 17. Jahrhundert, in: Kleinau, Elke/Opitz, Claudia (Hrsg.), Geschichte der Mädchen- und Frauenbildung, Band 1: Vom Mittelalter bis zur Aufklärung, Frankfurt a.M./New York 1996, S. 252-262.

Cöppicus-Wex, Bärbel: Der Verlust der Alternative. Zur Disqualifizierung weiblicher Bildungsideale im letzten Drittel des 18. Jahrhunderts am Beispiel zweier Ausgaben des Nutzbaren, galanten und curiösen Frauenzimmer-Lexicons, in: Opitz, Claudia/Weckel, Ulrike/Kleinau, Elke (Hg.), Tugend,

Vernunft und Gefühl. Geschlechterdiskurse der Aufklärung und weibliche Lebenswelten, Münster/New York/München/Berlin 2000, S. 271-285.

Dawson, Ruth P.: Vom Stegreifspiel zum bürgerlichen Rührstück, in: Brinker-Gabler, Gisela (Hrsg.), Deutsche Literatur von Frauen, Band 1: Vom Mittelalter bis zum Ende des 18. Jahrhunderts, München 1988, S. 421-434.

Dombrowsky, Silke: Kontinuität und Neuanfang – Von der aufgeklärten Salonnière zur revolutionären Citoyenne, in: Spirale der Zeit. Frauengeschichte sichtbar machen, 4/2008, Frauenbewegungen in Europa (Schriften aus dem Haus der FrauenGeschichte), S. 40-45.

Dulong, Claude: Salonkultur und Literatur von Frauen, in: Farge, Arlette/Davis, Natalie Zemon (Hrsg.), Geschichte der Frauen, Band 3: Frühe Neuzeit, Berlin 2012 (Sonderausgabe), S. 415-440.

Fietze, Katharina: Frauenbildung in der »Querelle des femmes«, in: Kleinau, Elke/Opitz, Claudia (Hrsg.), Geschichte der Mädchen- und Frauenbildung, Band 1, Vom Mittelalter bis zur Aufklärung, Frankfurt a. M./New York 1996, S. 237-251.

Flüchter, Antje: Gelehrte Empfindsamkeit. Sophie La Roche schreibt sich ihren Weg zwischen den Geschlechtern, in: Signori, Gabriela (Hrsg.), Die lesende Frau, Wiesbaden 2009 (Wolfenbütteler Forschungen, Band 121), S. 265-293.

Godineau, Dominique: »Die Rechte des Mannes sind auch die unseren …«. Die Frauen des Volkes während der Französischen Revolution, in: Bubenik-Bauer, Iris/Schalz-Laurenze, Ute (Hg.), Frauen in der Aufklärung. »… ihr werten Frauenzimmer, auf!«, Frankfurt a. M. 1995, S. 52-72.

Goethe, Cornelia: Briefe und Correspondance Secrete 1767-1769, herausgegeben und aus dem Französischen übertragen von Melanie Baumann u. a., Freiburg 1990.

Goetsch, Paul: Einleitung: Zur Bewertung von Lesen und Schreiben im 17. und 18. Jahrhundert, in: Goetsch, Paul (Hrsg.), Lesen und Schreiben im 17. und 18. Jahrhundert. Studien zu ihrer Bewertung in Deutschland, England, Frankreich, Tübingen 1994 (Script Oralia 65), S. 1-26.

Hahn, Andrea/Fischer, Bernhard (Bearb.): »Alles … von mir!« Therese Huber (1764-1829). Schriftstellerin und Redakteurin, Marbacher Magazin 65, 1993.

Hanebutt-Benz, Eva-Maria: Die Kunst des Lesens. Lesemöbel und Leseverhalten vom Mittelalter bis zur Gegenwart, Frankfurt a. M. 1989 (2. Auflage).

Hassauer, Friederike: Tribüne und Schafott. Olympe de Gouges und die Erklärung der Menschenrechte, in: Bubenik-Bauer, Iris/Schalz-Laurenze, Ute (Hg.), Frauen in der Aufklärung. » … ihr werten Frauenzimmer, auf!«, Frankfurt a. M. 1995, S. 25-42.

Heuser, Magdalene: Das Musenchor mit neuer Ehre zieren. Schriftstellerinnen zur Zeit der Frühaufklärung, in: Brinker-Gabler, Gisela (Hrsg.), Deutsche Literatur von Frauen, Band 1: Vom Mittelalter bis zum Ende des 18. Jahrhunderts, München 1988, S. 293-313.

Heuser, Magdalene: »Ich wollte dieß und das von meinem Buche sagen, und geriet in ein Vernünfteln«. Poetologische Reflexionen in den Romanvorreden, in: Gallas, Helga/Heuser, Magdalene (Hrsg.), Untersuchungen zum Roman von Frauen um 1800, Tübingen 1990, S. 52-65.

Hufton, Olwen: Frauenleben. Eine europäische Geschichte 1500-1800, aus dem Englischen von Holger Fliessbach und Rena Passenthien, Darmstadt 1998.

Jacobi, Juliane: Mädchen- und Frauenbildung in Europa. Von 1500 bis zur Gegenwart, Frankfurt a.M./New York. 2013.

Janzin, Marion/Güntner, Joachim: Das Buch vom Buch. 5000 Jahre Buchgeschichte, Hannover 1997 (2., verb. Auflage).

Jeffares, Neil: La Tour, Mlle Ferrand méditant sur Newton (http://www.pastelists.com; Zugriff: 10.7.2017).

Kleinau, Elke/Mayer, Christine: Erziehung und Bildung des weiblichen Geschlechts. Eine kommentiere Quellensammlung zur Bildungs- und Berufsbildungsgeschichte von Mädchen und Frauen, Band 1: Weinheim 1996.

Marko, Gerda: Schreibende Paare. Liebe, Freundschaft, Konkurrenz, Zürich/Düsseldorf 1995.

Mayer, Christine: Die Anfänge einer institutionellen Mädchenerziehung an der Wende vom 18. zum 19. Jahrhundert, in: Kleinau, Elke/Opitz, Claudia (Hrsg.), Geschichte der Mädchen- und Frauenbildung, Band 1: Vom Mittelalter bis zur Aufklärung, Frankfurt a.M./New York 1996, S. 373-392.

Meise, Helga: Bildungslust und Bildungslast in Autobiographien von Frauen um 1800, in: Kleinau, Elke/Opitz, Claudia (Hrsg.), Geschichte der Mädchen- und Frauenbildung, Band 1: Vom Mittelalter bis zur Aufklärung, Frankfurt a.M./New York 1996, S. 453-466.

Michalik, Kerstin: Der Marsch der Pariser Frauen nach Versailles am 5. und 6. Oktober 1789. Eine Studie zu weiblichen Partizipationsformen in der Frühphase der Französischen Revolution, Pfaffenweiler 1990 (Forum Frauengeschichte, Band 3).

Nickisch, Reinhard M.G.: Briefkultur: Entwicklung und sozialgeschichtliche Bedeutung des Frauenbriefs im 18. Jahrhundert, in: Brinker-Gabler, Gisela (Hrsg.), Deutsche Literatur von Frauen, Band 1: Vom Mittelalter bis zum Ende des 18. Jahrhunderts, München 1988, S. 389-409.

Niemeyer, Beatrix: Ausschluß oder Ausgrenzung? Frauen im Umkreis der Universitäten im 18. Jahrhundert, in: Kleinau, Elke/Opitz, Claudia (Hrsg.), Geschichte der Mädchen- und Frauenbildung, Band 1: Vom Mittelalter bis zur Aufklärung, Frankfurt a.M./New York 1996, S. 275-294.

Niemeyer, Beatrix: Der Brief als weibliches Bildungsmedium im 18. Jahrhundert, in: Kleinau, Elke/Opitz, Claudia (Hrsg.), Geschichte der Mädchen- und Frauenbildung, Band 1: Vom Mittelalter bis zur Aufklärung, Frankfurt a.M./New York 1996, S. 440-452.

Nies, Fritz: Bahn und Bett und Blütenduft. Eine Reise durch die Welt der Leserbilder, Darmstadt 1991.

Nies, Fritz: Suchtmittel oder Befreiungsakt? Wertungen von Lektüre in der bildenden Kunst des 18. Jahrhunderts, in: Goetsch, Paul (Hrsg.), Lesen und Schreiben im 17. und 18. Jahrhundert. Studien zu ihrer Bewertung in Deutschland, England, Frankreich, Tübingen 1994 (Script Oralia 65), S. 151-168.

Prokop, Ulrike: Die Einsamkeit der Imagination. Geschlechterkonflikt und literarische Produktion um 1770, in: Brinker-Gabler, Gisela (Hrsg.), Deutsche Literatur von Frauen, Band 1: Vom Mittelalter bis zum Ende des 18. Jahrhunderts, München 1988, S. 325-365.

Reitzammer, Margrid: Dorothea Christiane Erxleben: »Ich urtheilte, daß auch Frauenspersonen nach Gelehrsamkeit trachten sollten …«, in: Bubenik-Bauer, Iris/Schalz-Laurenze, Ute (Hg.), Frauen in der Aufklärung. »… ihr werten Frauenzimmer, auf!«, Frankfurt a.M. 1995, S. 194-213.

Rodrigues, Ana: Emilie du Châtelet − Glück zwischen Leidenschaft und Vernunft, in: Spirale der Zeit. Frauengeschichte sichtbar machen, 4/2008, Frauenbewegungen in Europa (Schriften aus dem Haus der Frauen-Geschichte), S. 36-39.

Rullmann, Marit: Philosophinnen, Band 1: Von der Antike bis zur Aufklärung, Zürich/Dortmund 1993.

Schlaffer, Hannelore: Naturpoesie im Zeitalter der Aufklärung. Anna Luise Karsch (1722-1791). Ein Portrait, in: Brinker-Gabler, Gisela (Hrsg.), Deutsche Literatur von Frauen, Band 1: Vom Mittelalter bis zum Ende des 18. Jahrhunderts, München 1988, S. 313-324.

Schmid, Pia: Weib oder Mensch, Wesen oder Wissen? Bürgerliche Theorien zur weiblichen Bildung um 1800, in: Kleinau, Elke/Opitz, Claudia (Hrsg.), Geschichte der Mädchen- und Frauenbildung, Band 1: Vom Mittelalter bis zur Aufklärung, Frankfurt a.M./New York 1996, S. 327-345.

Schön, Erich: Weibliches Lesen: Romanleserinnen im späten 18. Jahrhundert, in: Gallas, Helga/Heuser, Magdalene (Hrsg.), Untersuchungen zum Roman von Frauen um 1800, Tübingen 1990, S. 20-40.

Schön, Erich: Geschichte des Lesens, in: Franzmann, Bodo/Hasemann, Klaus/Löffler, Dietrich/Schön, Erich (Hrsg.), Handbuch Lesen. Im Auftrag der Stiftung Lesen und der Deutschen Literaturkonferenz, München 1999, S. 1-85.

Sello, Gottfried: Malerinnen aus vier Jahrhunderten, Hamburg 1997.

Stein, Peter: Schriftkultur. Eine Geschichte des Schreibens und Lesens, Darmstadt 2006.

Sutherland Harris, Ann/Nochlin, Linda: Women Artists: 1550-1950, New York 1979.

Thiel, Erika: Geschichte des Kostüms. Die europäische Mode von den Anfängen bis zur Gegenwart, 6., verb. u. erw. Auflage, Berlin 1997.

Tiedtke, Marion/Brink, Margot: »Einen eigenen Willen zu haben, erschien mir wie ein Verbrechen«. Louise d'Epinay, eine ›Femme d'esprit‹, in: Bubenik-Bauer, Iris/Schalz-Laurenze, Ute (Hg.), Frauen in der Aufklärung. »… ihr werten Frauenzimmer, auf!«, Frankfurt a.M. 1995, S. 130–154.

Toppe, Sabine: Mutterschaft und Erziehung zur Mütterlichkeit in der zweiten Hälfte des 18. Jahrhunderts, in: Kleinau, Elke/Opitz, Claudia (Hrsg.), Geschichte der Mädchen- und Frauenbildung, Band 1: Vom Mittelalter bis zur Aufklärung, Frankfurt a.M./New York 1996, S. 346–359.

Weckel, Ulrike: Der Fieberfrost des Freiherrn. Zur Polemik gegen weibliche Gelehrsamkeit und ihre Folgen für die Geselligkeit der Geschlechter, in: Kleinau, Elke/Opitz, Claudia (Hrsg.), Geschichte der Mädchen- und Frauenbildung, Band 1: Vom Mittelalter bis zur Aufklärung, Frankfurt a.M./New York 1996, S. 360–372.

Weckel, Ulrike: Lehrerinnen des weiblichen Geschlechts. Die ersten Herausgeberinnen von Frauenzeitschriften und ihr Publikum, in: Kleinau, Elke/Opitz, Claudia (Hrsg.), Geschichte der Mädchen- und Frauenbildung, Band 1, Vom Mittelalter bis zur Aufklärung, Frankfurt a.M./New York 1996, S. 428–439.

Weckel, Ulrike: Sophie von La Roche (1730-1807), in: Rheinische Lebensbilder, herausgegeben von Franz-Josef Heyen, Köln 1997 (Gesellschaft für Rheinische Geschichtskunde, Band 17), S. 79–99.

Westphal, Sigrid: Reformatorische Bildungskonzepte für Mädchen und Frauen – Theorie und Praxis, in: Kleinau, Elke/Opitz, Claudia (Hrsg.), Geschichte der Mädchen- und Frauenbildung, Band 1: Vom Mittelalter bis zur Aufklärung, Frankfurt a.M./New York 1996, S. 135–151.

Williams, David: Akademien, literarische Salons und Cafés, in: Glaser, Horst Albert/Vajda, György M. (Hrsg.), Die Wende von der Aufklärung zur Romantik 1760-1820. Epoche im Überblick, Amsterdam/Philadelphia 2001, S. 115–128.

Henri Fantin-Latour (1836-1904), Die Lesende.
Öl auf Leinwand, 1861, Höhe 100 cm, Breite 83 cm.
Musée d'Orsay, Paris.

10. Die Lesende

Eine Spur von Glück

Ruhe und Stille gehen von diesem Mädchen aus. Ernst und Besonnenheit liegen auf seinem Gesicht. Und eine Spur von Glück. Die Augen geradewegs auf das Buch gerichtet, scheint nichts von außen zu ihm vorzudringen. Es liest.

Bilder lesender Mädchen und Frauen – in der Wärme ihres Zuhauses, im Sessel, auf dem Sofa, am Fenster sitzend, beim Schein einer Lampe, in der freien Natur, beim Tee im Garten, allein oder in Gesellschaft anderer – diese Bilder waren im 19. Jahrhundert weit verbreitet. Und nicht wenige Malerinnen und Maler nahmen sich für ihre Darstellungen die eigene Mutter, die Großmutter, Schwester, Tochter oder Ehefrau zum Vorbild. Schweizer Maler wie Albert Anker, in Deutschland Hans Thoma, in Frankreich die Malerinnen Berthe Morisot, Mary Cassatt oder Marie Bracquemond und eben auch Henri Fantin-Latour.

Dessen Schwester Marie hatte es sich auf dem Sofa bequem gemacht. Der leuchtend weiße Kragen ihres dunklen Kleides bildete einen belebenden Kontrast zu den aufgeschlagenen Buchseiten. Eingehüllt in das warme Rotbraun des Sofas, verrät ihr Gesicht nichts von einer inneren Erregung oder Bewegtheit, die die Lektüre in ihr hervorgerufen haben mag. Die Zeit scheint stillzustehen. Nicht einmal ein feiner, durch das leise Umblättern der Buchseiten hervorgerufener Luftzug würde daran etwas ändern.

Die auf dem Boden abgelegten Bücher lassen aufmerken. Welche Art von Literatur weckt das Interesse des Mädchens so sehr? Mit welchen Studien ist es befasst, dass es sich auf diese Weise hingebungsvoll dem Lesen widmet? Einem Lesen, das von Wissensdrang zeugt und von Glück begleitet scheint. Wie gerne wüsste ich, was dieses lesende Mädchen in seinem tiefen Innern bewegt.

Mehr als ein Jahrhundert liegt zwischen dem Gelehrtenporträt Élisabeth Ferrands von 1752 und dieser Darstellung einer

Lesenden. Es waren bewegte Jahre, von Wandel und Beharren, von Revolutionen und Restauration geprägt. Vom Wandel der Lebensbedingungen und Lebensformen. Von politischen Widersprüchen und sozialen Umbrüchen, wirtschaftlichen und gesellschaftlichen Umwälzungen. Eine Zeit, in der die ersten Eisenbahnen Städte miteinander verbanden, Gaslaternen des Nachts die Straßen erhellten, Dampfschiffe die großen Ströme befuhren und Telegraphen Nachrichten übermittelten. Es war eine Zeit rasanter industrieller Entwicklung, die Wohlstand, aber auch soziales Elend brachte. Eine Zeit, in der die Ideale von Freiheit, Gleichheit und Gerechtigkeit in der Konfrontation mit staatlicher Macht aufs Neue verteidigt werden mussten – in vielen Ländern Europas. Die auf dem Wiener Kongress von 1815 verhandelte Neuordnung Europas hatte sich als nicht zukunftsfähig erwiesen.

»Das Morgenlied der Freiheit«
(Louise Otto-Peters)

Es waren ungemein frauenbewegte Jahre.

In der Zeit, als das Porträt von Marie Fantin-Latour als Lesende entstand, war in Deutschland die Frauenfrage als entscheidende soziale Frage in das Blickfeld einer frauenbewussten Öffentlichkeit gelangt. Eine Entwicklung, die mit dem Namen Louise Otto-Peters (1819-1895) aufs Engste verbunden ist. Nicht nur als Vertreterin der bürgerlichen Frauenbewegung in der zweiten Hälfte des 19. Jahrhunderts, sondern als aufrechte Demokratin, die bereits in den Freiheitsbewegungen des Vormärz und der Revolution von 1848 eine große publizistische Wirksamkeit entfaltet hatte. Eine Frau, die unaufhaltsam als Schriftstellerin und Journalistin für die Rechte der Frauen, für weibliche Selbstbestimmung, für soziale Gerechtigkeit und Frieden in einer demokratischen Gesellschaft eingetreten war.

Gleich vielen anderen Frauen hatte sie ihre Hoffnung auf Freiheit und Gerechtigkeit in die Gesellschaft getragen und dabei vor allem die Lebenssituation der Frauen in den Blick genommen. Frauen hatten die Demokratiebewegungen in der ersten Hälfte des 19. Jahrhunderts, die Bestrebungen zu einer nationalen Einheit Deutschlands auf vielfältige Weise unterstützt, hatten an revolutionären Kundgebungen und Volksversammlungen teilgenommen, Flugschriften verteilt, zu Spenden für die Freiheitskämpfenden aufgerufen und waren selbst an Barrikadenkämpfen beteiligt gewesen. Sie halfen Verfolgten, gründeten demokratische Frauenvereinigungen und eigene Zeitschriften. Einige traten als Autorinnen einer politisch engagierten Lyrik hervor, schrieben zeitkritische Romane, Zeitungsartikel und Streitschriften, in denen sie Fragen der Frauenrechte und der Frauenbildung zur Sprache brachten und durch eine leidenschaftliche Ehekritik auch ihre Vorstellungen einer demokratischen Beziehung zwischen den Geschlechtern formulierten. Geschickt und an der staatlichen Zensur vorbei hüllten sie ihre Anliegen phantasievoll in poetische Sprachbilder. Sie trafen damit in das Herz einer großen, von den Fragen der Zeit aufgewühlten Leserinnenschaft. Louise Astons (1814-1871) Gedichtband *Wilde Rosen* (1846) oder ihre Schrift *Meine Emancipation* (1846), die Gedichtsammlung *Herbstrosen* (1846) von Kathinka Zitz-Halein (1801-1877), die frauenbewegten Romane Fanny Lewalds (1811-1889), die Schrift *Das Wesen der Ehe* (1849) von Louise Dittmar (1807-1884) oder ein Gedichtband von Louise Otto-Peters, die *Lieder eines deutschen Mädchens* (1847), sind Zeugnisse des politischen und sozialen Bewusstseins dieser freiheitlich gesinnten Frauen. »So hab' ich Euch als Lerche aufgeweckt, das Morgenlied der Freiheit vorgesungen«, heißt es in einem ihrer Gedichte – es trug ihr den Namen »Lerche des Völkerfrühlings« ein.

Das zunehmende Elend der Arbeiterfamilien in der sich bildenden Industriegesellschaft und vor allem die bedrückenden Lebens- und Arbeitsbedingungen der Arbeiterinnen und der Kinder, der Tagelöhnerinnen und Dienstmädchen, der Fabrik- und Heimarbeiterinnen, der Weberinnen, der Klöpplerinnen, Stickerinnen und Näherinnen, die Louise Otto-Peters aus eigener Anschauung kannte, hatten ihre sozialkritische Haltung wachgerufen. Sie fühlte sich zum politischen Handeln aufgerufen, schrieb Romane, Erzählungen, Zeitungsartikel, Gedichte – es waren unermüdliche Appelle, die soziale Frage und insbesondere die Frauenfrage im allgemeinen demokratischen Freiheitskampf nicht zu vergessen. Und sie rief auch andere Frauen dazu auf, politisches Interesse und Engagement zu zeigen. Eine Teilhabe der Frauen am Staatsleben, an einer demokratischen Erneuerung, war eine ihrer unabdingbaren Forderungen gewesen.

Umso bitterer schließlich war ihre Erkenntnis, dass Frauen von den »Grundrechten des deutschen Volkes«, über die die Abgeordneten der Deutschen Nationalversammlung in der Frankfurter Paulskirche im Sommer 1848 verhandelten, ausgeschlossen waren, ihre Anliegen schlicht unberücksichtigt blieben. Hatte nicht schon Olympe de Gouges (1748-1793) in Frankreich sechzig Jahre zuvor die Erklärung der Menschenrechte von 1789 als ein einzig den Männern geltendes Recht beklagt? Viele Frauen, auch Louise Otto-Peters, hatten von den Zuschauertribünen aus die Frankfurter Debatten verfolgt, hatten Petitionen an das Parlament gerichtet und keinen Zweifel an ihrem Willen zur politischen Verantwortung und ihrer Bereitschaft, eine demokratische Gesellschaft zu gestalten und mit Leben zu füllen, aufkommen lassen.

Die Hoffnung auf eine nationale Einheit Deutschlands und eine erste deutsche Verfassung blieben indes unerfüllt. Eigenstaatliche Interessen einzelner Bundesländer und rückwärtsgewandtes monarchisches Denken standen dem Einheitsgedanken entgegen. Nach der Auflösung des Frankfurter Parlaments und der blutigen Niederschlagung der unter großer Beteiligung von Frauen einsetzenden Volkserhebungen in Sachsen, in Württemberg, in der Pfalz und in Baden wurden Frauen und Männer, die für die Idee der Freiheit und für demokratische Grundrechte gekämpft hatten, zu Tausenden verhaftet. Tausende politisch Verfolgte flohen außer Landes. Unter ihnen die Demokratin Emma Herwegh (1817-1904), die ihres politischen Freiheitskampfes wegen und aufgrund ihrer Schrift *Zur Geschichte der Deutschen Demokratischen Legion aus Paris, Von einer Hochverräterin* (1849)

steckbrieflich gesucht wurde und in der Schweiz Zuflucht fand.
Unter ihnen war auch Amalie Struve (1824-1862), die leidenschaftlich die Ziele der Revolution verteidigt hatte und deren
Flucht über die Schweiz, England und Frankreich im amerikanischen Exil endete. Sie hinterließ mit ihren im Londoner Exil
verfassten *Erinnerungen aus den badischen Freiheitskämpfen. Den
deutschen Frauen gewidmet* (1850) ein bewegendes Zeugnis ihres
politischen Denkens und Handelns, das auch in den USA ein
Echo fand. Mut und schwesterliche Solidarität hatte auch die
Schriftstellerin und Journalistin Mathilde Franziska Anneke
(1817-1884) bewiesen, als sie zur Verteidigung der aus Berlin
ausgewiesenen Louise Aston ihre Streitschrift *Das Weib im Conflict mit den socialen Verhältnissen* (1847) veröffentlichte. Auch sie
entkam als Revolutionärin der staatlichen Verfolgung durch
eine Flucht, die über Straßburg in die Schweiz und schließlich in die USA führte, wo ihre *Memoiren einer Frau aus
dem Badisch-Pfälzischen Feldzuge* (1853) erschienen, wo sie seit
1852 eine *Deutsche Frauen-Zeitung* herausgab und wo sie bald
eine wichtige Stimme in der amerikanischen Frauenbewegung
wurde.

»Jetzt, wo der Schnee hinwegthaut …« (Louise Otto-Peters)

In dieser Zeit schwindender Hoffnung rief Louise Otto-Peters
ihre *Frauen-Zeitung* ins Leben.

Obwohl die von Louise Aston im November 1848 herausgegebene Zeitschrift *Der Freischärler. Für Kunst und sociales Leben*
nach nur sechs Wochenausgaben der staatlichen Zensur zum
Opfer fiel und die Redakteurin aus Berlin ausgewiesen wurde,
und obwohl Louise Dittmars politisch-philosophische Monatsschrift *Soziale Reform* nur von Januar bis April 1849 erscheinen
konnte, ließ es sich Louise Otto-Peters nicht nehmen, eine
eigene Wochenzeitung zu gründen. Trotz der politischen Reaktion in Deutschland und unter geschickter Umgehung ebenjener Zensur gelang es ihr, vier Jahre lang ihre *Frauen-Zeitung*

unter dem Motto »Dem Reich der Freiheit werb' ich Bürgerinnen« herauszugeben.

Die erste Ausgabe erschien am 21. April 1849. Vom eigenen
Bekenntnis zur demokratischen Freiheitsbewegung geleitet, suchte
sie möglichst viele Frauen dafür zu gewinnen. Woche für Woche
lieferte die Zeitung Beiträge zu sozialen, kulturellen, historischen und religiösen Themen, druckte Erzählungen und Gedichte, veröffentlichte politische Kommentare und Nachrichten
und informierte über zahlreiche Frauenaktivitäten und Initiativen
wie die Gründung demokratischer Frauenvereinigungen, von
Arbeiterinnenvereinen und insbesondere Frauenbildungsvereinen
in vielen deutschen Städten. Große Aufmerksamkeit wurde der
Frage der Mädchen- und Frauenbildung zuteil. Der Zusammenhang von mangelnder Bildung und sozialer Not stand allen vor
Augen. Erst eine bessere Bildung ermögliche den Frauen die
freie Entfaltung ihrer Persönlichkeit, eine freie Berufswahl sowie
wirtschaftliche und politische Selbstständigkeit. Dies gelte für
Frauen aller Gesellschaftsschichten und sei letztlich Vorausset-
zung für eine soziale Erneuerung der Gesellschaft. Mit der
Frauen-Zeitung sowie einer Flut von Leserinnenzuschriften aus
allen Regionen Deutschlands war ein Forum von Frauen für
Frauen entstanden. Es ließ ein waches politisches Interesse von
Frauen an den brennenden Gegenwartsfragen zutage treten.

Louise Otto-Peters und ihre *Frauen-Zeitung* gerieten unter
scharfe Beobachtung der Zensurbehörde. Als der Druck angesichts einer reaktionären Politik in Deutschland und angesichts eines zunehmend fühlbaren frauenfeindlichen Klimas
übermächtig wurde – das preußische Vereins- und Versamm-
lungsrecht vom März 1850 hatte »Frauenspersonen« jegliche
Teilnahme an politischen Versammlungen und jegliche Mitgliedschaft in politischen Vereinigungen untersagt und unter Strafe
gestellt –, sah sich Louise Otto-Peters letztlich im Juni 1852
genötigt, ihre *Frauen-Zeitung* einzustellen. Diese Einstellung wie
überhaupt das Ende der nationalen Einheitsbestrebungen signa-
lisieren auch das Ende dieser frühen Frauenbewegung.

Aber das Begehren blieb.

Louise Otto-Peters schrieb weiterhin sozialkritische Romane, Erzählungen und Gedichte, verfasste Zeitungsartikel und Schriften zur Frauenfrage. Im denkwürdigen Jahr 1865 gründete sie gemeinsam mit der Lehrerin und Freundin Auguste Schmidt (1833-1902) den *Leipziger Frauenbildungsverein*, berief im Oktober 1865 die erste deutsche Frauenkonferenz nach Leipzig und übernahm den Vorsitz des ebenfalls in Leipzig gegründeten *Allgemeinen Deutschen Frauenvereins*. Sie fand eindringliche Worte bei ihrer Eröffnungsrede vor einhundertfünfzig Frauen, die aus allen Bundesstaaten nach Leipzig gekommen waren. Die Freiheitsbewegungen der 1848er Jahre seien dem Schicksal aller Märzblüten erlegen – sie verschneiten wieder: »Aber jetzt, wo der Schnee hinwegthaut, kommt alles aufs Neue zum Vorschein.« Es war die Geburtsstunde einer neuen deutschen Frauenbewegung, in der durchaus kontroverse Standpunkte zur Frauenfrage hervortraten, die hinsichtlich der immer drängender werdenden Frage weiblicher Bildung und weiblicher Erwerbstätigkeit und nicht weniger der Frage politischer Rechte von Frauen weite Teile der gesellschaftlichen Öffentlichkeit in Atem hielt und zu Entscheidungen herausforderte. Es gab allen Grund dazu.

Elementare Mädchenbildung

Wenngleich im 19. Jahrhundert Bestrebungen vorhanden waren, möglichst allen Kindern wenigstens die Anfangsgründe im Lesen, Schreiben und Rechnen sowie eine religiöse Bildung zu vermitteln, ließ das allgemeine Schulwesen noch viel zu wünschen übrig. Bildung begann im Elternhaus, mit der häuslichen Erziehung. Mütter und auch Großmütter spielten für das Lernen zu Hause, auch das Lesenlernen, eine bedeutsame Rolle. Und manchmal blieb es dabei. Die Kinder in eine Schule zu schicken, war auch im 19. Jahrhundert nicht selbstverständlich. Aus unterschiedlichen Gründen.

Elementarschulen, in denen überwiegend private Lehrerinnen die Mädchen und Jungen zumeist gemeinsam unterrichteten, waren nicht überall vorhanden. Sie fehlten besonders in

ländlichen Regionen, in denen die Kinder häufig auf einklassige
Dorfschulen angewiesen waren. Und vor allem: Der Schulbesuch kostete Geld, das aufzubringen längst nicht alle Familien
in der Lage waren. In eine der entstehenden schulgeldfreien
»Armenschulen« gehen zu müssen, bedeutete für viele Kinder
und ihre Familien indes eine soziale Stigmatisierung.

Nicht allein der Mangel an Schulen und Lehrkräften, sondern wirtschaftliche Nöte standen einem geregelten Schulbesuch
vielfach entgegen: Nur allzu früh wurden Mädchen wie Jungen
in dieser Zeit der Industrialisierung als Arbeitskraft im Haushalt,
für Arbeiten in der Landwirtschaft und in den Fabriken eingesetzt, um das Nötigste zum Lebensunterhalt der Familie beizutragen. Sie waren noch keine zehn Jahre alt und arbeiteten
nicht selten zwischen zehn und sechzehn Stunden täglich. Auch
wenn Preußen im Jahre 1839 durch Eingrenzen der Kinder-
arbeit – sie wurde für die vier- bis neunjährigen Mädchen und
Jungen verboten und war für Kinder unter sechzehn Jahren auf
zehn Stunden täglich begrenzt – einen geregelten Schulbesuch
durchzusetzen suchte und einige Bundesländer diesem Beispiel
nach und nach folgten, so blieb die elementare Bildung der Kinder aus mittleren und unteren Schichten der Gesellschaft, der
großen Mehrheit der Bevölkerung, noch lange Zeit beklagens-
wert. Der Ausbau öffentlicher Elementarschulen sollte Jahrzehnte in Anspruch nehmen, die Abschaffung des Schulgeldes
für den Besuch des Elementarunterrichtes erst mit der Weimarer Verfassung des Jahres 1919 erfolgen. Gleichwohl nahm, vorsichtigen Schätzungen nach, die Lese- und Schreibfähigkeit der
Bevölkerung im Laufe des 19. Jahrhunderts kontinuierlich zu, in
den Städten nachweisbar rascher als auf dem Lande.

Wie viele Mädchen zur Schule gingen, ob ihr Schulbesuch
von langer Dauer war oder nicht, all das lässt sich aufgrund
fehlender Aufzeichnungen verlässlich nicht sagen. Sagen lässt
sich, dass gerade die Mädchen nur allzu häufig für häusliche
Arbeiten in Anspruch genommen und vom Unterricht fern-
gehalten wurden. Zu groß waren zudem konfessionelle und
regionale Sonderheiten, abgesehen von den Unterschieden zwi-

schen Stadt und Land, als dass sich ein einheitliches Bild der Lebenswirklichkeit und der Elementarbildung der Mädchen im 19. Jahrhundert gewinnen ließe. Einigkeit scheint hingegen im letzten Drittel des Jahrhunderts hinsichtlich besonderer Erziehungsziele für Mädchen bestanden zu haben. Durch eine deutliche Ausweitung des Handarbeits- und Hauswirtschaftsunterrichtes im Lehrplan sollten Mädchen auf ihre zukünftige, dem Wohl der Familie dienende Aufgabe vorbereitet werden. Gute Mütter und tüchtige Hausfrauen sollten sie werden, auch die ärmsten, auf Lohnarbeit angewiesenen Frauen. Mit dieser Maßgabe brachte eine staatliche Mädchenschulpolitik unmissverständlich ihre Haltung in der besonders seit der zweiten Hälfte des 19. Jahrhunderts leidenschaftlich diskutierten Frage nach der Rolle der Frau in einer rasch sich verändernden Gesellschaft zum Ausdruck. Solide Kenntnisse auf verschiedenen Wissensgebieten waren vonnöten. Doch wurde nicht minder auf die Ausbildung weiblicher Tugenden Wert gelegt, für die der Unterricht in »weiblichen« Fächern besonders geeignet schien: Verlässlichkeit, Ordnungssinn und Bescheidenheit waren Tugenden, die jeder Frau gut anstanden.

Höhere Mädchenbildung

Anders gestaltete sich das Leben und Lernen der Töchter des Adels und des gebildeten Bürgertums. Sie besuchten wenn möglich eine höhere Töchterschule, manchmal auch ein Mädchenpensionat, während in besonders standesbewussten Familien die Bildung des Nachwuchses noch Gouvernanten, Hauslehrerinnen oder Hauslehrern anvertraut wurde. Bei aller Uneinheitlichkeit in ihrer inhaltlichen Ausrichtung, der Unverbindlichkeit der Lehrpläne und der variierenden Höhe des Schulgeldes war doch den vor allem in Städten seit etwa 1800 entstehenden höheren Töchterschulen eines gemeinsam: Sie waren ganz überwiegend private, häufig von Frauen geleitete Gründungen. Im Gegensatz zur höheren Bildung der Jungen, die im Interesse des Staates liegend als öffentliche Aufgabe begriffen und gefördert wurde, lag jedwede weiterführende, über die Elementarfächer hinausgehende Bildung der Mädchen ganz im Ermessen der Eltern und erfuhr keinerlei staatliche Unterstützung. Sie umfasste im Wesentlichen einen Unterricht in den Fächern Deutsch, Geschichte, Geographie, Rechnen und Naturlehre, das Erlernen von einer oder zwei Fremdsprachen, eine literarische und musikalische Bildung sowie Tanz-, Zeichen-, Handarbeits- und Religionsunterricht. Alles dies diente der Allgemeinbildung und war gedacht, die Tochter »standesgemäß« auf ihr Leben als bürgerliche Ehefrau und Erzieherin ihrer Kinder vorzubereiten.

In der Regel wurde der Unterricht in den ein- oder mehrklassigen Schulen von Frauen erteilt, die sich überwiegend im Selbststudium für den Lehrberuf qualifiziert hatten, stundenweise auch von akademisch gebildeten Lehrern. Zumeist verließen die Mädchen im fünfzehnten oder sechzehnten Lebensjahr die Schule – ohne einen für eine weitere Bildung oder Berufsausbildung qualifizierenden Schulabschluss. Das sah das Mädchenschulsystem dieser Zeit nicht vor. Konnte ein Mädchen jedoch ein manchen höheren Töchterschulen angeschlossenes zwei- oder dreijähriges Lehrerinnenseminar absolvieren, hatte es gute Aussichten, als Lehrerin an einer Elementar- oder Mädchenschule, auch als Erzieherin oder Hauslehrerin eingestellt zu werden. Eine für den Lebensplan vieler Töchter des Bildungsbürgertums nicht unerhebliche Entwicklung, denn für bürgerliche Frauen galt die Arbeit als Lehrerin als eine der wenigen gesellschaftlich akzeptierten Tätigkeiten außer Hauses – wenigstens solange sie ehelos blieben. Und das betraf nicht wenige Frauen. Die Zahl unverheirateter und bürgerlichem Verständnis nach damit unversorgter, auf den eigenen Lebensunterhalt angewiesener Frauen war in der zweiten Hälfte des 19. Jahrhunderts stark angestiegen. Dies hatte an den Grundfesten einer Gesellschaft gerüttelt, die allein in Ehe und Mutterschaft ein tragfähiges Lebensmodell bürgerlicher Frauen erblickt hatte.

Frauen sahen dies durchaus anders.

Einer aus welchen Gründen auch immer alleinstehenden Frau – sei es, weil eine Heirat nicht zustande gekommen oder auch nicht gewünscht war, sei es, weil sie verwitwet oder geschieden war — ermöglichte der Beruf als Lehrerin, wirtschaftlich auf eigenen Füßen stehen zu können und nicht vorrangig in der Ehe ihr Lebensglück finden zu müssen.

Reifezeugnis — ein Meilenstein

Weil schon ihre Großmutter, ihre Mutter und eine Tante ein Lehrerinnenexamen abgelegt hatten, erschien es Hildegard Wegscheider-Ziegler (1871-1953) nur allzu selbstverständlich, auch Lehrerin werden zu wollen. Gemeinsam mit ihren drei Schwestern in der aufgeschlossenen Atmosphäre einer Pastorenfamilie aufgewachsen, war sie den »klassischen« Bildungsweg einer bürgerlichen Tochter gegangen: Auf die höhere Mädchenschule folgte das Mädchenpensionat, den Abschluss bildete ein Lehrerinnenexamen. Da war sie einundzwanzig Jahre alt.

Lebensbestimmend wurde jedoch noch anderes: Sie hatte August Bebels Buch *Die Frau und der Sozialismus* (1879) gelesen. Heimlich. Sie hatte dieses viel gelesene und für die Frauenbewegung der deutschen Kaiserzeit so bedeutende Werk des Sozialdemokraten auf dem Nachttisch ihrer Mutter entdeckt. Diese Lektüre, in der die berufliche und politische Gleichberechtigung der Frau gefordert wurde, habe ihr die Augen geöffnet. Das, was man den Mädchen ihrer Kreise angedeihen ließ, die ganze Form der Bildung, habe sich zu nichts verflüchtigt. Sie sei nichts anderes gewesen als eine hilflose bürgerliche Erziehungsarbeit für junge Mädchen, die man auf den Heiratsmarkt zu schicken gedachte und die nur nebenbei eine Ausbildung erhielten, schrieb sie Jahrzehnte später in ihren Lebenserinnerungen.

Und noch eine andere Lektüre hatte ihren Sinn für die Frauenfrage geschärft: die Anfang 1870 auch in Deutschland bekannt gewordene, auf der gemeinsamen Arbeit von Harriet Taylor Mill (1807-1858) und John Stuart Mill (1806-1873) beruhende Schrift *The Subjection of Women* (1869). Dieses von der Schriftstellerin Jenny Hirsch (1829-1902) ins Deutsche übersetzte

Werk mit dem Titel *Die Hörigkeit der Frau* hatte eine kontroverse, nicht selten polemisch geführte gesellschaftliche Debatte
entzündet, forderte es doch eine allgemeine rechtliche Besser-
stellung verheirateter Frauen, das Frauenwahlrecht sowie die
Rechte der Frauen auf Ausbildung und Beschäftigung. Die
Ablehnung weiblicher akademischer Bildung wurde seitens der
Gegner vor allem innerhalb der Professorenschaft fortwährend
mit der vermeintlich »körperlich-geistigen Schwäche« der Frau
und der Naturwidrigkeit ihrer Forderungen begründet. Das Für
und Wider des Frauenstudiums sollte die deutsche bürgerliche
Öffentlichkeit noch Jahre in größte Unruhe versetzten.

Für Hildegard Wegscheider-Ziegler stand indes zweifelsfrei
fest, studieren zu wollen. Und sie gehörte zu den jungen Frauen
der Kaiserzeit, für die die Errungenschaften der bürgerlichen
Frauenbewegung gerade rechtzeitig kamen.

Den Zusammenhang von Bildung und Selbstständigkeit und
politischer Mündigkeit von Frauen hatte schon Louise Otto-
Peters in den vierziger Jahren des 19. Jahrhunderts gesehen und
formuliert. Nur ein selbstständiges Herz führe zu selbstständi-
gem Handeln, war einer der Grundsätze ihres frauenpolitischen
Denkens gewesen, das sie 1865 zur Gründung des *Allgemeinen
Deutschen Frauenvereins* bewogen hatte. Dieser Verein wurde zur
Keimzelle einer bürgerlichen Frauenbildungsbewegung, deren
Vertreterinnen vor allem in den achtziger und neunziger Jahren
des 19. Jahrhunderts in beispiellosen Kampagnen, leidenschaftlich engagiert, Petition auf Petition an die Parlamente der deutschen Länder gerichtet hatten, um eine Reform des weiblichen
Bildungswesens und ein Recht der Frauen auf Erwerbstätigkeit
durchzusetzen. Es war ein mühsamer Weg.

Ein entscheidender Anstoß erfolgte, als eine führende Vertreterin der bürgerlichen Frauenbewegung, die Lehrerin Helene
Lange (1848-1930), mit ihrer Schrift *Die höhere Mädchenschule und
ihre Bestimmung* (1887) mehr Lehrerinnen im höheren Mädchen-
schulwesen und vor allem die wissenschaftliche Ausbildung
von Lehrerinnen forderte. Ein Jahr später ließ Mathilde Weber
(1829-1901) als Vorstandsmitglied des *Allgemeinen Deutschen Frauen-*

vereins mit ihrer Abhandlung *Ärztinnen für Frauenkrankheiten, eine ethische und sanitäre Notwendigkeit* (1888) die Forderung nach Zulassung von Frauen zum Medizinstudium laut werden. Beide Abhandlungen waren als Begleitschriften zu einer Petition an das preußische Unterrichtsministerium sowie die deutschen Länderparlamente verfasst worden, sie wurde in gewohnter Weise abschlägig beschieden.

Gleichwohl ließ sich der Zug nicht mehr aufhalten. Weitere Bittschriften folgten. Eine besonders herausragende Rolle spielte Hedwig Kettler (1851-1937). Sie hatte mit ihrer 1881 ins Leben gerufenen Zeitschrift *Frauenberuf. Monatsschrift für die Interessen der Frauenfrage* der Frauenbildungsbewegung über Jahre hinweg eine öffentliche Stimme gegeben und schließlich 1888 in Weimar den *Frauenverein Reform* – später umbenannt in *Verein Frauenbildungsreform* – gegründet. Dieser forderte neben einer verbesserten Mädchenbildung die grundsätzliche Öffnung der Universitäten und den Zugang von Frauen zu allen Studienfächern. Während Helene Lange, von der Verschiedenheit der Geschlechter und der besonderen »Kulturaufgabe der Frau« ausgehend, in erster Linie eine spezifisch weibliche Bildung und Tätigkeiten vor allem im Bildungswesen und in der Medizin vor Augen gehabt hatte, waren Hedwig Kettler und ihre Mitstreiterinnen im *Frauenverein Reform* von der Gleichheit der Geschlechter ausgegangen und hatten für beide, Frau und Mann, gleiche Bildungsmöglichkeiten durchsetzen wollen.

Weil jedoch politische Entscheidungen der Parlamente ausblieben, schien ein Fortkommen in der Sache nur auf praktischem Wege möglich zu sein. Als es Hedwig Kettler im Jahre 1893 zusammen mit dem *Frauenverein Reform* gelang, in Karlsruhe das erste deutsche Mädchengymnasium zu gründen, und als auch Helene Lange in Berlin im selben Jahr ihre allgemeinbildenden, seit 1889 bestehenden »Realkurse für Frauen« in »Gymnasialkurse« zur Vorbereitung auf das Abitur umwandelte, da war ein Stein ins Rollen geraten. Langsam noch. Aber er rollte geradewegs auf das ersehnte Ziel zu: die Erlaubnis zur Reifeprüfung und damit die Öffnung der Universitäten auch für Frauen.

Dieses Jahr, in dem das erste deutsche Mädchengymnasium ins Leben gerufen wurde, war auch für Hildegard Wegscheider-Ziegler ein entscheidendes Jahr gewesen. Durch ihre Mutter ermutigt und ausgestattet mit einem Stipendium des *Allgemeinen Deutschen Frauenvereins* ging sie 1893 nach Zürich, wo sie sich aufgrund ihres Lehrerinnenexamens immatrikulieren konnte. Dort studierte sie Philosophie, Geschichte, Englisch und Französisch und bereitete sich auf ihre Abiturprüfung in Deutschland vor.

Nicht ohne Grund hatte sie Zürich als Studienort gewählt.

Die Universität Zürich besaß in der zweiten Hälfte des 19. Jahrhunderts für bildungsbewusste Frauen eine ungeheure Anziehungskraft. Viele Professoren waren hier dem Studienwunsch von Frauen mit Offenheit begegnet. Amerikanerinnen, Engländerinnen, vor allem Russinnen, Frauen aus Polen, aus Österreich und Deutschland immatrikulierten sich seit 1864 an der Medizinischen, der Philosophischen sowie der Rechts- und Staatswissenschaftlichen Fakultät. Und bereits 1867 hatte erstmals eine Frau, die russische Studentin Nadežda Suslova (1843–1918), ihr Medizinstudium mit einer Promotion abschließen können. Da war der *Allgemeine Deutsche Frauenverein* gerade einmal zwei Jahre alt, und die schulische Laufbahn eines Mädchens gipfelte in Deutschland noch in dem Besuch einer höheren Töchterschule.

Die beiden Ärztinnen Franziska Tiburtius (1843–1927) und Emilie Lehmus (1841–1932), die allen Widerständen zum Trotz als *Dr. med. der Universität Zürich* in Berlin 1877 ihre *Poliklinik weiblicher Ärzte für Frauen und Kinder* eröffneten, die erste deutsche Juristin Anita Augspurg (1857–1943), die den Kampf um das Frauenstimmrecht, den Anspruch auf Rechtsgleichheit von Frau und Mann zu ihrer Lebensaufgabe machte, Rosa Luxemburg (1871–1919), die bedeutende Vertreterin der europäischen Arbeiterbewegung, oder die Schriftstellerin Ricarda Huch (1864–1947) – sie alle hatten die Züricher Universität mit einem Doktordiplom verlassen. Dies lange bevor es in Deutschland eine einheitliche Regelung hinsichtlich der höheren Mädchenbildung, der Lehrerinnenausbildung und der generellen Zulassung von Frauen zum Studium an einer Universität gab.

Als Hildegard Wegscheider-Ziegler 1895 einen Antrag auf Zulassung zur Reifeprüfung stellte, da sei das Preußische Kultusministerium zu einem Versuch bereit gewesen, erinnert sie sich. Zum ersten Mal legte in Deutschland eine Frau die Abiturprüfung ab – als Externe an einem Jungengymnasium und mit Sondergenehmigung des preußischen Ministeriums. Im darauf folgenden Jahr (am 29. März 1896) bestanden die ersten sechs Schülerinnen der Gymnasialkurse Helene Langes als Externe am Königlichen Luisengymnasium in Berlin ihre Abiturprüfung.

Freien Geistes

Der Damm schien gebrochen, zumindest hatte er Risse bekommen. Denn nicht als ordentlich immatrikulierte Studentinnen, sondern zunächst noch als Gasthörerinnen mit eingeschränkten Rechten fanden die ersten Frauen Aufnahme an den Universitäten. Auch Hildegard Wegscheider-Ziegler. In Berlin wurde sie abgewiesen. In Halle jedoch konnte sie ein Studium der Geschichte und Philosophie aufnehmen und dieses 1898 mit einer Promotion erfolgreich beenden.

Als schließlich 1899 reichseinheitlich der Beschluss gefasst wurde, Frauen, die ihr Medizinstudium als Gasthörerin absolviert hatten, zum ärztlichen, zahnärztlichen und pharmazeutischen Staatsexamen zuzulassen, da war der Dammbruch offensichtlich. Und als im selben Jahr die ersten Abiturientinnen des Karlsruher Mädchengymnasiums mit einem Reifezeugnis die Schule verließen und um Immatrikulation nachsuchten, da gewährte erstmals das Badische Kultusministerium im Frühjahr 1900 Frauen grundsätzlich das Recht auf eine ordentliche Immatrikulation. Diesem Beispiel folgten Bayern (1903), Württemberg (1904), Sachsen (1906), Thüringen (1907), Hessen und Preußen (1908) und zuletzt Mecklenburg (1909).

Die Zeit war reif.

Deutschland hatte sich im Vergleich zu anderen europäischen Ländern und den Vereinigten Staaten von Amerika dem Frauenstudium gegenüber die längste Zeit ablehnend verhalten. In den USA gab es bereits in den dreißiger Jahren des 19. Jahrhunderts die ersten Frauencolleges, Frankreich hatte Frauen seine Universitäten 1863 geöffnet, Zürich ein Jahr später, die skandinavischen Länder, Italien, die Niederlande und England folgten in den siebziger Jahren.

Die Sehnsucht der Frauen nach Bildung, nach Selbstbestimmung und Anerkennung eigener Vorstellungen von Leben und Arbeit, ihre Suche nach einem Platz in der Gesellschaft, ihr Wunsch nach Selbstständigkeit und danach, freien Geistes einen Beruf wählen zu können, waren immer deutlicher zutage getreten. Die Entschiedenheit, mit der Vertreterinnen der bürgerlichen Frauenbewegung mehr als dreißig Jahre lang eine Antwort auf die weibliche Bildungs- und Erwerbsfrage gefordert hatten, sowie Erfahrungen mit Akademikerinnen von ausländischen Universitäten – als erste Zahnärztin in Deutschland hatte sich bereits 1869 die am Dental College in Philadelphia ausgebildete Henriette Hirschfeld-Tiburtius (1834–1911) niedergelassen – hatten ein vorsichtiges Umdenken in der Öffentlichkeit, auch in den Reihen der Hochschullehrer und politisch Verantwortlichen, bewirkt. Von großer Bedeutung war auch, dass immer mehr alleinstehende bürgerliche Frauen für ihren Lebensunterhalt selbst verantwortlich und auf der Suche nach gesellschaftlich akzeptierten Berufsmöglichkeiten waren. All dies geschah vor dem Hintergrund einer sich umbildenden Gesellschaft, die auf gewandelte Lebensbedingungen und -formen neue Antworten zu geben hatte.

Ein Anfang war gemacht.

Frauen war der Weg in die Universität geöffnet.

Und damit auch der Weg zu akademischen Berufen, zunächst im Bereich der Medizin und der Bildung. Sie wurden Ärztinnen, Apothekerinnen, wissenschaftlich ausgebildete Lehrerinnen. Nationalökonominnen hingegen, die neue Berufe im Sozialwesen anstrebten, oder Juristinnen, die Rechtsanwältin, Richterin oder Staatsanwältin werden wollten, warteten noch einmal Jahre auf die Öffnung dieser Berufsfelder auch für Frauen. Es bedurfte erneut eines frauenbewegten Engagements und einer bis in die Zeit der Weimarer Republik sich hinziehenden Kampagne um Zulassung von Frauen zu den Staatsprüfungen im Bereich der Nationalökonomie und der Justiz. Sie erfolgte schließlich, nachdem die Weimarer Verfassung von 1919 nach scheinbar endlosem Ringen die staatsbürgerliche Gleichheit von Frau und Mann festgeschrieben hatte und Frauen − erstmals in der deutschen Geschichte − das Wahlrecht zugesprochen wurde.

Auch dieses Recht hatte leidenschaftlich erkämpft werden müssen. Auch dafür hatte es mutiger, streitbarer, querdenkender Frauen wie beispielsweise Hedwig Dohm (1831–1919) bedurft, die Bildung und berufliche Selbstständigkeit für Frauen und vor allem ein Stimmrecht für Frauen gefordert hatte − und das bereits in den ersten Jahren nach der Gründung des Deutschen Kaiserreiches. Diese durch und durch frauenbewusste Publizistin und Schriftstellerin war zeitlebens für die Gleichberechtigung von Frau und Mann eingetreten. Sie hatte die Ungleichbehandlung von Frauen in der Gesellschaft scharfsinnig, manches Mal polemisch und auf ihre Weise humorvoll als männlichen Machtanspruch entlarvt. Sie war vielen eine durchaus unbequeme Zeitgenossin, aber eine, der nachfolgende Generationen von Frauen Entscheidendes zu verdanken haben. Wenn Frauen an die Wahlurnen gingen, wenn sie als Abgeordnete im ersten Parlament der Weimarer Republik Platz nahmen, wenn sie als Richterin Recht sprachen oder als Wissenschaftlerinnen ihren Fuß in die Universitäten setzten, war dies auch der Unerschrockenheit und Klarsicht von Frauen wie Hedwig Dohm zuzuschreiben. Sie selbst, die aufgrund mangelnder Bildungsmöglichkeiten stets auf ein Lernen in Eigenregie angewiesen gewesen war und die sich − gleich vielen anderen Frauen − nicht die Zeit hatte nehmen können, auf staatliche Regelungen zu warten, sondern mutig selbstgewählte Wege beschritt, hatte als Mitbegründerin des *Frauenvereins Reform* unermüdlich die

Frauenbildungsbewegung um Hedwig Kettler unterstützt. Und noch in hohem Alter hatte sie als kompromisslose Pazifistin gegen die Sinnlosigkeit des Ersten Weltkrieges angeschrieben.

Lebensentwürfe – ein Gespräch mit Marie Fantin-Latour

Und die lesende Schwester des Malers?

Welchen Lebensplan mag sie gehabt haben?

Wollte sie Lehrerin werden? Bereitete sie sich auf ein Lehrerinnenexamen vor, das *brevet de capacité*?

Oder auf ein *baccalauréat*? Ihr wird wahrscheinlich nicht entgangen sein, dass 1861, just in dem Jahr, als ihr Porträt entstand, die siebenunddreißigjährige, umfassend gebildete Julie-Victoire Daubié (1824-1874) in Lyon als erste Frau in Frankreich ein *baccalauréat* erworben hatte – ein Ereignis, das Schule machen sollte und auf das Frauen in Deutschland noch mehr als dreißig Jahre würden warten müssen. Julie-Victoire Daubié begann als Journalistin in den nachfolgenden Jahren die Beseitigung der ungleichen Bildungsvoraussetzungen von Mädchen und Jungen zu fordern und kämpfte für eine Verbesserung der Mädchenbildung, für eine berufliche Qualifikation der Frauen und selbstverständlich für ein Recht auf weibliche Selbstbestimmung.

Welchen Eindruck hinterließ dies auf Marie Fantin-Latour?

Wo lagen ihre Interessen? Ihre Vorlieben? Im Literarischen? Im Sozialen? Im Künstlerischen?

Wollte sie vielleicht Malerin werden?

Eine Familie gründen, Kinder großziehen?

Wovon träumte sie?

Wen konnte sie sich zum Vorbild nehmen? Ihre Mutter? Die Großmutter? Eine Schwester? Eine Freundin? Eine Lehrerin? Andere Frauen ihrer Zeit? Oder Frauen der Vergangenheit?

Ich würde ihr gern von ihnen erzählen. Würde an den Mut und die Entschlusskraft und den Eigensinn von Frauen vergangener wie gegenwärtiger Zeiten erinnern wollen.

An Christine de Pizan (um 1365-1430), diese bemerkenswerte, viel zitierte Frau, die bereits an der Wende vom 14. zum 15. Jahrhundert gleiche Bildungsmöglichkeiten für Mädchen und Jungen gefordert und die der frauenfeindlichen Haltung ihrer Zeit die Geschichten vieler mutiger, gebildeter, weiser Frauen entgegengehalten hatte – nachzulesen in ihrem legendären, in viele Sprachen übersetzten *Buch von der Stadt der Frauen* (1405), mit dem sie einen visionären, allein Frauen vorbehaltenen Ort geschaffen hatte. Es war ein Novum in der Geschichte.

Von vornehmen Frauen der italienischen Renaissance würde ich erzählen, denen schon zu Lebzeiten ihrer Dichtkunst, ihrer Gelehrsamkeit, ihrer großen Beredsamkeit wegen Ruhm und Ehre zuteilgeworden waren. Vittoria Colonna (1492-1547), Veronica Gambara (1485-1550), Cassandra Fedele (1465-1558) oder Laura Cerata (1469-1499) gehörten einer Zeit an, die im humanistisch gebildeten Menschen ihr wahres Ideal erblickte. An Marie de Jars de Gournay (1565-1645) würde ich erinnern, die in ihrer Abhandlung *Egalité des hommes et des femmes* (1622) keinen Zweifel an der Ebenbürtigkeit von Frau und Mann hatte aufkommen lassen. Auch von den englischen, italienischen und französischen Philosophinnen und Naturwissenschaftlerinnen des 17. und frühen 18. Jahrhunderts würde die Rede sein, ebenso von den selbstbewussten *Salonnières*, die der wissenschaftlichen Disputation und den Ideen der französischen Aufklärung ein öffentliches Forum gegeben hatten. Die mutigen Frauen der Französischen Revolution würde ich nicht übergehen, die im Namen der Gleichheit und Gerechtigkeit am 5. Oktober 1789 zu Tausenden vor das Schloss von Versailles gezogen waren, um ihre Rechte auf ein menschenwürdiges Dasein für sich und ihre Familien geltend zu machen. Vergessen würde ich nicht Olympe de Gouges (1748-1793), diese unerschrockene Streiterin für die Rechte der Frauen, deren *Déclaration des Droits de la Femme et de la Citoyenne* von 1791 bis in unsere Gegenwart hinein wirksam blieb. In gleichem Atemzug würde ich an die englische Schriftstellerin Mary Wollstonecraft (1759-1797) erinnern, die im Jahr darauf mit ihrem Buch *A Vindication of the Rights of Woman* (1792) die Rechte der Frauen als unveräußerlich verteidigt hatte: ein Recht auf gleiche Bildung, auf Unabhängigkeit und

Freiheit. Auch sie hatte Partei für die Frauen der Französischen
Revolution ergriffen und kurz nach ihrer Ankunft in Paris 1793
begonnen, eine Arbeit über die revolutionären Ereignisse zu
verfassen, deren Ideale sie in Frankreich im Fortlauf der Geschichte so sehr verraten sah. Dass die einstigen Errungenschaften der Französischen Revolution von konservativen Kräften
zurückgedrängt wurden und dass die neue politische Ordnung
sich als trügerisch erwies, hatte auch die frühsozialistische französische Autorin Flora Tristan (1803-1844) zu spüren bekommen. Sie hatte vehement Kritik an den gesellschaftlichen Verhältnissen in der Zeit der Industrialisierung geübt, hatte das
soziale Elend der Arbeiterinnen und Arbeiter beklagt, hatte in
ihrer 1843 erschienenen Schrift *Union ouvrière* zur Verbesserung
der Lage der Arbeiterklasse deren Zusammenschluss gefordert
und zur Solidarität mit den Arbeiterinnen aufgerufen.

Auch vom Aufbegehren einzelner Frauen in Deutschland
würde ich erzählen. Davon, dass im selben Jahr 1843 ein Werk
der politisch engagierten Schriftstellerin Bettina von Arnim
(1785-1859) mit dem bemerkenswerten Titel *Dies Buch gehört
dem König* erschienen war. Davon, dass diese Demokratin ihre
unverhohlene Kritik am preußischen Nationalstaat und an den
Missständen ihrer Zeit mit Forderungen nach Lösung der sozialen Frage verbunden und sich leidenschaftlich eingemischt
hatte, wo Menschenwürde und Menschenrechte missachtet wurden, wo politisch Verfolgte und in Not Geratene Hilfe brauchten. Unabhängigen Geistes hatte sie sich leichtfüßig über
bürgerliche Konventionen, über gängige Weiblichkeitsbilder ihrer
Zeit hinweggesetzt und zu leben verstanden, wovon auch andere Frauen der Romantik träumten: ein Leben nach eigenen
Regeln, nach Maßgabe eigener Anschauungen, neuer Ansichten
über Liebe und Ehe, Freundschaft und Gesellschaft, über Freiheit und Gleichheit. Von Caroline Schlegel-Schelling (1763-1809)
oder Dorothea Schlegel (1763-1839), von Sophie Mereau (1770-
1806) und Sophie Tieck (1775-1833) würde ich sprechen, von
Karoline von Günderrode (1780-1806) und den Berliner *Salonnières* Henriette Herz (1764-1847) und Rahel Varnhagen von

Ense (1770-1833), die in ihren literarischen Salons neue Formen der Geselligkeit und des intellektuellen Austauschs etablierten. Frauen der Romantik hatten ungeachtet etlicher Widerstände, jede für sich, die Grenzen ihrer Lebensräume neu zu bestimmen gesucht, hatten freiheitsliebenden Frauen der 1840er Jahre Wege geebnet und auf diese Weise zur Entstehung einer neuen Frauenbewegung in der zweiten Hälfte des 19. Jahrhunderts beigetragen. Frauenbewegte Schriftstellerinnen hatten auch in Frankreich von sich reden gemacht. Vielleicht hatte Marie Fantin-Latour Werke von Germaine de Staël (1766-1817), von Louise Colet (1810-1876) oder George Sand (1804-1876) gelesen?

»Als eine Frau lesen lernte ...«
(Marie von Ebner-Eschenbach)

Auf welche Lektüre sich Marie Fantin-Latour konzentrierte, was sie bewegt haben mag, als ihr Bruder sie porträtierte – ich habe es nicht ergründen können. Ihr Bild jedoch lenkte meine Gedanken auf Frauen des 19. Jahrhunderts. Auf eine Zeit, in der viele mutige Frauen mit großer Entschlusskraft, im Glauben an soziale Gerechtigkeit und in der Hoffnung auf Frieden ihre Visionen und die Rechte von Frauen verteidigt hatten.

Sie alle waren Wegbereiterinnen.

Auch Clara Zetkin (1857-1933), die die internationale sozialistische Frauenbewegung zur Verbesserung der sozialen Lage der Arbeiterinnen ins Leben gerufen und mit der 1892 gegründeten Zeitschrift *Die Gleichheit* ein wichtiges Sprachorgan der proletarischen Frauenbewegung geschaffen hatte. Sie appellierte an das soziale Gewissen der Menschen und forderte die unbedingte Bereitschaft zum Frieden. Auch für sie – oder gerade für sie, die sich der am meisten benachteiligten Frauen im 19. Jahrhundert, der Dienstmädchen, der Heim- und Fabrikarbeiterinnen, angenommen hatte – war Bildung die Essenz, die Kernfrage in der Frauenfrage: Lesen verwies auf Bildung, Bildung auf sozialen Aufstieg. Zu allen Zeiten. Dass die zwölfjährige Nanon in George Sands gleichnamigem Roman *Nanon*

von 1872 zu Beginn weder lesen noch schreiben noch rechnen
konnte und erst allmählich das Lesen und damit die »Welt« und
vor allem sich selbst entdeckte, gehört für mich zu den tief
bewegenden Momenten dieses Romans, in dem George Sand
am Beispiel der Französischen Revolution und des Bauernmädchens Nanon darlegt, dass mit Mitteln der Gewalt niemals
gesellschaftliche Probleme zu lösen und soziale Gegensätze aufzuheben sind.

Hat nun der bis zum Ende des 19. Jahrhunderts, besonders
seit der Gründung des Deutschen Kaiserreiches im Jahre 1871,
enorm sich ausweitende Buchmarkt das Lesen der Frauen befördert – oder beförderten Frauen mit ihrem Begehren nach
Bildung, nach praktischem Wissen und ebenso nach Muße und
Unterhaltung die Buchproduktion?

Wahr ist, dass zunehmend mehr Menschen lesen konnten –
und lesen wollten. Und dass die Beschäftigung mit Büchern, mit
Literatur im weitesten Sinne auch in Kreisen der Bevölkerung
aufzublühen begann, in denen dies bislang nur bedingt zum
Lebensalltag gehört hatte. Ein großes Angebot an Lesestoffen
stand im 19. Jahrhundert einer großen Nachfrage gegenüber.
Die Zunahme an Wissen und Erkenntnissen auf allen Gebieten
der Geistes- und Naturwissenschaften, der Medizin, der Land-
und Forstwirtschaft, der Theologie, der Kunst und Musik hatte
ihren Niederschlag in einer wachsenden Zahl an Sach- und
Fachbüchern, Universallexika, Nachschlagewerken und Zeitschriften gefunden. Romane, Erzählungen, Lyriksammlungen,
Memoiren und Reiseliteratur, Volks- und Märchenbücher,
Kinder- und Liederbücher waren in großer Fülle und unterschiedlichsten Ausgaben auf dem Markt vorhanden. Überall
entstehende Verlage konkurrierten miteinander um Marktanteile und suchten die Gunst der Leserinnen und Leser zu
gewinnen. Städtische Leihbibliotheken, in denen beinahe die
gesamte belletristische Literatur, sehr viele ins Deutsche übersetzte ausländische Werke und selbst englische und französische
Literatur zu finden waren, und Kolporteure, die besonders in
ländlichen Regionen – zwei Drittel der deutschen Bevölkerung

letzten zur Zeit der Reichsgründung auf dem Land – von Haus zu Haus zogen und mit ihren kleinen Bauchläden allerlei Schriften und preiswerte Buchausgaben feilboten, sorgten dafür, dass möglichst viele Menschen in den Genuss des Lesens kamen. Technische Entwicklungen in der Papierherstellung und der Drucktechnik machten es möglich, die Buchproduktion erheblich auszuweiten und in immer kürzerer Zeit immer mehr und vor allem immer preiswertere Bücher, Zeitungen und Zeitschriften herzustellen. Zudem kamen infolge eines geänderten Urheberrechts im Jahre 1867 erschwingliche, schlicht gedruckte Ausgaben klassischer und romantischer Literatur massenweise auf den Markt. Dies war für das Lesebedürfnis eines immer breiter werdenden Lesepublikums von enormer Bedeutung – für wenige Pfennige bereits war deutsche und ausländische Literatur beispielsweise in der zu dieser Zeit mit Goethes *Faust* eröffneten »Reclams-Universal-Bibliothek« zu erhalten.

Und die Frauen?

»Als eine Frau lesen lernte, trat die Frauenfrage in die Welt«, hatte die Schriftstellerin Marie von Ebner-Eschenbach (1830-1916) am Ende des 19. Jahrhunderts geäußert. Und sie hat nicht unrecht, wenn sie damit meint, dass gerade dieses Jahrhundert ein neues frauenpolitisches Bewusstsein hervorbrachte, immer mehr Frauen für Fragen ihrer Bildung, ihrer Selbstbestimmung und ihrer politischen Mündigkeit, die Frauenfrage eben, sensibilisierte und der Ruf nach Würde und Wertschätzung der Frauen nicht mehr zu überhören war.

Nur: Die Frauenfrage war seit jeher in der Welt – so wie es seit jeher lesende Frauen gab.

Bilder lesender Frauen zeugen davon.

Sie reichen zurück bis in die Zeit der griechischen Antike, als die Kunst die ersten Darstellungen des lesenden Menschen, von Frauen und Männern, hervorbrachte – vor zweitausendfünfhundert Jahren. Wir finden lesende Frauen fortan in allen Epochen unserer Geschichte bis in unsere Gegenwart hinein. So alt wie das Bild der Lesenden auf der attischen Vase aus dem 5. vorchristlichen Jahrhundert –, es ist die älteste Abbildung einer lesenden Frau, die ich fand – so alt ist auch die Frauenfrage selbst. Vielleicht noch älter, wir wissen es nicht.

Die große Fülle und ebenso die Vielfalt an Bildern lesender Frauen lassen eindrucksvoll sichtbar werden, wie sehr das Lesen zur weiblichen Lebenswelt gehörte. Zu allen Zeiten und für Frauen aller Stände. Für Frauen, die ihrer täglichen Arbeit nachgingen, Berufe ausübten, Rechnungsbücher führten, Handelsverträge abschlossen, Rechtstexte und medizinische Handbücher lasen, die sich Bildung aneigneten und die Bücher liebten. Lesen zu können war von lebenspraktischem Wert, und mehr noch: Es konnte Frauen die Freiheit gewähren, über eigene Lebensformen und ihre Teilhabe am gesellschaftlichen Leben selbstbestimmt zu entscheiden.

Und Lesen konnte Glück beinhalten. Glück im Alleinsein als Lesende, im Bewusstsein innerer Freiheit, im Erleben eigener Kreativität, in der Entdeckung neuer Welten. Die Hingabe an ein Buch, das Sichvertiefen in eine Lektüre, barg die Möglichkeit, über die eigene Wirklichkeit hinauszudenken, zu neuen Erkenntnissen zu gelangen, Unerwartetes zu erkunden. Im Lesen Glück zu erfahren.

Literatur

Albisetti, James C.: Professionalisierung von Frauen im Lehrberuf, in: Kleinau, Elke / Opitz, Claudia (Hrsg.), Geschichte der Mädchen- und Frauenbildung, Band 2: Vom Vormärz bis zu Gegenwart, Frankfurt a.M. / New York 1996, S. 189-200.

Assel, Jutta / Jäger, Georg: Zur Ikonographie des Lesens. Darstellungen von Leser(inne)n und des Lesens im Bild, in: Franzmann, Bodo / Hasemann, Klaus / Löffler, Dietrich / Schön, Erich (Hrsg.), Handbuch Lesen. Im Auftrag der Stiftung Lesen und der Deutschen Literaturkonferenz, München 1999, S. 638-673.

Brinker-Gabler, Gisela (Hrsg.): Deutsche Dichterinnen vom 16. Jahrhundert bis zur Gegenwart. Gedichte und Lebensläufe, Frankfurt a.M. 1978.

Brinker-Gabler, Gisela / Ludwig, Karola / Wöffen, Angela: Lexikon deutschsprachiger Schriftstellerinnen 1800-1945, München 1986.

Bußmann, Hadumod (Hrsg.): Stieftöchter der Alma mater? 90 Jahre Frauenstudium in Bayern – am Beispiel der Universität München, Katalog zur Ausstellung, München 1993.

Costas, Ilse: Der Zugang von Frauen zu akademischen Karrieren. Ein internationaler Überblick, in: Häntzschel, Hiltrud/Bußmann, Hadumod (Hrsg.), Bedrohlich gescheit. Ein Jahrhundert Frauen und Wissenschaft in Bayern, München 1997, S. 15-34.

Drechsel, Wiltrud Ulrike: Die Professionalisierung des »Schulstands« und die »unbrauchbar gewordenen« Elementarschullehrerinnen, in: Kleinau, Elke/ Opitz, Claudia (Hrsg.), Geschichte der Mädchen- und Frauenbildung, Band 2: Vom Vormärz bis zu Gegenwart, Frankfurt a.m./New York 1996, S. 161-173.

Ehrich, Karin: Stationen der Mädchenschulreform. Ein Ländervergleich, in: Kleinau, Elke/Opitz, Claudia (Hrsg.), Geschichte der Mädchen- und Frauenbildung, Band 2: Vom Vormärz bis zu Gegenwart, Frankfurt a.M./ New York 1996, S. 129-148.

Gerhard, Ute: Unerhört. Die Geschichte der deutschen Frauenbewegung, unter Mitarbeit von Ulla Wischermann, Reinbek bei Hamburg, 1996.

Gernert, Dörte: Mädchenerziehung im allgemeinen Volksschulwesen, in: Kleinau, Elke/Opitz, Claudia (Hrsg.), Geschichte der Mädchen- und Frauenbildung, Band 2: Vom Vormärz bis zu Gegenwart, Frankfurt a.M./New York 1996, S. 85-98.

Glaser, Edith: Die erste Studentinnengeneration – ohne Berufsperspektive?, in: Kleinau, Elke/Opitz, Claudia (Hrsg.), Geschichte der Mädchen- und Frauenbildung, Band 2: Vom Vormärz bis zu Gegenwart, Frankfurt a.M./ New York 1996, S. 310-324.

Goetzinger, Germaine: »Allein das Bewußtsein dieses Befreienkönnens ist schon erhebend.« Emanzipation und Politik in Publizistik und Roman des Vormärz, in: Brinker-Gabler, Gisela (Hrsg.), Deutsche Literatur von Frauen, Band 2: 19. und 20. Jahrhundert, München 1988, S. 86-104.

Häntzschel, Hiltrud: Justitia – eine Frau? Bayerische Positionen einer Geschlechterdebatte, in: Häntzschel, Hiltrud/Bußmann, Hadumod (Hrsg.), Bedrohlich gescheit. Ein Jahrhundert Frauen und Wissenschaft in Bayern, München 1997, S. 194-213.

Hardach-Pinke, Irene: Erziehung und Unterricht durch Gouvernanten, in: Kleinau, Elke/Opitz, Claudia (Hrsg.), Geschichte der Mädchen- und Frauenbildung, Band 1: Vom Mittelalter bis zur Aufklärung, Frankfurt a.M./ New York 1996, S. 409-427.

Holland-Cunz, Barbara: Was ihr zusteht. Kurze Geschichte des Feminismus, in: Bundeszentrale für politische Bildung (Hrsg.), Aus Politik und Zeitgeschichte 17/2018: (Anti-)Feminismus, S. 4-11.

Jacobi, Juliane: Mädchen- und Frauenbildung in Europa. Von 1500 bis zur Gegenwart, Frankfurt a.M/New York 2013.

Kätzner, Martina/Kleinau, Elke: Höhere Töchterschulen um 1800, in: Kleinau, Elke/Opitz, Claudia (Hrsg.), Geschichte der Mädchen- und Frauen-

bildung, Band 1: Vom Mittelalter bis zur Aufklärung, Frankfurt a.M./
New York 1996, S. 393-408.

Kleinau, Elke: Gleichheit oder Differenz? Theorien zur höheren Mädchenbildung, in: Kleinau, Elke/Opitz, Claudia (Hrsg.), Geschichte der Mäd-
chen- und Frauenbildung, Band 2: Vom Vormärz bis zu Gegenwart, Frankfurt a.M/New York 1996, S. 113-128

Maurer, Susanne: Hedwig Dohms »Die Antifeministen«, in: Bundeszentrale
für politische Bildung (Hrsg.), Aus Politik und Zeitgeschichte 17/2018:
(Anti-)Feminismus, S. 40-46.

Nave-Herz, Rosemarie: Die Geschichte der Frauenbewegung in Deutschland, hrsg. von der Bundeszentrale für politische Bildung, Bonn 1993.

Randow, Bettina von: Melancholie und Sozialismus: Flora Tristan, in: Baader,
Renate/Fricke Dietmar (Hrsg.), Die französische Autorin vom Mittelalter bis zur Gegenwart, Wiesbaden 1979, S. 189-198.

Schneider, Cornelia: Leseglück im Spiegel der Kunst. Eine Spurensuche, in:
Bellebaum, Alfred/Muth, Ludwig (Hrsg.), Leseglück. Eine vergessene Erfahrung?, Opladen 1996, S. 115-150.

Schön, Erich: Mentalitätsgeschichte des Leseglücks, in: Bellebaum, Alfred/
Muth, Ludwig (Hrsg.), Leseglück. Eine vergessene Erfahrung?, Opladen
1996, S. 151-179.

Schön, Erich: Geschichte des Lesens, in: Franzmann, Bodo/Hasemann, Klaus/
Löffler, Dietrich/Schön, Erich (Hrsg.), Handbuch Lesen. Im Auftrag der
Stiftung Lesen und der Deutschen Literaturkonferenz, München 1999,
S. 1-85.

Seybert, Gislinde: Schreibende Frauen, in: Glaser, Horst Albert/Vajda, György M.
(Hrsg.), Die Wende von der Aufklärung zur Romantik 1760-1820. Epoche im Überblick, Amsterdam/Philadelphia 2001, S. 141-152.

Stammler, Karin: Von »Schwestern«, »Schutzbefohlenen« und »rohen Weibern
aus dem Volke«. Frauenbewegung und Bildung von Frauen aus den hand-
arbeitenden Klassen um 1848, in: Kleinau, Elke/Opitz, Claudia (Hrsg.),
Geschichte der Mädchen- und Frauenbildung, Band 2: Vom Vormärz bis
zu Gegenwart, Frankfurt a.M./New York 1996, S. 51-65.

Treder, Uta: Das verschüttete Erbe. Lyrikerinnen im 19. Jahrhundert, in:
Brinker-Gabler, Gisela (Hrsg.), Deutsche Literatur von Frauen, Band 2:
19. und 20. Jahrhundert, München 1988, S. 27-41.

Verein Feministische Wissenschaft Schweiz (Hrsg.): Ebenso neu als kühn.
120 Jahre Frauenstudium an der Universität Zürich, Zürich 1988.

Weber-Kellermann, Ingeborg: Frauenleben im 19. Jahrhundert. Empire und
Romantik, Biedermeier, Gründerzeit, München 1998 (4. Aufl.).

Wegscheider-Ziegler, Hildegard: Weite Welt im engen Spiegel. Erinnerungen,
Berlin 1953.

Wischermann, Ulla: »Das Himmelskind, die Freiheit – wir ziehen sie groß zu Haus.« Frauenpublizistik im Vormärz und in der Revolution von 1848, in: Kleinau, Elke/Opitz, Claudia (Hrsg.), Geschichte der Mädchen- und Frauenbildung, Band 2: Vom Vormärz bis zu Gegenwart, Frankfurt a.M./ New York 1996, S. 35-50.

Dank

Danken möchte ich:

Allen jenen, die mit ihrem Interesse und ihrer Anteilnahme zur Verwirklichung dieses Buches beitrugen. Die mich ermutigten, die Feder nicht aus der Hand zu legen. Besonderer Dank gebührt Silke Dombrowsky, die so umsichtig wie einfühlsam Korrektur las und mir mit großer Treue zur Seite stand. Desgleichen gehört Susanne Flecken-Büttner zu denjenigen, die mich immer wieder in meiner Vorgehensweise bestärkten. Meinen Töchtern Clara, Anna und Julia danke ich für wertvolle Hinweise und ihr stets offenes Ohr. Vielen weiteren Freundinnen und Freunden habe ich zu danken, sie alle wissen, warum.

Mein Dank richtet sich auch an Wissenschaftlerinnen und Wissenschaftler, auf deren historische Forschungen, insbesondere den frauengeschichtlichen, ich zurückgreifen konnte. Auf Arbeiten, die meinen Blick auf die lesenden Frauen in der Geschichte weiteten.

Mein Dank gilt ebenso dem Wallstein Verlag in Göttingen und natürlich der Lektorin Ina Johanne Lorenz, die das Zustandekommen dieses Buches einfühlsam in die Wege leitete.

Bildnachweis

Kap. 1: Rotfigurige Lekythos, um 440-430 v. Chr., © Bildarchiv Preußischer Kulturbesitz Berlin, RMN-Grand Palais/Hervé Lewandowski, Standort: Musée du Louvre, Paris, CA 2220.

Kap. 2: Fresko aus Pompeji, 1. Jh. n. Chr. (vor 79), © Bildarchiv Preußischer Kulturbesitz Berlin, Standort: Museo Archeologico Nazionale, Neapel.

Kap. 3: Steinfries aus der Benediktinerabtei Werden (Ausschnitt), 2. Hälfte 11. Jahrhundert, © Schatzkammer Werden, Foto: Christian Diehl, Dortmund.

Kap. 4: Detail eines Altarbildes, wohl aus dem Dominikanerkloster in Thetford (Norfolk), um 1335, © akg-images/André Held, Standort: Musée National du Moyen Âge/Musée de Cluny, Paris, Cl 7726.

Kap. 5: Stefan Lochner (um 1400-1451), Verkündigung an Maria. Außenflügel des Dreikönigsaltars (Altar der Kölner Stadtpatrone), um 1442, © Rheinisches Bildarchiv Köln, rba_c000024, Standort: Kölner Dom (seit 1810).

Kap. 6: Miniatur aus einer Pergamenthandschrift, Mitte 15. Jahrhundert, © akg-images, Standort: Bibliothèque nationale de France, Paris, Ms. f. fr. 1177, fol. 3v.

Kap. 7: Sofonisba Anguissola (1532/35-1625), Eine alte Frau lernt das Alphabet. Kreidezeichnung, um 1555/57, © akg-images/Mondadori Portfolio/Sergio Anelli, Standort: Uffizien, Florenz, Inv. 13936 F.

Kap. 8: Pieter Janssens Elinga (1623-1682), Die lesende Frau. Öl auf Leinwand, um 1668/70, © Blauel/Gnamm – ARTOTHEK, Standort: Alte Pinakothek, München.

Abb. 9: Maurice Quentin de La Tour (1704-1788), Mademoiselle Ferrand meditiert über Newton. Pastell, 1752, © Blauel/Gnamm – ARTHOTHEK, Standort: Alte Pinakothek, München.

Kap. 10: Henri Fantin-Latour (1836-1904), Die Lesende. Öl auf Leinwand, 1861, © akg-images/Laurent Lecat, Standort: Musée d'Orsay, Paris.